Couvertures supérieure et inférieure manquantes.

DISCOURS LAÏQUES

OUVRAGES DU MÊME AUTEUR

La Philosophie de la Liberté. — I. *L'Idée.* 2ᵉ édition.
1 vol. in-8°.. 5 fr.
II. *L'Histoire.* 2ᵉ édition revue et augmentée. 1 vol. in-8°.... 5 »

Précis élémentaire de philosophie. — 1 vol. in-12...... 3 »

Recherche de la méthode, avec quelques applications et
quelques exemples. 1 vol. in-12............................ 3 50

La Raison et le Christianisme. — Douze lectures sur
l'existence de Dieu. 1 vol. in-12........................... 3 50

La Philosophie de Leibnitz. — Fragment d'un cours
d'histoire de la métaphysique. In-8°....................... 3 »

EN PRÉPARATION

Le Malentendu du siècle.

DISCOURS LAÏQUES

PAR

CHARLES SECRÉTAN

PARIS
LIBRAIRIE SANDOZ ET FISCHBACHER
33, RUE DE SEINE, 33
—
1877

INTRODUCTION

LE PROBLÈME DE LA PHILOSOPHIE

DISCOURS D'INSTALLATION A LAUSANNE

Les sciences particulières ont toutes un côté par lequel elles s'ouvrent au grand public : ce sont leurs généralités les plus élevées ou leurs applications pratiques.

Il n'en est pas de même de la philosophie; ses applications embrassent la vie tout entière et ne se laissent pas morceler. Elle n'a point de généralités, parce que tout entière elle ne consiste qu'en généralités. La rhétorique la déparerait. Je ne puis l'orner de poésie, car elle est elle-même une poésie; mais c'est une muse austère, qu'il faut supplier longtemps avant d'en obtenir un sourire.

Désespérant de vous faire passer une demi-heure

agréable, je voudrais remplir celle-ci d'un travail utile. Je ne vous entretiendrai pas des mérites de la philosophie, ni de son rôle dans l'éducation, quoique ce rôle soit apprécié de diverses manières et que les services de la philosophie soient contestés. Mais, utile ou nuisible, la philosophie est inévitable. La philosophie n'est pas une science, car c'est la science de ce qu'on ne peut pas savoir. Elle essaie de répondre à des questions que l'humanité s'est posées le jour même où elle a commencé de réfléchir. Ces questions sont debout comme au premier jour. Nous ne pouvons pas ne pas les poser, et pour savoir si nous avons tort de le faire, comme on nous le prêche de divers côtés, il faudrait posséder une culture philosophique considérable. Je ne discuterai pas ces préliminaires, mais j'essaierai de présenter en peu de mots aux pères et aux mères de famille qui m'écoutent, à la jeunesse studieuse elle-même, le programme de mon futur enseignement.

Les étudiants de Neuchâtel m'adressèrent il y a peu de jours une lettre fort obligeante, pour m'exprimer leurs regrets de ce que le Conseil d'État de leur canton ne m'eût pas confirmé dans les fonctions qu'il m'avait confiées lui-même quelques années auparavant.

Dans ma réponse, après quelques éclaircissements sur la position que j'aurais désiré conserver auprès de ces chers jeunes gens, j'ajoutais :

« Mes leçons sans apprêt ne pouvaient tirer quelque prix que de leur méthode. Je saisis cette dernière occasion de la graver dans votre esprit.

» 1° Il y a des vérités d'expérience et des vérités de raison, mais l'opposition entre l'expérience et la raison n'est que relative. Les principes *a priori* jouent un rôle dans la formation de toutes nos connaissances quelconques. Ne pouvant en faire abstraction dans le détail, il est absurde de prétendre les écarter dans la considération de l'ensemble.

» 2° La vérité suprême doit être cherchée avec le concours de toutes nos facultés : l'expérience, soit interne soit externe, et la raison, qui, s'appliquant à la volonté, se nomme la conscience.

» 3° Les données pures de la raison se résument en ceci : la perfection est éternelle.

» 4° Concilier l'éternelle réalité de la perfection avec les données de l'expérience : tel est le problème unique dont la philosophie doit chercher la solution dans une indépendance absolue.

» Tel fut mon programme, mon drapeau. S'il est attaqué devant vous, pesez bien les raisons des adversaires. »

Souffrez, messieurs les étudiants de l'Académie de Lausanne, que cet adieu à des disciples bien-aimés me serve d'introduction auprès de vous.

II

Vous voyez comment j'ai défini le problème de la philosophie : concilier l'expérience avec la raison. Je ne sais si cette définition m'appartient en propre ; au moins n'est-elle pas généralement admise. Naguère, on appelait la philosophie une science ou plutôt la science, et l'on prétendait la tirer tout entière de la raison pure. La philosophe ainsi comprise dispensait d'apprendre ce que sont les choses, en faisant deviner ce qu'elles doivent être. Cette façon de l'entendre régnait encore lorsque j'entrai, il y a vingt-huit ans, dans l'enseignement philosophique. Cette méthode était illusoire, elle est aujourd'hui désertée.

Un autre extrême tend à prévaloir depuis quelque temps : on refuse à la philosophie une existence indépendante. On en conserve bien le nom ; mais ce qu'on met sous ce nom, ce sont les généralités de toutes les sciences. On ne voit plus dans la raison une source de connaissance originale ; on veut que nos connaissances proviennent toutes sans exception de l'expérience sensible.

Nos contemporains sont revenus par un assez long chemin à ce point de vue, qui était celui de François Bacon. Il y a déjà deux siècles et demi, Descartes, qui était pourtant un grand observateur, mais qui était surtout géomètre, essaya de produire la science tout entière par le travail de l'esprit sur son propre fonds. Cette exagération du rationalisme souleva bientôt contre lui de puissants contradicteurs, et ce sont les exagérations des cartésiens du XIX° siècle, Fichte, Schelling et Hegel, qui ont remis en honneur les doctrines empiriques du XVII°. Alors déjà Locke avait posé en principe que ce que l'esprit tire de lui-même ne saurait avoir de valeur que pour lui, mais que toutes les connaissances véritables résultent de l'action du monde extérieur sur nous, c'est-à-dire de la sensation. Hume, adoptant cette doctrine, qui dominait au XVIII° siècle, malgré l'école de Leibniz, en tira régulièrement la conséquence que nous ne connaissons rien sinon nos sensations mêmes, et qu'il n'y a pas de vérités de raisonnement du tout, aucunes du moins qui portent sur la nature et sur les principes réels des choses; attendu que les idées de substance et de cause, qui forment la base de tous les raisonnements pareils, n'ont pas d'objet et ne constituent pas de vraies idées, puisqu'elles ne correspondent à aucune impression sensible.

A ces paradoxes du scepticisme, Reid opposa la philosophie du sens commun. Il fit voir qu'en fait nous rattachons tous les phénomènes à quelque sujet persistant, que nous cherchons une cause réelle à tout ce qui arrive, que partout où nous trouvons un ensemble de moyens concourant à produire une certaine fin, nous y voyons la marque d'une intelligence. Reid formula ces propositions et bien d'autres encore sous le nom de principes du sens commun. La philosophie consiste exclusivement pour lui à observer l'esprit humain pour y discerner ces principes.

De nos jours Hamilton a rajeuni, transformé l'école écossaise de Reid, en insistant contre les cartésiens, comme auprès de ses propres maîtres écossais et surtout de leurs disciples en France, sur ce point que les uns et les autres étaient plus ou moins disposés à contredire ou à oublier, savoir que toutes les propositions où nous sommes conduits par l'organisation de l'esprit humain n'ont de valeur que relativement à cette organisation, que toutes nos connaissances sont relatives, et que nous ne savons absolument rien d'absolu.

Il n'y avait dans ce résultat aucun motif d'abandonner la recherche historique de l'origine de nos idées, étude intéressante et toujours praticable. Il est évident, en effet, que toutes nos idées ont commencé à se produire dans notre esprit. Les lois mêmes de la pensée ne sauraient *exister* à proprement parler, c'est-à-dire agir, dans un enfant qui ne pense pas encore. Un Anglais aussi renommé comme économiste et comme publiciste que pour ses travaux de logique et de psychologie, Stuart Mill, reprit les thèses de Locke et de Hume; il s'efforça par une analyse toujours plus profonde de les mettre à l'abri des objections puissantes qu'elles avaient soulevées, et de montrer dans les *associations inséparables* des représentations l'origine des notions qui nous paraissent porter les signes les plus irrécusables d'universalité et de nécessité. Le savant anglais en conclut que malgré ces apparences, auxquelles nous ne pouvons pas nous soustraire, nous ne savons décidément rien de nécessaire ni d'universel. Il donne ainsi après coup un fondement psychologique au positivisme d'Auguste Comte, suivant lequel toute la science se réduit à déterminer la manière dont les phénomènes se succèdent dans le milieu sensible où nous nous trouvons placés.

Mais cette théorie repose sur une illusion et sur un sophisme. Elle suppose ce qui précisément fait le sujet de la question : elle suppose que pour apprécier la portée et la valeur d'une idée, il suffit d'avoir tracé l'histoire de son apparition. Il n'en est point ainsi. Nous ne possédons aucune idée à la formation de laquelle l'expérience demeure étrangère ; il faut le reconnaître de bonne grâce. Mais cet aveu ne signifie point que nos connaissances nous viennent absolument du dehors et que notre cerveau fonctionne comme un simple magasin. Non, l'intelligence, les facultés cérébrales ont un rôle actif dans la production de l'expérience elle-même, et si l'on conteste l'autorité de ces facultés, on enlève toute valeur à nos connaissances expérimentales. Si toutes nos idées étaient des sensations transformées, comme le veut Condillac, nous ne posséderions pas les notions d'être et de cause, qui ne sont réellement contenues dans aucune sensation. Eh bien, quoi qu'en disent Hume et son continuateur Stuart Mill, nous savons que cette conclusion est fausse. Le paraître implique l'être, nous rattachons nécessairement tous les phénomènes à quelque chose de persistant, et l'on n'a point encore obscurci l'évidence du mot de Descartes : « Je pense, donc je suis. » Et de même, quand il faudrait confesser que nous ne pouvons remonter à la cause réelle d'aucun événement, nous ne demeurerions pas moins convaincus que tout ce qui arrive est produit par l'action de forces réellement capables de le produire. Ceci n'est pas un préjugé, car il n'est pas de culture, il n'est pas d'analyse capables de dissiper ce préjugé.

Les notions d'être et de cause sont comprises comme éléments dans toutes les vérités expérimentales. Elles forment l'essence du langage, sans lequel il nous est impossible, non-seulement d'exprimer notre pensée, mais de la former. A la base du substantif est la notion d'être ; la nature même du verbe est l'activité, la causalité. Les mathématiques, quoi qu'en dise M. Stuart Mill, ne sont pas fondées sur l'expérience, autrement elles ne posséderaient pas la certitude universelle *a priori* qui en fait précisément la valeur. Les vérités morales élémentaires ne sont pas non plus un produit de l'expérience. Comment l'expérience arriverait-elle à nous enseigner que le bien et le mal sont inhérents aux actions elles-mêmes, indépendamment de leurs résultats, ce qui est la propre essence de la morale? Tous les efforts tentés à diverses reprises pour concilier l'empirisme et le devoir sont contradictoires; ils servent à montrer comment des esprits ingénieux sont amenés à contester l'évidence lorsqu'ils s'attachent à soutenir des idées préconçues. L'analyse de Kant défie les assauts de l'empirisme contemporain : les notions élémentaires qui donnent sa forme à notre pensée ne sauraient être un résultat de l'expérience, puisque l'expérience les suppose. L'expérience ne nous conduit jamais qu'au fait, elle ne saurait établir que le contraire du fait observé soit impossible, et cependant la science expérimentale suppose que le contraire des principes même de l'expérience est impossible. La description des phénomènes qui accompagnent l'apparition d'une idée dans notre esprit n'a donc, quoi qu'il puisse en sembler, qu'une importance secondaire lorsqu'il s'agit d'en déterminer la véritable origine. Il suffit de démontrer qu'une idée est véritablement universelle et nécessaire pour pouvoir affirmer qu'elle vient de notre raison. La raison demeure une source de connaissances, quoique sans le secours de l'expérience, il ne se produise aucune notion. Néanmoins il y a des notions rationnelles, il y a des notions *a priori*, puisqu'il y a des notions universelles et nécessaires. Nous ne saurions les mettre en suspicion sans supprimer la certitude mathématique, sans supprimer la certitude morale, sans supprimer la certitude expérimentale elle-même, pour tomber dans un scepticisme absolu, qui pratiquement est impossible.

III

Mais s'il est une raison, nous devons écouter la raison et nous soumettre à ce que la raison déclare.

Eh bien, l'affirmation fondamentale de la raison, somme de toutes ses affirmations particulières, est virtuellement comprise dans chacune de ses fafirmations particulières ; le contenu de la raison tout entière sous une forme abrégée, la vérité substantielle, dont le développement exige un travail infini, qui est la plus haute partie de la philosophie et qui contient le secret de ses métamorphoses, cette vérité, c'est l'existence réelle, éternelle de la perfection.

L'être parfait est l'être réel, la vérité en soi, la cause et le principe de tout ce qui existe. Je n'essaierai pas de justifier cette parole qui doit retentir dans votre intelligence et dans votre cœur. J'aurai l'occasion d'y revenir longuement dans une salle moins vaste. Ma tâche présente est de formuler un programme, non d'exposer un système et moins encore de le défendre. Je me borne à signaler quelques éléments qui entrent dans l'idée de l'être parfait : ce sont les notions d'ordre, de causalité, d'unité et de bien.

Ordre. — Nous comptons instinctivement que les phénomènes se succèdent dans un ordre régulier et immuable. Les progrès de la science ne sont qu'une vérification toujours plus étendue, jamais complète, de cette anticipation instinctive. Mais l'ordre partiel que nous constatons et sur lequel se fondent ensemble et notre science et notre vie, cet ordre partiel, nous ne saurions en concevoir la possibilité s'il n'est compris et déterminé par un ordre universel. Nous ne saurions admettre d'ordre universel qu'un ordre absolu, et l'ordre absolu implique la sagesse absolue.

Cause. — Ce que je viens de dire est déjà une application du principe de causalité. L'ordre suppose une cause, l'existence suppose une cause. Nous avons commencé d'être, notre pensée a commencé. L'humanité se dégage lentement de l'animalité. Mais rien ne saurait commencer sans une cause initiale. Notre raison n'est pas sans cause. Si nous admettions que nous sommes capables de concevoir un idéal supérieur à toute réalité, nous admettrions un effet sans cause.

Unité. — Partout nous cherchons l'enchaînement. Comprendre un phénomène, c'est le ramener à des principes déjà compris ou plutôt peut-être à des principes qui nous soient déjà familiers. Comprendre c'est simplifier. Quand nous avons saisi les lois particulières qui régissent divers ordres de réalités, nous cherchons les rapports de ces lois entre elles, certains d'avance qu'elles sont en rapport les unes avec les autres. Nous voulons ramener à l'unité la pluralité des lois; or l'unité de loi implique l'unité de cause, l'unité d'être, car la loi ne saurait se comprendre sans la cause et sans l'être. Le dernier but de notre ambition, que nous n'atteindrons peut-être jamais, mais que nous ne nous lasserons jamais de poursuivre, c'est le mot de toutes les énigmes, c'est l'unité de toutes choses.

Ceci nous conduit à l'idée du *bien*. L'ordre moral, qu'il est naturel à notre raison de concevoir, et l'ordre phénoménal, qui nous est révélé graduellement par l'expérience, relèvent nécessairement d'un seul et même principe premier, dont la connaissance expliquerait l'existence réelle de l'un et justifierait les prétentions absolues de l'autre. Le principe de l'univers est aussi le principe de l'ordre moral; et la raison nous dit que ce caractère du principe est d'une importance souveraine, parce que la raison nous atteste la valeur absolue du bien moral.

Il n'y a d'unité véritable que l'unité de la perfection; ainsi la cause de toute existence, la raison de tout ordre, la réalité véritable, c'est la loi de perfection, c'est l'être parfait. L'être parfait! voilà l'astre qui nous éclaire, qui nous réchauffe et qui nous fait vivre. Nous ne pouvons pas le contempler. La lumière affaiblie de ses rayons se reflète dans notre idéal.

IV

Ainsi la philosophie est nécessairement optimiste. Ce qui est, c'est la perfection, c'est le bien absolu; l'optimisme, c'est la raison elle-même. Ici, messieurs, sur ce sommet que nous avons gravi de roc en roc, où la philosophie nous conduirait par un chemin battu et couvert, nous apercevons un nouvel horizon; ici apparaît le côté dramatique, le côté tragique de notre pensée. L'optimisme, que la raison ne saurait abandonner, est incessamment contredit par l'expérience. Les enfants profitent peu de la sagesse paternelle. Les barbes grises ont beau se lamenter, la jeunesse est toujours confiante, elle croit en elle-même, elle croit à l'humanité, elle croit au lendemain, elle croit au bonheur. Mais cette génération n'échappera pas plus que la précédente aux leçons de la vie. Vous partez, messieurs, comme nous sommes partis, bouillants d'ardeur et rayonnants d'espérance; vous vous coucherez comme vos pères dans la tristesse et dans le découragement. Les seuls d'entre nous qui restent sereins jusqu'à leur soir, les seuls que le choc des réalités n'abatte pas, ce sont ceux qui ont mis leur espoir dans l'invisible, qui ont jeté leur ancre dans l'impalpable, qui anticipent énergiquement un avenir sur lequel la science la plus avancée ne saurait absolument rien nous apprendre.

La raison nous enseigne que l'ordre réel est un ordre absolu, l'expérience ne nous fait connaître qu'un ordre partiel, qui très-souvent nous semble troublé. La raison nous dit que la perfection véritable c'est la perfection morale, que toute réalité repose sur la perfection morale, que l'ordre moral est le fond même et la raison d'être de toute existence. L'expérience ne nous montre l'ordre moral réalisé nulle part. Ceux qui comptent sur la justice de leur cause pour en assurer le gain sont des niais; ceux qui prétendent faire prévaloir la justice ici-bas sont des don Quichottes, heureux quand on ne les prend pas pour des hypocrites et pour des fripons. Ce n'est pas à la vérité qu'appartient la force ici-bas, c'est à la dissimulation et au mensonge. Quel que soit l'enjeu : une fortune, un rameau d'oranger, le diadème, la demi-tasse, il n'importe, celui qui laisse voir dans ses cartes perd la partie.

L'opposition de la raison et de l'expérience est donc bien réelle. En poussant les notions rationnelles à leurs conséquences, en les rassemblant en un faisceau, comme la raison elle-même nous le commande, nous sommes conduits à des affirmations diamétralement contraires aux enseignements de cette expérience qui réclame pourtant le concours des mêmes notions, de la même raison.

Concilier ces choses qui nous semblent inconciliables, ce serait comprendre le monde et nous-mêmes. Quand nous nous comprendrons nous-mêmes, la philosophie sera terminée : ainsi la définition que j'en ai proposée au début de ce discours se trouve justifiée du moment où l'on a reconnu que l'expérience et la raison se contredisent effectivement.

V

Cette conciliation dont nous parlons, la philosophie doit la chercher avec une indépendance absolue, et cela pour une raison bien simple : c'est que l'indépendance de la philosophie en fait toute la valeur. Ceci touche aux rapports de la philosophie et de la religion, et m'oblige à vous faire en quelques mots ma profession de foi.

Pour mon compte, je ne trouve aucun moyen de concilier les réalités du monde avec la suprême vérité de la perfection, sinon dans les idées que l'éducation religieuse nous a rendues familières : la personnalité de Dieu, la création, la liberté de la créature, l'altération de la créature, résultat d'un mauvais usage de sa liberté, la restauration de la créature par les compassions divines, restauration qui constitue une création nouvelle, et qui nous est attestée par le fait du progrès. Je ne trouve que dans les idées chrétiennes la solution du problème de la philosophie, et, pour le dire en passant, j'admire qu'on oppose au christianisme la doctrine du progrès, comme si le fait du progrès ne nous attestait pas la vérité du christianisme : comme si le christianisme ne nous était pas indispensable pour comprendre la loi du progrès !

La conformité du christianisme aux besoins de notre raison est à mes yeux la preuve que le christianisme est vraiment d'origine divine, et la philosophie devient ainsi un commentaire de l'Évangile.

Sous ce point de vue important, elle reprendrait une position analogue à celle qu'elle occupait au moyen âge; mais ce n'est là qu'un seul côté du rapport entre la philosophie et la religion. En réalité, la situation de la pensée aux deux époques est toute différente, pour ne pas dire opposée. La doctrine de l'Église servait de point de départ à la philosophie du moyen âge. Cette philosophie était tenue de justifier des conclusions qu'elle n'avait pas formées. Pour nous, au contraire, le christianisme est un objet d'étude, un problème et non point une autorité. Si nous trouvons en lui des solutions, c'est que notre raison s'y reconnaît elle-même. Notre pensée est absolument affranchie, elle ne relève d'aucune autorité quelconque. La philosophie ne saurait exister à des conditions différentes, et la scolastique, dont je viens de parler, ne fait pas à cette règle une exception véritable; la scolastique était philosophie dans la mesure précise de sa liberté. Les résultats d'une philosophie qui part d'une supposition quelconque ne valent que pour ceux qui admettent d'avance cette supposition. Pour justifier le point de départ, il faudrait une philosophie avant la philosophie. Quant au christianisme en particulier, il est sensible qu'un système qui le prendrait comme autorité ne servirait guère à le recommander. Si l'on nous propose d'autres solutions, nous devrons donc les examiner; si l'on nous en fournit de meilleures, il faudra bien les accueillir. Nous nous tenons ouvert à tout.

Mais les conditions du problème sont immuables. Personne n'a le droit de les déplacer; personne n'a le droit de les tronquer. Dans l'humble mesure de mes forces, je ne permettrai à personne de les oublier.

24 octobre 1866.

NOTE

La philosophie dont ce discours contient le programme se trouve à la base des suivants. Nous avons essayé de l'exposer il y a plus d'un quart de siècle sous le nom, de *Philosophie de la liberté*. Les conclusions de l'ouvrage publié sous ce titre répondent, pensons-nous encore, aux besoins permanents de la pensée, bien que les procédés de démonstration puissent en sembler vieillis. En effet, nous nous y rattachions aux derniers résultats de la spéculation allemande, que nous nous efforcions de critiquer. C'est dans ce sens que MM. Edmond Scherer et Paul Janet ont pu l'envisager avec raison comme procédant du dernier système de Schelling.

Le véritable point de départ n'en est pourtant pas fourni par Schelling, mais plutôt par Kant, si l'on veut un nom propre. C'est le fait de la conscience morale et son autorité absolue, que tout homme digne de ce nom reconnaît et qu'une philosophie sérieuse ne saurait expliquer qu'en la consacrant. Le problème s'y pose ainsi : « concevoir les dernières raisons de l'univers de manière à justifier en l'expliquant l'autorité de la loi morale, laquelle implique et démontre la liberté que nous croyons sentir en nous. »

L'homme se sachant libre et sujet d'une loi doit chercher au-dessus de lui le principe de son être et de l'être. Un principe de l'être capable d'expliquer la liberté dans l'homme, sera manifestement libre lui-même, non d'une liberté conférée et limitée par une nature donnée, mais d'une absolue liberté. De là le nom du système.

L'absolue liberté est inconcevable : ceci est accordé ; mais on ne l'affirme pas moins, dans la certitude que le prolongement des lignes tracées par la raison aboutit en tous sens à l'inconcevable.

Inconcevable, mais indispensable, l'absolue liberté exclut évidemment toute déduction tant de l'essence divine que de l'œuvre divine, et c'est par une étrange inadvertance, pour ne rien dire de plus, que certains critiques ont cru voir dans la *Philosophie de la liberté* une déduction *a priori*. L'être absolu est ce qu'il veut ; lorsqu'on l'a compris, on sait qu'on ne peut pas en savoir davantage. Il peut créer, puisqu'il peut tout ; mais la création est un fait qui ne résulte point nécessairement de cette idée du premier principe. Nous la connaissons par expérience, et cette expérience, c'est précisément celle de notre propre existence, je dis de notre existence en tant que sujets d'une obligation ; car sans l'obligation morale qui atteste en nous une volonté supérieure à nous, la création ne serait qu'une hypothèse gratuite, sur laquelle le pur monisme présenterait l'inconcevable avantage d'une plus grande simplicité.

Le fait de la création étant donné, non déduit, le motif ne s'en déduit proprement pas davantage.

Seulement nous observons que la parfaite liberté du créateur implique qu'il se suffit entièrement à lui-même. Dès lors, le seul motif intelligible de la création devant être cherché hors du créateur, serait le bien possible de la créature, en d'autres termes, la gratuité de l'amour.

Le seul principe que nous puissions concevoir comme principe est l'être parfait, et la seule idée acceptable de la création, c'est la perfection posant la perfection. Ainsi le monde est parfait; telle est la conclusion non de la raison pure, mais de la raison s'appuyant d'abord sur le fait de la création donné de la manière indiquée, puis sur la supposition que cette création peut être comprise.

Le monde est parfait d'après la raison; mais l'expérience nous le montre de tout point imparfait et souverainement misérable. Toute la suite de ce travail, qu'on n'a pas rougi de présenter comme une déduction métaphysique *a priori*, est consacrée d'abord à faire ressortir ce contraste de l'idée et du fait en établissant le pessimisme de l'expérience, puis à chercher la conciliation possible de cette suprême antinomie. J'ai cru la trouver dans l'idée que la perfection d'une créature digne de ce nom et véritablement distincte de son auteur devrait être sa propre acquisition, son propre fait, l'ouvrage de sa liberté, et que la liberté d'une créature, la liberté affectée d'une obligation implique la possibilité de l'erreur et du mauvais choix.

De là le mal, l'accident universel, dont le caractère

accidentel ne saurait être contesté sans une contradiction mortelle pour l'idée morale. Mais la volonté divine est absolue, immuable, et la *libre* volonté créatrice s'atteste comme une volonté d'amour dans la constitution même de notre raison. Le triomphe final appartiendra donc à l'optimisme.

La *Philosophie de la liberté* rencontrant ici dans son cours l'éternelle donnée chrétienne, devient une libre interprétation du christianisme, dont elle accepte les formules consacrées, en les expliquant de manière à faire apparaître en chacune d'elles un fait moralet, suivant le programme imposé par Alexandre Vinet, à donner à chaque doctrine une valeur morale.

Par son effort pour marier toutes les oppositions en faisant droit aux intérêts les plus divergents de la pensée, cette philosophie pourrait rappeler celle de Hegel; mais tandis que Hegel dissout invariablement les faits en simples rapports logiques, elle cherche dans les déterminations du fait la raison des oppositions de la pensée. Elle fait place à la vérité qui donne du prix au monisme ou panthéisme, en montrant comment le caractère absolu d'une volonté parfaite implique l'unité de la création et l'immutabilité des lois naturelles; elle trouve dans l'essence morale et par conséquent divine de cette créature unique, la justice et la raison de l'universelle solidarité des destinées que l'expérience atteste invariablement. L'histoire est à ses yeux la restauration et l'accomplissement de cette unité, c'est-à-dire sa transformation d'unité virtuelle en unité actuelle, le passage de l'unité naturelle que la chute a voilée et compromise à la forme d'unité voulue, d'unité morale, qui implique à sa base la pluralité des individus. Sans détriment pour l'unité que la raison réclame, l'intelligence de l'histoire, de l'action de Dieu sur la créature et dans la créature fait ainsi droit aux exigences de l'expérience et de la conscience qui affirment l'importance essentielle de l'individu, et qui ne trouvent dans les systèmes de monades qu'une expression abstraite et par suite exagérée.

Synthèse du théisme et du panthéisme, du monisme et de la monadologie, du dogmatisme et de la critique, de l'histoire et de la raison, sous la souveraine direction de l'idée morale, telle est la philosophie dont l'esprit préside à nos recherches, quoiqu'il ne nous ait pas été donné d'en achever la construction. Les discours qui suivent peuvent être considérés comme des essais de critique et d'analyse destinés à en asseoir les fondements.

Les quatre premiers discours, sur l'empirisme, forment seuls un ensemble. Les autres, prononcés à des intervalles assez éloignés, sont loin de présenter un développement continu, et comme ils gravitent autour d'une ou deux questions centrales, le dessein de les réunir n'a pu s'exécuter qu'au prix de quelques répétitions.

L'EMPIRISME CONTEMPORAIN

LA
THÈSE DE L'EMPIRISME

Notre ville s'élargit beaucoup depuis quelques années. Des maisons nouvelles, de nouveaux palais s'élèvent avec une rapidité merveilleuse. Plusieurs d'entre vous, messieurs, habitent sans doute une de ces constructions qu'ils ont vues naître, quelques-uns en ont peut-être fait bâtir, à tout le moins en qualité d'actionnaires. Et ceux qui ne sont pas dans ce cas savent aussi bien que les autres comment et pourquoi l'on bâtit des maisons.

Comment et *pourquoi?* Ces deux questions sont ici parfaitement distinctes, comme lorsqu'il s'agit de toute autre production de l'industrie humaine; elles sont parfaitement distinctes et soutiennent d'intimes rapports.

Pourquoi construit-on des maisons? — Pour les habiter ou pour tirer quelque profit de ceux qui les habiteront. Voilà pourquoi. C'est la question du but, de la fin, ou, comme on dit également, la question de la *cause finale*.

Comment construit-on des maisons? — En taillant des pierres, en les assemblant, en couvrant l'espace enfermé par les murs de charpente et d'ardoises; le *comment* comprend les outils, les ouvriers, c'est l'ensemble des causes apparentes, des causes prochaines, des causes *efficientes*, qui se ramènent toutes à des modifications matérielles effectuées par le mouvement.

Observez encore que ces mouvements sont ordonnés; ils s'exécutent suivant un plan conçu et tracé par un architecte. Le plan de la maison, qui du cerveau de l'architecte passe ensuite sur le papier, est l'idée ou *la forme* de la maison, intermédiaire indispensable entre la cause finale et la cause efficiente. Le but, le plan, l'exécution appartiennent chacun à des agents ou à des groupes d'agents séparés, qui se communiquent le mouvement les uns aux autres. C'est le besoin de logements qui inspire au capitaliste la résolution de bâtir. Le mouvement du capitaliste met en jeu les capacités de l'architecte qui trace le plan : l'examen, l'approbation du plan et des devis qui l'accompagnent déterminent l'activité des entrepreneurs et des ouvriers qui élèvent la construction. Vous voyez que la détermination du but, la conception du plan, la construction de l'édifice sont trois choses bien distinctes, puisqu'elles appartiennent à trois groupes différents de personnes.

Cependant ce ne sont que des mouvements volontaires, et ceux-ci viennent tous aboutir au déplacement de certaines matières passives (en apparence du moins et pour l'objet qui nous occupe). Sans ces matières, sans le bois, le fer, la brique, les pierres, il n'y aurait point de maisons. La matière est une dernière condition de la maison, non moins indispensable, quoique nullement plus indispensable que les autres. On l'a quelquefois appelée cause, dans le sens de condition, et l'on distinguait ainsi la *cause matérielle* ou les matériaux, la cause efficiente (le travail mécanique), la cause formelle (l'idée ou le plan), enfin la cause finale ou le but.

Les trois dernières ne cesseraient pas d'être distinctes, lors même qu'elles ne se répartiraient pas sur autant de personnes différentes. Quelquefois, pour une construction très-simple, le propriétaire fait son plan lui-même, ou bien il se borne à dire au maçon quel but il s'agit d'atteindre et le laisse construire à sa guise. Ainsi les trois groupes peuvent être réduits à deux, l'un représentant ensemble le but et le plan, l'autre, l'exécution, ou bien le premier, le but seulement, le second, le plan et l'exécution. Enfin les mêmes individus, un seul peut-être, qu'il soit homme, taupe ou renard, peut éprouver le besoin d'un logis, en concevoir l'idée et l'exécuter : la cause finale, la cause formelle, la cause efficiente coïncident alors dans un seul être réel, et n'en restent pas moins distinctes en soi, dans un ordre immuable : c'est toujours parce qu'un certain résultat doit être obtenu qu'on a combiné les moyens propres à l'atteindre, et c'est d'après cette conception des moyens que les efforts mécaniques ont été dirigés. Mais il y a toujours effort mécanique, parce qu'il y a toujours une matière à modifier, une résistance de la matière à surmonter. Sans matériaux point de maison, et plus généralement point de produit.

Ainsi les quatre conditions du produit réel, les quatre causes que nous avons distinguées se divisent en deux groupes : d'un côté le but, l'idée et l'action, la cause finale, la cause formelle et la cause efficiente, qui peuvent coexister dans le même être réel; de l'autre côté, la cause matérielle, passive, toujours séparée des trois autres dans les arts et dans l'industrie.

Mais on peut grouper différemment les quatre causes, sous un point de vue très-important pour l'objet de nos entretiens : la matière et le mouvement (la cause efficiente) formeraient alors ensemble un premier couple, en opposition à l'idée et au but, à la cause formelle et à la cause finale, qui s'uniraient dans le second. Ces deux groupes sont opposés l'un à l'autre en ceci que le premier seul tombe sous les sens et peut être observé du dehors, tandis que le second se dérobe aux prises des sens, et ne peut être constaté directement que du dedans, par celui même qui se propose le but et qui conçoit l'idée, ou bien inféré, conclu indirectement, par l'impossibilité d'expliquer sans un but et sans une idée la succession des mouvements dans l'espace, des modifications matérielles qui forment toute la partie de la production susceptible d'être aperçue, et par conséquent aussi d'être représentée, d'être imaginée, car les organes de la sensation sont aussi les organes de l'imagination, et l'on n'imagine proprement que ce qui pourrait être perçu par les sens. Il n'est pas moins vrai que dans toutes les productions de notre activité volontaire l'existence du but et du plan est aussi bien connue, aussi certaine que la cause efficiente et la matière. Qu'il s'agisse d'un palais, d'un habit, d'un poëme ou d'une bataille, nous en savons le comment, nous en savons le pourquoi, et nous connaissons si clairement la différence du comment et du pourquoi qu'il nous est impossible de les confondre. Mais les faits qui répondent à la question *comment* le produit s'est-il effectué sont seuls visibles, les faits qui répondent à la question *pourquoi* ne sont jamais visibles, ils ne tombent pas sous la représentation sensible et ne sauraient jamais y tomber.

Cependant la question principale est la question du pourquoi. La cause finale est aussi la cause initiale. Sans la volonté du propriétaire, l'architecte, le maçon, le carrier n'auraient pas bougé, la glaise serait restée dans le champ et le moellon dans la montagne.

La cause finale et la cause idéale ne se séparent que par une sorte d'abstraction. Ce qui met en jeu les ouvriers, ce n'est pas le dessein conçu par quelqu'un de posséder une habitation en général, mais une maison de telle et telle espèce, et cette détermination développée renferme le plan tout entier. Ainsi l'édifice préexiste dans son plan, dans la pensée, au travail de sa fondation. L'édifice est une idée qui se réalise et s'incorpore dans la matière, par l'intermédiaire des charretiers, des briquetiers, des maçons, des charpentiers, en d'autres termes par le mouvement.

En passant de l'industrie humaine à la nature, pour y suivre les mêmes rapports, nous passons du certain au conjectural. Dans le premier cas, nous nous appuyons avec une entière confiance sur la connaissance que nous avons de nous-même, de sorte que nous apercevons le dedans non moins clairement, et peut-être plus clairement que le dehors. Nous connaissons précisément, et nous distinguons nettement les fonctions du propriétaire, de l'architecte, du manœuvre et du matériel. Nous savons aussi bien que quoi que ce soit ce que c'est que faire une commande et prendre un parti, ce que c'est qu'esquisser un plan et mûrir une idée, nous palpons la cause finale et la cause formelle, nous saisissons leur différence et leur relation d'une manière sur laquelle il n'y a pas à se tromper. Nous les distinguons exactement soit de la matière, soit aussi de la cause efficiente ; et nous n'avons pas un instant l'idée de confondre ces conditions, de substituer l'une à l'autre ou de choisir entre elles, car nous savons que toutes quatre, les invisibles comme les visibles, sont également indispensables au produit. Dans la nature, au contraire, nous n'apercevons plus le dedans immédiatement, avec certitude, par l'observation de nous-mêmes ou par une analogie certaine avec cette observation : nous ne pouvons que le conclure, peut-être seulement le conjecturer, et nous voyons apparaître la diversité des systèmes.

Je n'en veux embrasser aucun, je n'ai pas la prétention de dire ce qui est, je voudrais seulement constater comment la production naturelle semble s'effectuer, noter les idées qu'elle suggère, en les comparant avec les résultats de notre précédente analyse.

Voyez un chêne : il porte et mûrit des glands. Le gland tombe à terre, il germe, s'entr'ouvre, il s'absorbe dans les racines qui poussent en bas, dans la tige qui perce le sol, bref il vient un chêne à la place où le gland s'était arrêté. Nous ne voyons que le produit, nous n'en apercevons pas les causes, mais nous ne saurions douter qu'il n'y en ait, et nous cherchons à les démêler. Et d'abord le chêne est un objet matériel, la matière dont il se compose existait sous une autre forme avant son apparition, la substance du gland n'en constitue qu'une bien faible partie, elle est empruntée aux sels de la terre, à l'atmosphère, aux eaux du ciel. Il y a donc une cause matérielle, ou plutôt des causes matérielles du chêne comme des causes matérielles de la maison. Dans le chêne comme dans la maison, ces matières sont élaborées par une succession de mouvements; mais ici les matériaux semblent divisés en parties beaucoup plus ténues, les mouvements qui les disposent sont continus, insensibles, nous n'en constatons que les effets. Quel en est le point de départ? Où réside la cause efficiente de l'ensemble des mouvements qui produisent le chêne? — Évidemment dans l'arbre lui-même, et primitivement dans le gland. Ces mouvements s'accomplissent dans un certain ordre, ils suivent certaines directions que nous appelons des lois; chacun d'eux pris en particulier peut être observé dans d'autres circonstances, où il concourt à produire d'autres résultats; mais cette combinaison particulière, cet ensemble d'où résulte un chêne ne se trouve que dans le gland. Dans la complexité des causes efficientes du chêne, la prééminence appartient au gland.

Le fait que nous signalons est incontestable, il reste vrai, soit qu'il y ait dans le gland une cause initiale de mouvement, une force particulière, soit que par l'effet de sa structure, il modifie seulement la direction de mouvements dont l'origine est ailleurs.

Cette cause invisible mais certaine agit dans une direction déterminée, invariable; le chêne poussera plus ou moins vite, son bois deviendra plus ou moins dur, ses feuilles plus ou moins larges, plus ou moins colorées, mais la disposition, la composition en seront toujours les mêmes, le gland ne produira jamais qu'un chêne, la faîne un hêtre, et la noix un noyer. Notre impression naturelle, notre premier jugement sera toujours qu'il y a là une force qui travaille dans un sens arrêté, suivant un plan déterminé. Ce jugement, tout le confirme ; qu'il le sache ou qu'il l'ignore, le gland renferme en lui le plan du chêne, il n'en est pas seulement l'une des causes matérielles et la principale cause efficiente, il en renferme la cause formelle, la cause idéale. Ces notions abstraites, que la considération de notre propre activité nous a suggérées, la matière, l'agent et l'idée trouvent ici une application nouvelle, non moins légitime que la première, parce qu'elle est non moins inévitable, quoique essentiellement différente.

Reste le but, la cause finale. Quelle est la cause finale du chêne? a-t-il une cause finale? — Si nous entendons sous ces mots une chose positivement voulue de quelqu'un, il faut dire simplement que nous ne savons pas si le chêne est voulu pour un but, ni pour quel but il serait voulu. Nous pouvons avoir sur ce sujet des opinions très-arrêtées sans que ces opinions puissent prétendre au titre de connaissance, car elles ne sont pas susceptibles de démonstration. Mais si nous entendons simplement exprimer ce qui se passe, si nous désignons sous le nom de but le terme des mouvements, le résultat de l'opération, alors nous ne saurions plus hésiter un instant, nous traduirons l'impression qui résulte nécessairement pour nous de l'ensemble des phénomènes, en disant que le but du chêne est le gland, comme le but du gland est le chêne. Qu'est-ce qu'un gland? n'est-ce qu'un petit corps d'un certain poids, d'une certaine forme? — Non, pour le connaître, il faut savoir d'où il vient et où il va. Le gland est quelque chose qui peut devenir un chêne, et qui ne peut devenir qu'un chêne : il faut qu'il devienne un chêne ou qu'il périsse tout à fait. Il devient chêne, et le devient par un ensemble de mouvements dont il est le centre; le chêne est en lui, quoique invisible; le chêne est en lui, et c'est lui-même qui l'en fera sortir. Il renferme l'idée du chêne au même sens que le plan est l'idée de l'édifice, et même en un sens plus complet : le papier ne sait pas qu'il est maison, le gland ne sait probablement pas non plus qu'il est chêne; pourtant la différence entre eux est assez grande, car pour tirer la maison du plan, il faut un maçon qui le comprenne et qui l'exécute, tandis que c'est le gland lui-même qui fera réussir le chêne en en assemblant les matériaux. En disant : le but du gland c'est le chêne, nous ne supposons point de volonté, ni dans le gland ni hors du gland, nous ne supposons quoi que ce soit, nous constatons simplement un rapport sans lequel la suite des phénomènes resterait absolument incompréhensible. Ce que peut devenir un chêne, telle est la propre et naturelle définition du gland. L'ancienne philosophie appelait ce qui peut devenir une chose, la *puissance* de cette chose, tandis que la chose réalisée, existant en fait, se nommait un *acte*. Nous avons abandonné ces mots, autrefois d'un fréquent usage, il n'en est resté que des dérivés qu'on emploie un peu au hasard, et quelquefois tout de travers, dans le discours ordinaire. Mais en répudiant cette terminologie, je ne vois pas qu'on l'ait remplacée. Le rapport de la puissance et de l'acte est un rapport essentiel, dont la considération s'impose à l'esprit, et qu'il importe de pouvoir désigner d'une note uniforme. Le gland est essentiellement un chêne, un chêne en puissance, la puissance d'un chêne, comme l'enfant est un homme en puissance ; parce qu'on ne sait rien du gland ni de l'enfant, si l'on ignore que le premier doit devenir chêne, et le second, homme. Le gland et l'enfant sont pourtant visibles, mais ce qu'on y voit, c'est ce qui existe, ce qui est en acte. Ce qu'ils peuvent devenir, la puissance qui les constitue essentiellement, on ne la voit pas.

Il y a donc dans la nature et dans la vie des choses réelles et qu'on ne voit pas. Mieux encore, ces réalités invisibles sont les plus essentielles de toutes. On ne voit pas ma pensée lorsque je pense, et quand mon crâne et mon cerveau seraient transparents, on ne la verrait pas davantage. On ne voit pas le but qu'un homme se propose dans sa conduite, et cependant toute sa conduite est déterminée par son but. On ne voit pas l'homme dans l'enfant, ni l'arbre dans la semence; mais on les devine, on les connaît, et sans cette divination, on ne saurait rien, nous le répétons, ni de la semence, ni de l'enfant. Les notions d'idée, de but, de puissance n'ont aucun objet qui tombe sous les sens, et cependant elles sont absolument indispensables pour nous démêler dans le chaos de nos sensations et pour constituer une expérience. Il n'en va pas autrement de l'idée de cause, qui gouverne tout.

Ces explications, ces définitions étaient nécessaires pour arriver à comprendre l'empirisme contemporain.

II

L'empirisme en philosophie est tout autre chose que l'empirisme en médecine. Ce mot pédantesque désigne une opinion très-répandue, fort naturelle, fort innocente en elle-même, et la première qui se présente à l'esprit quand on commence à réfléchir sur ce sujet auquel le plus grand nombre des hommes ne pensent jamais : je veux dire la manière dont se produit en nous la connaissance. On désigne sous le nom d'empirisme, ou système de l'expérience toute doctrine suivant laquelle l'expérience est l'unique source de nos connaissances, de nos opinions, de nos idées.

Il est clair qu'au début de la vie nous ne savons rien du tout, et l'on pourrait se demander comment il se fait que l'empirisme ne soit pas le sentiment de tout le monde. Il ne l'est pourtant pas, ou du moins naguère encore il ne l'était pas. L'opinion contraire veut que nos connaissances, tout ou partie de nos connaissances, soient tirées de notre propre fonds, qu'elles viennent de nous-mêmes, qu'elles soient essentielles à notre pensée, à notre raison, qu'elles nous soient inhérentes, ou comme on disait, *innées*. On appelle cela le système des idées innées, on l'appelle aussi rationalisme. Au XVII° siècle, le rationalisme était assez répandu, même parmi les hommes les plus versés dans les sciences d'observation. Sa prépondérance fut brisée et son domaine singulièrement resserré par le philosophe anglais John Locke. L'analyse de l'entendement humain de Locke eut un succès d'autant plus considérable qu'elle ne creuse pas bien profond. Locke se prévaut beaucoup du mot idée innée, qui n'était pas très-heureux. Il prête à ses adversaires l'opinion qu'il y a des notions dans l'esprit antérieurement à tout travail de l'esprit, des idées qui n'ont pas été conçues, des pensées qui n'ont pas été pensées. Locke réfute sans beaucoup d'efforts cette niaiserie, en rappelant que les idiots, les enfants, les sauvages ne semblent point posséder ces idées abstraites et générales que l'on disait être innées, ne comprenant pas même les mots par lesquels on les désigne — et notamment qu'ils n'ont pas l'idée innée par excellence, l'idée de Dieu.

Il crayonne ensuite une division de toutes les idées familières à l'esprit humain, et s'efforce d'établir que les éléments simples de ces idées viennent tous de l'expérience, dont il distingue deux formes : la sensation et la conscience que nous avons de nos actes intellectuels. Cette seconde forme d'expérience porte chez lui le nom de *réflexion*. L'empirisme de Locke est d'autant plus vraisemblable qu'il est moins conséquent. Locke veut être empirique et il ne l'est pas, il veut exterminer les idées innées et il les ménage, sa *réflexion* gâte tout. Pensez un peu : si quelques-unes de nos idées simples ont pour source la conscience que nous avons de notre activité mentale et pour objet cette activité même, c'est qu'en effet notre esprit est actif et qu'il possède une force propre. Mais si l'esprit agit, c'est suivant sa nature particulière, c'est suivant des lois : quand nous arrivons à la conscience de ces lois, nous avons des idées innées, des idées dont l'objet est inné en nous, des idées qui sont nécessairement ce qu'elles sont. Les rationalistes n'avaient jamais entendu la chose autrement ; Descartes lui-même, contre lequel tout l'énorme livre de Locke est dirigé, définissait les idées innées « celles que l'esprit est naturellement capable de concevoir. » Pour ces idées que l'esprit n'a jamais produites, jamais pensées, mais qui auraient été toujours présentes à la conscience sans aucun acte particulier de la pensée, c'est une pure imagination, et Locke, en les combattant, n'avait combattu qu'un fantôme. M. A. Bain, l'un des coryphées de l'école empirique en Angleterre, prétend qu'on n'a jamais réfuté les arguments de Locke contre les idées innées. Nous prions M. Bain de peser notre réponse : « Les idées innées telles que Locke les a réfutées n'ont jamais été alléguées par un rationalisme sérieux, et ne lui sont nullement nécessaires. Quant aux idées innées dont le rationalisme affirme réellement l'existence, Locke les laisse debout, quoiqu'il ne s'en aperçoive pas. » L'esprit qui contiendrait des idées sans les produire ne serait pas une force, ce serait un sac, un réceptacle, ce qui n'est point le sentiment des rationalistes, c'est bien plutôt l'opinion qui s'impose à l'empirisme conséquent.

En effet, pour échapper véritablement aux idées innées, c'est-à-dire aux idées nécessaires, il fallait sacrifier ce que Locke appelait la réflexion, il fallait statuer qu'aucune de nos idées ne prend sa source en nous-mêmes, mais que toutes nous viennent du dehors, que l'objet de toutes nos pensées nous vient du monde extérieur par le canal des sens : l'empirisme en se complétant devait devenir le *sensualisme*.

C'est sous la forme du sensualisme qu'il subsiste et qu'il semble triompher. Ainsi, d'après l'empirisme conséquent, le seul dont nous ayons à nous occuper désormais, toutes nos connaissances nous viennent du dehors par les sens; pour comprendre une idée, il faut remonter à l'impression sensible dont elle forme le résidu, et lorsque nous trouvons dans la langue un mot auquel ne correspond aucune impression sensible, il faut prononcer que ce mot ne renferme point d'idée et n'a point de sens, quelque familier que puisse en être l'usage et quelque difficulté qu'on éprouve à s'en passer. En effet, si nous ajoutions quelque chose aux impressions, si nous tirions quoi que ce soit de notre propre fonds, nous aurions des idées innées, le sensualisme s'écroulerait et l'empirisme avec lui.

Si toutes nos idées nous viennent des sens, nous ne saurions avoir aucune idée nécessaire, car aucune sensation n'est accompagnée du sentiment qu'elle soit nécessaire.

Si toutes nos idées nous viennent de la sensation, la notion de notre esprit, de notre activité mentale est une notion inexplicable, car cette activité n'est pas possible. Du moment que notre esprit ferait quelque chose et qu'il aurait conscience de son action, cette conscience serait une source d'idées étrangères aux sens. Ces conséquences sont dures. Cependant l'empirisme les avoue.

En voici d'autres : Nous l'avons déjà dit, les termes dont nous nous sommes servis tout à l'heure en signalant les conditions de la production dans l'homme et même les conditions de la production dans la nature organisée, si nous en croyons sur ce point notre première impression, ces mots de si fréquent usage : le plan, le dessein, le but, la force, la cause, la puissance, ne trouvent rien dans la sensation qui leur corresponde, ce ne sont que des vues de notre esprit destinées à interpréter les sensations pour nous conduire à ce que nous cherchons, l'intelligence du phénomène. Nous en dirons autant de l'être et de la substance, quoiqu'on l'ait contesté. De plusieurs côtés bien différents on a essayé de trouver une impression sensible de la force, et même de la cause. Je ne crois pas qu'on l'ait tenté pour la puissance, à prendre ce mot dans le sens défini plus haut. L'entreprise, en effet, serait manifestement contradictoire. Ce qui est senti, c'est le réel, l'actuel : ce qui est senti, c'est ce qui agit, et ce qui agit, c'est ce qui est. Le possible sera peut-être, il n'est pas encore; le possible en tant que possible n'est pas senti. L'empirisme entreprend donc d'éliminer du discours, la substance, la cause, le but, l'idée, la puissance, qui n'existeraient pas réellement dans la pensée s'il fallait l'en croire, et s'il parvient lui-même à se comprendre. Il essaye de s'en passer, il veut nous apprendre à nous en passer. Sa tâche est assurément difficile et le concours des plus beaux esprits n'est pas trop pour y suffire.

Nous aurons l'occasion de revenir sur ce point. Je l'abandonne aujourd'hui pour vous placer en face d'une question plus générale. On l'a vu, l'empirisme n'est plausible et banal qu'à la condition de rester dans le vague; dès qu'il cherche à se préciser, à s'accomplir, il devient paradoxal. De quoi s'agit-il pour lui? — Il s'agit pour lui de se réaliser, de se transformer en science, de résoudre conformément à ses principes le problème général de la science. — Et qu'est-ce que la science? — La science est l'explication des faits, l'explication des phénomènes, l'explication de la sensation. S'il n'y a que des sensations, comment les sensations peuvent-elles être expliquées, comment peut-il être question de les expliquer! De toutes manières la thèse de l'empirisme vient se heurter à la notion même de la science, la science ne saurait se confondre avec la sensation, car la différence de l'erreur et de la vérité est étrangère à celle-ci. Toutes les sensations sont également vraies, absolument vraies. Si la science et la sensation étaient la même chose, tous seraient également savants. A tout le moins la science consiste à généraliser les sensations, à les classer, à les enchaîner. La science opère un travail sur les sensations, elle implique donc une activité; mais s'il existe une activité qui travaille sur les sensations, si nous avons une idée de cette activité, nous avons une idée qui n'est pas l'écho d'une sensation, et l'empirisme s'écroule. Je ne vois pas qu'il ait essayé de résoudre cette difficulté, apparemment parce qu'il ne l'a pas aperçue. Absorbé dans l'objet de sa contemplation, le penseur ne s'est pas demandé ce qu'il faisait.

Cependant, si l'empirisme n'a pas compris la difficulté tout entière, il en soupçonne au moins quelque chose, et devant l'obstacle, il se divise. C'est ici que nous en voyons le tronc bifurquer en deux maîtresses branches : il se forme deux écoles profondément opposées l'une à l'autre dans leurs conclusions spéculatives, bien qu'elles restent toujours en bons termes par la communauté du point de départ, des conclusions pratiques, et surtout des antipathies. Elles échangent volontiers leurs arguments, elles recommandent réciproquement leurs docteurs, et tel savant, M. Littré par exemple, n'a jamais bien démêlé sur laquelle des deux il est établi.

La première essaie de maintenir dans son intégrité le programme de la philosophie et de donner conformément aux principes de l'empirisme une explication générale des faits connus. La marche qu'elle doit suivre est tracée d'avance. Nous ne saurions connaître que ce qui nous est donné par la sensation, et cependant la science est possible, nous pouvons connaître tout ce qui est; donc tout ce qui est peut être donné par la sensation. L'objet sensible, c'est la matière; donc tout ce qui est, c'est la matière. La première forme de l'empirisme, c'est l'empirisme à conclusions positives, le matérialisme dogmatique, métaphysique, suivant lequel nous pouvons connaître les principes réels des phénomènes, parce que ces principes réels restent dans l'ordre des choses susceptibles d'être connues par la sensation. Ce point de vue, représenté dans l'antiquité par l'atomisme de Démocrite et d'Épicure, renouvelé en France avec éclat vers la fin du siècle dernier, compte aujourd'hui ses représentants principaux dans le pays métaphysicien par excellence, en Allemagne, où des naturalistes considérables le propagent avec ferveur.

Si la culture de ces naturalistes était plus complète, s'ils étaient capables de détourner un instant leur attention de leurs bocaux et de leurs scalpels pour la ramener sur eux-mêmes et sur les conditions de l'expérience, s'ils avaient compris qu'un philosophe n'a démontré quoi que ce soit lorsqu'il n'a pas justifié la légitimité des procédés qu'il emploie, et qu'avant de s'être expliqué lui-même, il n'a rien expliqué, je crois qu'ils ne montreraient plus l'assurance hautaine à laquelle ils doivent cependant une partie notable de leurs succès. Ils auraient rencontré dès le début des difficultés sur un point absolument étranger aux réflexions du vulgaire, et dont l'oubli ne saurait par conséquent nuire en rien à leur crédit sur le vulgaire, mais qui sont énormes pour tous les penseurs. En général ils les ignorent, et comme tactique ils auraient raison, si c'était de leur part une tactique, mais ce n'en est pas une. S'ils n'essaient pas de lever ces difficultés, c'est qu'ils ne les ont pas aperçues. En revanche ceux qui les ont seulement entrevues ne peuvent plus écouter les fanfares du matérialisme.

Tout objet possible de la science est donné par la sensation, dit l'empirisme. Accordons-le pour un instant, mais qu'est-ce que la sensation? — C'est une modification de nous-même. A la prendre dans son origine, la conception de la matière n'est qu'une supposition de notre esprit pour nous expliquer nous-même à nous-même. Il est absolument impossible de sortir de nous-même, et par conséquent la métaphysique, la science de l'être ne saurait s'élever sur la base de la sensation. Croire à la réalité de la matière, c'est pour un esprit qui se comprend lui-même, croire d'abord à sa propre puissance créatrice, c'est croire ensuite à un ordre du monde tel que les créations de notre esprit correspondent à la réalité des choses existant indépendamment de nous. Les naturalistes semblent pour la plupart ignorer cette origine de la notion de matière. S'ils la connaissent, ils n'en tiennent aucun compte, et ils font bien. Loin de l'exiger, la profession de naturaliste le leur interdirait plutôt. Leur affaire est d'étudier l'objet tel qu'il est donné. Ils ne savent donc pas que l'objet de leur étude est en eux-mêmes, mais c'est l'alphabet de l'analyse psychologique. De quelque façon qu'on l'aborde, elle nous conduit en trois pas à cette vérité, qui en forme proprement l'introduction.

Nous ne sommes pas tout, car nous nous trouvons passifs, nous ne pouvons pas nous comprendre comme étant tout, car nous sommes plusieurs, je ne suis pas tout, car je vous parle. Cependant la sensation ne nous donne que nous-mêmes, ou pour mieux dire une modification de nous-mêmes. Et encore, si nous rapportons cette modification à un être que nous appelons moi, c'est par un emploi des notions de substance et d'être qu'un empirisme conséquent n'autorise pas, puisque la sensation ne donne pas la substance. Si nous parlons d'objets hors de nous, c'est que nous essayons de nous expliquer la sensation par de tels objets, au moyen d'une idée de cause qu'un empirisme conséquent n'autorise pas, puisque la sensation d'une cause n'existe pas. Le matérialisme est une tentative pour concilier la thèse de l'empirisme sur l'origine de nos connaissances avec l'ambition de savoir et de comprendre qui est au point de départ de tout système et de toute recherche quelconque, mais cette conciliation n'aboutit pas. Le matérialisme est hors d'état d'expliquer, sans démentir sa propre logique, comment il arrive à cette notion de matière sur laquelle il prétend bâtir.

Nous ne connaissons que les phénomènes, la science serait l'*explication* des phénomènes. Tout empirique doué d'une aptitude quelconque à l'analyse en conclura forcément que la science est impossible, que les dernières raisons des faits ne se trouvent pas, et que nous ne les découvrirons jamais, parce que le problème est contradictoire. Nous l'avons déjà dit, si le phénomène était seul réel, il n'y aurait nul besoin qu'il soit expliqué ; comme phénomène il est toujours clair, il ne soulève aucun doute, il ne pose aucune question ; chercher quoi que ce soit derrière le phénomène est la première contradiction de l'empirisme. Mais s'il franchit cette première contradiction sans l'apercevoir, s'il pose la question de l'essence des choses, la logique le contraint à reconnaître du moins que le fond des choses est insondable.

Cette conclusion caractérise la seconde branche de l'empirisme, le scepticisme, que les contemporains nomment positivisme en France, tandis que les Anglais disent indifféremment, je crois, positivisme ou phénoménisme. Cependant le positivisme conséquent, le phénoménisme pur est une position gênante, où il est difficile à l'esprit de rester dans l'immobilité : c'est un système, inspiré comme tous les systèmes par le besoin de savoir, et sa conclusion est qu'on ne peut rien savoir. Des esprits actifs ne se contentent pas aisément d'un tel résultat. A défaut de science, on a des croyances, à défaut de croyances, des opinions. Les positivistes ne peuvent s'empêcher de penser aux questions qu'ils se sont interdites. En dépit d'eux-mêmes ils penchent pour telle doctrine de préférence à telle autre, et naturellement celle où ils inclinent est volontiers celle qui se fonde sur les mêmes bases et qui arrive aux mêmes négations que leur propre théorie.

III

Le phénoménisme et le matérialisme s'entr'aident et se font mutuellement des emprunts. Il importe cependant de les bien distinguer.

Nous étudierons d'abord les principes et la logique du matérialisme contemporain, et nous terminerons par l'examen du positivisme.

Nous nous proposons d'établir par cette discussion :

1° Que toute doctrine qui réclame notre adhésion doit pouvoir rendre compte de sa propre existence.

2° Qu'une doctrine quelconque étant l'expression d'un savoir réel ou prétendu, se détruit elle-même lorsqu'elle aboutit à des affirmations ou à des négations qui rendraient le savoir impossible.

3° Que l'empirisme se présente naturellement et nécessairement à l'esprit comme la première solution du problème de la connaissance, par suite de l'impulsion qui porte l'esprit à s'oublier lui-même pour s'absorber dans l'objet de son étude.

4° Que cet oubli constitue une erreur de calcul par laquelle tous les résultats ultérieurs sont infirmés.

5° Que si l'empirisme se soutient et se développe, c'est grâce à la persistance de l'illusion à laquelle il doit son origine, maîtres et disciples s'accordant sans s'en rendre compte pour conserver au nombre de leurs moyens d'explication l'élément qu'ils affichent la prétention de supprimer, savoir l'activité propre de l'intelligence et les notions nécessaires qui la guident.

6° Que la seule théorie des choses que l'empirisme estime conséquente à sa logique, le matérialisme, aboutit à la contradiction d'expliquer le connu par l'inconnu.

7° Que le déterminisme de la pensée, inséparable du système empirique, anéantit la possibilité de la science en supprimant toute différence appréciable entre l'erreur et la vérité.

Cette tâche est aride, il en faut convenir. La critique de l'empirisme nous oblige à des analyses laborieuses; lui-même, impossible à réaliser dans la pensée sous une forme conséquente, se formule très-aisément lorsqu'on n'y regarde pas de si près. Il propage ses doctrines au moyen de livres abondants en informations scientifiques intéressantes pour tout le monde, et dont l'assimilation exige peu d'efforts. On lit ces livres pour l'amour des faits qu'ils contiennent, et la doctrine qui les relie se popularise et s'accrédite par leur moyen. La liaison entre ces faits et le système est parfois imperceptible. Ceux qui les ont découverts les premiers sont loin d'en tirer toujours les mêmes conclusions que les théoriciens du matérialisme, mais comme ils restent dans leur rôle de naturalistes, ils n'affichent pas leurs interprétations, et souffrent ainsi que le matérialisme s'identifie sans aucun titre à la science positive. C'est un bénéfice qui tient à la position des partisans de cette doctrine et que de simples déclarations, venant même des savants les plus illustres, ne suffiront pas à lui enlever. Il faudrait pour y réussir traiter avec succès les spécialités dans un esprit différent du sien, et cela même paraît assez difficile. On ne peut ni ne doit faire entrer directement l'invisible dans la considération du visible; il faut donc bien se borner à montrer où s'arrête la science expérimentale et quels problèmes resteraient à résoudre au delà. Quant à rendre sensible l'élément *a priori* compris dans la science empirique elle-même, c'est une analyse beaucoup trop délicate pour intéresser le grand public. Kant l'a essayée inutilement, non qu'on l'ait vraiment réfuté, mais parce qu'on n'a tenu aucun compte de sa démonstration, quelle que soit la célébrité de son nom. Les plus faibles réfutations suffisaient à paralyser son influence, ou plutôt toutes étaient superflues : ce sujet n'existe pas pour le public des lettrés et des savants eux-mêmes. Au point de vue du succès populaire, l'empirisme a donc l'avantage du terrain. Mais quand cette différence de moyens et de position n'existerait pas, encore serait-il impossible d'opposer détail à détail dans les bornes du temps dont je dispose ici pour décrire un champ immense.

Le positivisme contemporain ne diffère du matérialisme qu'en un seul point. Celui-ci prétend résumer en quelques propositions la vérité tout entière, tandis que le positivisme explique comment ces mêmes propositions étant la seule science qu'il nous soit donné d'atteindre, il faut nous comporter comme si elles exprimaient toute la vérité, quoiqu'elles ne la contiennent probablement pas.

A cette nuance près, les deux systèmes se confondent. L'un et l'autre se réclament essentiellement de l'histoire naturelle. Ils s'adressent au grand public pour l'entraîner, mais ils ne l'admettent pas à la discussion; suivant eux les naturalistes seuls ont le droit de parler. Ils dédaignent tous les arguments *a priori*, ils ne veulent écouter que les faits. Je ne contesterai point les faits qu'ils énoncent, je n'ai pas qualité pour cela, et je comprends qu'un savoir de seconde main ne serait pas digne de mes lecteurs. D'ailleurs je ne vois pas d'intérêt réel à discuter sur un semblable terrain. J'admets le plus grand nombre de ces faits, je les réclame, je les suppose, il est superflu de les répéter; ce que je voudrais établir, c'est que l'empirisme les entend mal. Le matérialisme décline tous les arguments *a priori*. J'essaierai d'établir qu'il est lui-même une métaphysique *a priori*. Je suis donc obligé de rester dans la logique et de me borner aux généralités les plus élevées, quels que soient les inconvénients de cette situation.

Mais l'empirisme possède encore d'autres priviléges. Tout en s'insinuant auprès du grand public par l'abondance des détails, des faits curieux qu'il recueille et qui semblent tous le servir, même lorsqu'ils le contredisent, l'empirisme fait jouer les ressorts du cœur et met les passions à son service.

Et d'abord, aussi longtemps que les opinions contraires s'appuieront sur des arguments d'autorité ou se rattacheront à quelques citadelles d'autorité, l'empirisme identifiera sa cause, qui est celle du fatalisme et de la servitude, avec l'émancipation de l'esprit humain.

Puis, sous couleur de combattre l'autorité, il s'appliquera à la reconstituer à son profit, en réclamant avec bruit le monopole de la science, ce qui est un argument décisif aux yeux des ignorants. On est transformiste, on est phénoméniste, ou l'on n'est pas de son temps. Les plus illustres savants, presque tous les esprits créateurs réclament en vain; la science moderne n'a pas moins prononcé, la pensée moderne se meut dans un courant déterminé. Qui voudrait se mettre en travers de la pensée moderne? Des esprits arriérés, des têtes faibles, évidemment. Il ne faut pas se classer soi-même au nombre des esprits faibles, il faut être de son temps. Cet argument est souverain pour ceux qui n'en comprennent pas d'autres, et même pour nombre de ceux qui les comprendraient s'ils le voulaient bien. Qui pourrait résister à l'autorité du professeur Ernest Haeckel, la grande lumière du matérialisme allemand, lorsqu'en terminant par une comparaison des races humaines le narré des transformations purement mécaniques qui ont fait sortir de la matière diffuse l'homme et la civilisation, il constate la prééminence des peuples qui fondent une ère nouvelle en travaillant à son système, et proclame que pour apprécier le développement intellectuel des hommes, il n'est pas de meilleur étalon que l'aptitude à adopter la théorie évolutive, et la philosophie matérialiste qui en est à ses yeux la conséquence?

Quant à moi, je renonce à faire vibrer ces cordes-là. L'approbation ou la censure de ceux qui pourraient se montrer sensibles à de tels mobiles me sont absolument indifférentes, je ne sollicite pas leur attention. Étranger à tout parti pris, libre de toute conclusion dictée d'avance, je ne m'adresse qu'à ceux dont le siège n'est pas fait, mais qui cherchent. L'indépendance de la recherche est à mes yeux une chose sacrée. Je ne crois pas que logiquement l'empirisme puisse aboutir, parce que l'esprit ne saurait faire un pas sans les idées de cause, de but et surtout de puissance, dont l'empirisme ne rend pas compte et qu'il prétend éliminer, ou qui le mettent en contradiction avec lui-même lorsqu'il s'avise de les employer. C'est là ce que je m'efforcerai de rendre sensible.

Mais avant d'aborder le matérialisme et le positivisme comme doctrines générales de philosophie, je devrai m'arrêter un moment sur une conception de l'histoire naturelle que toutes les écoles empiriques ont épousée avec une égale ardeur et dont elles se font un argument qu'elles tiennent pour irrésistible. Je veux parler du *transformisme*, doctrine fort ancienne à laquelle M. Ch. Darwin a donné son nom, en l'appuyant sur sa théorie de la *sélection naturelle*. Tous les êtres vivants soutiennent pour la conservation de leur existence une lutte qui ne permet qu'aux plus favorisés de se conserver et de se propager. Telle serait l'explication suffisante de la diversité des espèces. Le transformisme de Darwin et la légitimité des inférences que la philosophie matérialiste en a tirées formeront l'objet de notre prochaine étude.

LE DARWINISME

A LA MÉMOIRE DE K.-F. SCHIMPER

I

Suivant l'école à la mode, les espèces d'êtres organisés descendent les unes des autres, et se rattachent toutes à un ou à quelques communs ancêtres, dont il faudrait chercher les types dans les organisations les plus élémentaires. Cette opinion déjà bien ancienne, mais fortement combattue, a été remise en honneur par MM. Alfred Wallace et Charles Darwin. Les travaux de ces naturalistes, tout à fait indépendants l'un de l'autre, ont rendu plausible, par le rapprochement d'un très-grand nombre de petits faits, une théorie qui choque d'abord les apparences. Suivant eux, les changements les plus considérables dans la constitution des êtres organisés seraient dus à l'accumulation, pendant des milliers et des milliers de générations, des différences minimes que nous apercevons aujourd'hui chez les enfants d'une même famille, lorsqu'on les compare entre eux et avec leurs parents. En effet, le nombre des êtres qui vivent et qui se propagent est fort petit comparativement au nombre des naissances. Si tous les germes se développaient, les espèces les moins fécondes se multiplieraient suivant une proportion géométrique effrayante, tandis que, tout balancé, le nombre des individus reste à peu près stationnaire, la moyenne des naissances étant égale à celle des morts.

Ceux dont l'organisation présente quelques avantages pour se procurer leur nourriture et pour échapper ou résister à leurs ennemis de tout genre survivent seuls dans l'ordre de la nature. Seuls ils ont des descendants, qui reproduisent, en l'accentuant davantage, la supériorité relative de leurs parents, et s'enrichissent de supériorités nouvelles. En effet, ceux chez lesquels ces avantages seraient effacés, affaiblis ou neutralisés devraient disparaître à leur tour sans laisser de lignée. Telle est la sélection naturelle, qui résulte de la lutte universelle pour l'existence, et qu'il serait fâcheux de contester, car elle signifie simplement que ceux qui n'ont pas les moyens de vivre ne vivront pas. Joignez-y subsidiairement cette sélection nouvelle qui attribue aux individus favorisés de l'autre sexe une postérité plus nombreuse et plus assurée ; songez que les conditions d'existence des plantes et des animaux se modifient constamment, quoique insensiblement, par l'effet de lois universelles, et que les mieux adaptés à ces changements survivront seuls, et vous comprendrez suivant ce système comment les formes organiques se modifient, se développent, se perfectionnent, et comment la pluralité sort de l'unité. Les changements subis par les conditions extérieures sont incessants, mais celles-ci ne redeviennent jamais identiques à ce qu'elles furent autrefois; dans ce sens les changements sont permanents, c'est-à-dire irrévocables. Les variations des formes organiques nécessitées par ces changements du milieu doivent donc être pareillement irrévocables. Cette variation irrévocable, c'est l'espèce.

MM. Wallace et Darwin ont observé des classes d'êtres différentes, dans des régions du globe fort éloignées les unes des autres. Ils sont arrivés d'une manière indépendante à des conclusions semblables. Mais M. Darwin a seul porté le transformisme à la hauteur d'une théorie universelle. C'est pourquoi le nom de darwinisme, qu'on donne fréquemment au transformisme fondé sur la sélection naturelle, peut à la rigueur être conservé. Le darwinisme permettrait de comprendre comment les organismes se diversifient et se perfectionnent de manière à suggérer l'idée d'un plan préconçu, d'un but poursuivi dans tout le développement de la nature, sans que pourtant il existe aucun plan, sans qu'il y ait de but ailleurs que dans les individus tendant chacun isolément à sa fin prochaine. La sélection, et plus généralement l'hétérogénie, par laquelle des espèces procéderaient les unes des autres, n'implique pas nécessairement l'idée que l'espèce soit dans le monde un accident passager, une apparence, une illusion; elle conduit à considérer les espèces particulières comme des individus d'un degré supérieur. Le transformisme peut n'être qu'une manière de se représenter le mécanisme suivant lequel une puissance intelligente a réalisé les fins de la création. C'est ainsi que l'a compris M. Wallace, par exemple. La transformation graduelle des espèces n'implique point la négation d'un auteur intelligent du monde, mais il semble qu'elle permette de s'en passer.

Pour MM. Ernest Hæckel, Charles Vogt, Zoellner, Oscar Schmidt, Büchner, pour tous les matérialistes contemporains, le transformisme paraît leur offrir un nouveau moyen d'éliminer l'intelligence dans la causalité universelle, application dont M. Darwin lui-même ne paraît pas se formaliser.

> L'univers m'embarrasse, et je ne puis songer
> Que cette horloge existe et n'ait point d'horloger,

disait Voltaire. Darwin semble fournir un moyen d'économiser l'horloger, s'il ne dit pas d'où vient le cuivre. En le suivant, on pourrait entendre comment les règnes organiques se sont faits tout seuls. De ce point, en supposant que la matière existe par elle-même, il n'y a plus qu'un pas à faire pour arriver à la conclusion que le monde entier s'est fait tout seul. Le matérialisme a donc trouvé dans Darwin la pierre qui manquait au couronnement de son édifice; il se réclame essentiellement de Darwin, en le complétant par des considérations anatomiques où Darwin n'est guère entré. Je n'ai point qualité pour discuter la question d'histoire naturelle, et je n'en éprouve pas le besoin; la transformation des espèces me semble à moi-même l'hypothèse la plus plausible qu'on puisse élever sur leur première apparition. Dans cette assiette, mon étude n'a plus qu'un objet: c'est de savoir si les propositions philosophiques ultérieures qu'on fait sortir de l'hypothèse en sont régulièrement tirées, et si elles devraient être acceptées, au cas où cette dernière obtiendrait une vérification proprement dite, qu'il est malaisé de se figurer.

Mon sentiment est qu'il n'en est rien. Le transformisme en histoire naturelle et le darwinisme en philosophie me semblent être deux choses essentiellement différentes et qui ne s'impliquent nullement l'une l'autre.

Qu'enseigne en effet la théorie de la sélection, lorsqu'elle reste dans les propres limites de l'histoire naturelle? Que les espèces sont quelque chose de fortuit et d'illusoire? — Nullement. Ce qu'enseigne la sélection, c'est que les êtres organisés descendent les uns des autres, que les espèces d'un même genre, les genres d'une même famille ont un tronc commun, et que la nature possède véritablement une histoire. La sélection est une hypothèse sur la manière dont on peut se figurer que les choses se sont passées, elle parle de ce qu'aurait pu constater de ses yeux un patient témoin de ce long spectacle. Le transformisme ainsi limité se meut dans la propre sphère des sciences naturelles, il répond à la question *comment?* il constitue un ensemble de représentations, une représentation du monde.

Qu'enseigne le darwinisme systématique? Il enseigne que le monde s'est fait tout seul et que nulle pensée ne préside à sa formation. Il sort de la science proprement dite en prononçant sur des matières où des sens même parfaits ne sauraient atteindre. Il n'est plus une représentation du visible, il n'est pas davantage une conception de l'invisible, mais il a la prétention d'en tenir lieu. Il n'a pas trait au *comment* du monde, mais au *pourquoi*, et proprement il consiste dans l'opinion que le monde n'a pas de pourquoi.

La thèse que les espèces sont visiblement sorties les unes des autres et celle que le monde s'est fait tout seul sont deux thèses parfaitement différentes. Quelques naturalistes ont apporté des raisons plausibles en faveur de la première; ils n'ont pu dire quoi que ce soit concernant la seconde sans s'écarter de leur ressort.

La première opinion, que les espèces se détachent les unes des autres et se subdivisent en se transformant, n'est sans doute elle-même qu'une hypothèse. Cependant, ceux qui la trouvent plausible en raison des particularités qu'elle semble seule en état d'expliquer, la prennent elle-même sur le pied d'un fait, d'où l'on tire alors cette conclusion considérable : savoir que le monde s'est fait tout seul. La conclusion est irrégulière et précipitée.

Pour l'atteindre en partant du transformisme dans la nature vivante, il faut franchir quelques mauvais pas dont nous ne signalerons que trois. Ce sont l'origine et la notion de la matière, l'origine et la notion de la vie, l'origine et la définition de la pensée. Nous les reprendrons plus tard.

Mais quand ces difficultés n'existeraient pas, l'inférence qu'on veut tirer de l'évolution des espèces ne serait pas moins vicieuse. Le transformisme et la création ne sont pas opposés, comme on l'enseigne ; les termes opposés entre eux sont toujours des espèces d'un même genre : c'est la logique élémentaire qui nous l'apprend. Or la transformation et la création ne sont pas des espèces d'un même genre, elles ne sont pas du même ordre. La transformation désigne un mode, et se tait sur la cause ; la création parle d'une cause, et ne dit rien du mode. Le transformisme est une représentation, qui s'adresse à l'imagination sensible, et qui porte sur la succession des phénomènes, sur le visible. La création, au contraire, est une idée, elle surpasse les phénomènes, elle porte sur l'invisible, et se dérobe absolument aux prises de l'imagination. C'est un point d'autant plus essentiel à considérer que le plus grand nombre des partisans de la création le méconnaissent aussi bien que ses adversaires. Aussi je ne crains pas d'insister un peu. Le transformisme, à le supposer évident, ne dispenserait pas de demander pourquoi les choses se passent de la manière dont il les fait voir, tandis qu'inversement, la plus ferme croyance à la création d'un Dieu tout sage ne dispense pas de se demander comment les choses ont pu se passer dans cette création. Que le monde se soit fait tout seul ou qu'il soit l'œuvre d'une intelligence, c'est quelque chose qu'on ne peut pas voir, tandis que l'apparition d'un corps sensible là où il n'en existait point auparavant est quelque chose qui aurait pu se voir, s'il y avait eu un observateur. Le transformisme et la création sont bien deux hypothèses, du moment où l'on appelle hypothèse tout ce qui s'élève au-dessus des faits donnés par l'expérience immédiate, pour expliquer cette expérience. Mais la création est une hypothèse d'un autre ordre que le transformisme, et qui porte sur un objet différent. Les partisans de la création, s'ils sont naturalistes, ne sont pas dispensés par leur foi de se former une opinion sur la succession des phénomènes, et rien ne les empêche de croire qu'ils se sont succédé de la manière dont le transformisme nous le représente, rien n'empêche que la transformation des espèces ne soit la manière dont il a plu à Dieu de conduire le monde à sa forme présente, forme que rien, dans l'ordre des sciences naturelles, ne nous oblige à réputer définitive. Tel est mon sentiment personnel, à l'appui duquel je suis obligé d'apporter quelques raisons, quoiqu'il n'ait sans doute aucune importance.

II

D'abord, je suis fort sensible aux arguments allégués par M. Darwin, bien qu'à mes yeux la sélection naturelle soit loin d'expliquer tout le particulier des variations organiques, tandis que la sélection sexuelle me semble tenir une place importante parmi les circonstances qui concourent à maintenir la perpétuité des espèces en limitant leurs altérations.

D'autres faits, dont M. Darwin ne s'occupe guère, conduisent également à penser que les organismes procèdent les uns des autres. Ainsi : les animaux présentent une série ou plusieurs séries progressives, depuis les organismes les plus rudimentaires jusqu'aux plus composés, susceptibles des perceptions et des actions les plus nettes et les plus variées. Cette progression dans les formes correspond à la succession des temps ; les débris des premières se trouvant dans les dépôts les plus anciens, et les plus élevées dans les terrains de formation plus récente. Ceci cadre bien sans doute avec l'idée d'une création directe suivant un plan déterminé ; mais la question de savoir comment cette création s'est manifestée subsiste toujours. Si l'on admettait que les formes nouvelles ont apparu sans aucune relation physique avec les espèces éteintes, la raison d'être de celles-ci nous échapperait.

Nouveau fait : ce développement progressif que nous observons dans la succession des espèces, nous le retrouvons avec surprise dans l'histoire particulière de chaque individu. L'organisme supérieur revêt d'abord dans sa vie embryonnaire des formes correspondantes aux types moins parfaits, comme si la nature, à chaque production nouvelle, devait recommencer par le commencement. Pendant une période de neuf mois, l'homme, débutant par la simple cellule, rappelle les formes du mollusque, du poisson, de l'amphibie ; et dans le développement de la vie terrestre, chaque jour de cette gestation correspond peut-être à des millions d'années. Ceci me semble parler tout ensemble en faveur de la transformation des espèces et contre l'explication qu'en donne Darwin. En effet, ce voyage rapide à travers toutes les phases de la vie antérieure n'offre aucun intérêt appréciable aux individus. L'expliquer par des lois mécaniques est une entreprise inabordable.

Mais si les poissons, par exemple, ont existé longtemps avant nous, et si nous commençons à vivre sous la forme de poissons, il est assez naturel de penser que nos ancêtres ont possédé une fois, comme adultes, cette forme qu'ils ont transmise par génération, et que leurs successeurs se sont élevés à une forme supérieure, en partant toujours de celle qu'ils avaient reçue.

Cette manière de voir trouve une confirmation puissante dans la présence d'organes atrophiés, rudimentaires, qui ne servent à aucune fonction dans l'animal adulte, mais qui en remplissaient une chez les ancêtres dont il reproduit passagèrement la forme durant le cours de sa vie embryonnaire. Toutes les interprétations de ce fait curieux paraissent forcées au prix de l'idée qu'il tiendrait de l'hérédité ces organes qui s'atrophient et s'évanouissent faute d'emploi. Quelquefois ceux-ci reprennent une importance et des dimensions qu'il est difficile de ne pas considérer comme un retour à des formes disparues. Ainsi les vertèbres caudales que l'homme dissimule sous sa peau. On a souvent parlé d'un peuple d'hommes pourvus de queues, qui doit habiter dans l'Afrique centrale. Les matérialistes donneraient gros pour découvrir ce peuple à queues. Mais l'Afrique est explorée en tous sens, le peuple à queues ne s'y trouve pas, et ils s'en affligent. Le fait suivant leur montrera qu'il ne faut point désespérer.

Je rencontrai, il y a vingt-cinq ou trente ans, sur les bords du lac de Genève, un médecin dont le caractère et la parfaite honorabilité me sont bien connus. Il me raconta, non sans quelque émotion, que le matin même, il avait délivré une femme d'un enfant mâle auquel il avait amputé une queue. Cet organe était nourri, me dit-il, par une si forte artère, qu'il serait nécessairement devenu un membre très-volumineux. Le praticien ne me fit pas voir une rareté qu'il ne s'était probablement pas cru libre de conserver; il refusa de citer aucun nom propre, dans la crainte du ridicule qui pourrait s'attacher pour l'homme fait à la notoriété d'une particularité si frappante. Je n'ai donc d'autre garant que son récit, comme vous n'en avez d'autre que ma parole, mais le fait est parfaitement certain pour moi.

Au reste, ce ne sont ni ces faits, ni les particularités intéressantes recueillies par MM. Darwin et Wallace au sujet de la parure et du chant des oiseaux, moins encore les arguments empruntés à la production industrielle de variétés qui tendent constamment à retourner au type, ce n'est pas ce détail qui m'incline au transformisme : c'est que d'une manière tout à fait générale j'ai besoin de me figurer comment se produisent les espèces, et que je ne parviens à m'en faire aucune autre image. Se représenter la manière dont apparaît une forme nouvelle est une nécessité scientifique, puisqu'elle s'est produite dans le temps, au milieu du monde sensible. Le fait s'est passé. Comment s'est-il passé? c'est ce qu'il faut savoir pour le comprendre, dans le sens que l'histoire naturelle attache à ce mot. Comment l'homme, cadet du bœuf son serviteur, est-il arrivé sur la croûte de cette boule errante? Dieu l'y a créé, me disait-on. Je le crois encore, j'ai besoin de le croire, mais ce n'est pas de cela qu'il s'agit maintenant. Il s'agit d'un fait sensible, intercalé dans la série des faits sensibles. Dieu n'était pas visible apparemment lorsqu'il façonnait le premier homme. Il s'est pourtant passé quelque chose de visible; que s'est-il passé? Comment un homme vient-il donc au monde? Sur ce sujet je ne connais que trois théories : la théorie allemande, suivant laquelle les cigognes apportent les poupons dans leur bec; la théorie française, d'après laquelle on les trouve derrière les choux; enfin il y a l'opinion de la matrone, que vous connaissez. Je suis pour la matrone, elle doit sa sagesse à l'expérience.

L'apparition du premier homme ayant eu lieu dans le temps, dans la nature, toute conjecture sur ce grand sujet me paraît dominée par les lois qui président à l'interprétation de la nature en général.

La logique de la science nous enseigne à passer du connu à l'inconnu en suivant les analogies. Obligés de constater un fait en dehors de l'expérience journalière, nous nous en écarterons le moins qu'il se pourra. La logique exige également que le réel soit précédé du possible. Un corps se meut toujours par le plus court chemin, quels qu'en soient les apparents détours; si celui qui semble le plus direct n'est pas suivi, c'est qu'il présentait des obstacles. Le vase se brise au point où sa résistance est le plus faible. Lorsqu'un changement exige une certaine quantité de force, la nature n'en emploie pas une plus grande quantité pour le produire. Appliquons cette loi du plus court chemin à l'objet qui nous occupe. Le corps de l'homme est formé d'éléments matériels qui se trouvent également dans la nature environnante. Quand l'homme est apparu corporellement pour la première fois, cette nature existait déjà, formée d'éléments identiques à ceux dont le corps de l'homme retient un moment les combinaisons fugitives. Faut-il entendre la création de l'homme dans ce sens que es éléments chimiques de son corps aient été créés au moment de son apparition, et que le poids total de la planète ait été accru d'autant? Non, puisque ces éléments existaient déjà. La règle du plus court chemin nous interdit de recourir à la supposition de ce miracle gratuit. Mais si les principes du corps existaient déjà dans la proximité, sous quelle forme existaient-ils? Ont-ils été tirés du monde minéral par une opération chimique d'un ordre tout particulier, sans analogie, ou ne préexistaient-ils pas plutôt dans l'air et dans l'eau, puis, sous forme de combinaisons organiques, dans les animaux, dans les végétaux préexistants? Et ces principes immédiats du corps humain, comment se sont-ils assemblés? Ont-ils été pétris par des mains invisibles, ou bien déterminés dans leur nouveau mouvement par l'aspiration de la vie? Le demander, c'est demander si l'homme est l'ouvrage d'un potier magique ou la création d'un esprit. Pour conserver sa grandeur au miracle même, il ne faut pas le résoudre en contradictions matérielles. Quoi, le premier homme fut-il créé adulte, en possession d'un âge qu'il n'avait pas, ou bien n'est-il pas sorti d'un germe? Et s'il est sorti d'un germe, comme il le faut pour qu'il ait été réellement un homme, dans quelles conditions ce germe a-t-il dû se nourrir, grandir et se transformer? Est-ce dans les conditions les plus compatibles ou dans les conditions les moins compatibles à sa nature? La loi du plus court chemin ne permet pas l'alternative : c'est dans les conditions les plus favorables, et ces conditions ne sont-elles pas réunies dans le sein et dans les mamelles d'un être le moins différent possible de l'humanité[1]?

[1]. Ce travail ayant été lu publiquement à Lausanne et à Genève, j'ai cru devoir imprimer les considérations précédentes sans atténuation ni modification d'aucune sorte. Mais je ne tairai point qu'elles ont été l'objet d'une critique assez forte pour ébranler mon opinion. Je la mentionne avec d'autant moins d'embarras que mon objet n'était aucunement d'appuyer d'arguments nouveaux les théories de Lamarck et de Darwin, mais uniquement de faire voir qu'à les supposer fondées en histoire naturelle, elles n'entraînent pas les conséquences philosophiques et religieuses qui en font le principal mérite aux yeux d'un parti puissant. Sur la question proprement scientifique, je me suis récusé dès l'abord, et ce que j'en ai dit ci-dessus n'avait d'autre objet

Il m'importe peu que cette nourrice eût une forme assez voisine de celle du singe. L'homme passe encore aujourd'hui par la forme du singe, et il y passe visiblement : l'évolution embryonnaire se continue dans les transformations du premier âge, le dévelop-

que d'expliquer l'état d'esprit d'un profane vis-à-vis des questions agitées.

Mon savant critique, M. Thury, professeur à l'université de Genève, est d'accord avec moi sur deux points que le darwinisme actuel répute incompatibles, tandis qu'à nos yeux ils ne s'excluent aucunement.

Le premier, c'est que l'espèce est une réalité dans l'ordre du monde aussi bien que l'individu, qu'elle naît et meurt comme l'individu, qu'elle persiste dans son identité durant le temps de son être, et que l'apparition d'une nouvelle espèce est une crise dans le développement de la vie générale, aussi bien que l'apparition de l'individu est une crise dans le développement de l'espèce. Les raisons qui militent en faveur de cette opinion nous semblent à tous les deux l'emporter de beaucoup sur les raisons contraires.

Le second point sur lequel nous demeurons d'accord, c'est que les espèces se lient les unes aux autres non-seulement par une ressemblance idéale, mais par un enchaînement de causalité physique, que les espèces analogues et successives procèdent réellement les unes des autres en vertu d'une loi naturelle. Le champ de la discussion se borne à la détermination de cette loi. Selon l'avis que j'ai proposé, le procédé suivant lequel l'espèce se maintient et se propage servirait également, lorsqu'elle serait arrivée au terme naturel de sa durée, à effectuer la transition d'une espèce à l'espèce voisine et subséquente. Ainsi, un *processus* identique en apparence ne serait pas vraiment identique, puisqu'il aboutirait à deux résultats opposés. Ce serait toujours la fécondation d'un germe, mais les rapports du germe et de la semence aux organismes qui les élaborent seraient modifiés, ce qui supposerait sans doute une tendance à se modifier dans les organismes eux-mêmes. Le miracle, ou plutôt l'entrée en jeu d'une loi nouvelle, ne serait pas écarté, mais déplacé ou dissimulé.

C'est là ce que mon honorable opposant ne saurait admettre. Il répugne, à ses yeux, que la même fonction, mise en œuvre de la même manière, serve successivement à deux fins opposées. Si le passage pement spirituel se lie à l'évolution corporelle, il est régi par les mêmes lois. De même que le corps de l'homme reproduit en forme sommaire toute l'histoire de la nature organisée, l'esprit du civilisé reproduit en abrégé toute l'histoire de l'esprit humain,

d'une espèce à une autre diffère essentiellement du passage d'une génération à l'autre dans la même espèce, la forme aussi doit en être différente. L'identité de la forme indique l'identité du fond, et ma représentation conduit forcément, pense-t-il, à la conception que je repousse, à la transformation continue, à la négation de l'espèce, au darwinisme proprement dit. Le passage d'une espèce à l'autre doit donc, d'après lui, s'opérer nécessairement suivant un autre mode que celui qui nous est familier. La difficulté d'imaginer cet autre mode ne l'arrête pas, il sait que la nature en présente plusieurs, assez différents les uns des autres, et dont les produits aussi sont différents. Ainsi la propagation par bourgeons fournit des organismes très-semblables à celui dont le bourgeon est tiré, tandis que la propagation par graine donne lieu aux variétés. Il s'agirait de faire un pas de plus, et de découvrir, ou tout au moins d'imaginer quelque chose qui fût à la reproduction par graine ce que la reproduction par graine est à la reproduction par bourgeon. En 1851 déjà, bien avant la publication du premier livre de Darwin, M. Thury avait attiré l'attention sur l'importance de ce problème dans quelques pages insérées aux *Archives des sciences physiques et naturelles* de Genève, où il émettait sur la forme possible de cette transition d'une espèce à une autre des vues que nous ne saurions résumer ici. Si la stérilité de notre imagination nous a exposé de sa part au «reproche d'inconséquence, on ne saurait l'accuser du même défaut; mais quelque ingénieuse qu'elle soit, une hypothèse invérifiable dans la nature actuelle, directement tout au moins, trouvera difficilement place dans la science. Peut-être ferait-on bien de se borner à dire que l'espèce est une forme réelle de l'être, un individu supérieur, que les espèces procèdent physiologiquement les unes des autres, enfin que le mode suivant lequel cette évolution s'accomplit nous est inconnu. (Sur cette question, voir entre autres, l'article consacré au darwinisme par Kölliker dans la *Zeitschrift für wissenschaftliche Zoologie*, t. XIV, 1864.)

et ces deux histoires sont inséparables. Le trait caractéristique du singe, l'imitation sans intelligence, est aussi le trait caractéristique de l'enfant dès qu'il est mis en possession de ses organes. Cette phase est essentielle, l'enfant n'apprendrait pas à manger, il n'apprendrait pas à marcher, il n'apprendrait pas surtout à parler, et par conséquent à penser, s'il n'était pas pendant quelque temps et à certains égards un petit perroquet et un petit singe. L'imitation simienne est le procédé suivant lequel les acquisitions de l'espèce sont appropriées par l'individu. L'imitation simienne, par où j'entends la reproduction de mouvements dont l'intention n'est pas comprise, est la transition normale et voulue entre l'instinct et l'intelligence réfléchie, qui est la condition proprement humaine.

En résumé, du moment où le problème posé consiste à se représenter le comment des origines, question téméraire mais inévitable au point de vue des sciences naturelles, je ne puis me représenter l'apparition d'un être nouveau dans le cercle des anciens que suivant l'hypothèse du transformisme. Je suis loin, très-loin d'affirmer que les choses se soient réellement passées de la sorte, mais cette représentation s'impose à moi quand je cherche à m'en former une, et je crois que le naturaliste est obligé de l'essayer, puisqu'il ne s'agit que d'un commencement relatif et d'un fait qu'il eût été possible d'observer.

J'irai plus loin : les considérations que j'applique aux rapports historiques entre l'animal et l'homme, je les étends également à l'origine des organismes en général. Quant à l'apparition des premiers êtres vivants, et comme forme de leur création, j'admets la génération spontanée, bien qu'on ait vainement cherché jusqu'à ce jour les conditions qui permettraient de la reproduire. Je l'admets comme une nécessité pour l'imagination et par conséquent pour les sciences naturelles. La *generatio æquivoca* est inévitable. En effet, la planète est plus vieille que la vie à sa surface; anciennement il y faisait trop chaud pour y vivre, les faits astronomiques et géologiques s'accordent pour nous la représenter comme ayant circulé jadis dans le ciel sous la forme d'un globe en fusion. Les éléments inorganiques sont donc antérieurs aux organismes; cela paraît certain. Mais l'accorder, c'est à mes yeux accorder la génération spontanée. Les corps simples constitutifs de la monère ou de la cellule, préexistaient à la cellule. Il faut donc supposer gratuitement une double création des mêmes corps simples, ou bien il faut avouer que par une secrète chimie, que nous n'observons plus dans la nature et que nos laboratoires s'efforcent en vain d'imiter, ces éléments simples se sont associés pour constituer la cellule où la vie a commencé. C'est tout ce qu'un observateur aurait pu constater s'il eût été présent, et c'est tout ce dont la science peut connaître.

Est-ce miracle, n'est-ce pas miracle? c'est comme on voudra. Rien n'arrive s'il n'est possible. Miracle ou non, si vous demandez le pourquoi, la foi répondra : c'est l'œuvre de Dieu ; l'athéisme dira qu'il n'y a point de pourquoi et que le monde est parce qu'il est. Mais la physique s'en tient au comment, ces divergences d'opinion ne la touchent pas; pour elle, le comment, l'apparition des organismes reviendra toujours à ceci, que les éléments se sont disposés en combinaisons instables, où le rhythme des métamorphoses a commencé.

III

Des organismes continuent-ils, dans les profondeurs des mers, à se produire sans germes organisés? On l'affirme, on ne le prouve pas. Pour mon compte, je n'en crois rien, et je puise les motifs de mon doute dans le principe même où je me fonde pour admettre la chose une première fois, j'entends le principe de la moindre résistance ou du plus court chemin. Au surplus, lorsqu'il serait démontré que je me trompe, qu'en résulterait-il? — Simplement que la création continue. Et pourquoi pas? Moins que personne ils auraient sujet de reculer devant une telle pensée, ceux qui estiment avec nous que la conservation de l'univers est une création perpétuelle, parce que si Dieu n'était pas, rien ne serait. Quand même les chimistes, au lieu des corps identiques aux produits de la décomposition des organismes dont la synthèse leur inspire un si légitime orgueil, auraient fait sortir des éléments l'albumine, les tissus organisés et la vie qui les anime, nous n'y verrions encore aucun motif suffisant pour souscrire au principe que la vie est un attribut de la matière et pour substituer les propriétés du carbone à la parole du Créateur. Aujourd'hui, nous ne saurions trouver dans ces formules que l'hyperbole d'un fanatisme insurgé contre l'induction.

Jusqu'ici toutes les expériences ont parlé contre cette thèse d'une école qui ne connaît d'autre maître que l'expérience et qui ne daigne pas répondre aux arguments *a priori*. Dans l'origine, la production spontanée des animaux était admise sans aucune réserve. A mesure que les procédés d'observation se sont perfectionnés, on l'a bornée à des êtres plus petits; il ne s'agit plus aujourd'hui que d'animaux tout à fait microscopiques, et pour ceux-là, l'expérience a fait voir jusqu'ici qu'il s'en produit dans un lieu donné toutes les fois qu'on y a laissé pénétrer les germes qui flottent dans l'atmosphère, et qu'il ne s'en produit pas quand toutes les précautions ont été observées pour que ces germes en fussent exclus. Que fait alors le matérialisme? A défaut d'observations qui lui manquent, à défaut d'arguments *a priori* qu'il mépriserait, il emprunte au Vatican les foudres de l'anathème. Écoutez M. Oscar Schmidt chercher, comme il le dit, « le vrai ton » pour traiter ces matières :

« Quiconque, s'écrie-t-il, n'éprouve pas l'inspiration nécessaire pour vouloir et pour affirmer que la vie trouve sa raison suffisante dans ce qui n'a point la vie, mais qui a besoin d'un acte créateur pour la commencer, celui-là doit être abandonné, car il ne sera pas convaincu. »

L'aveu que l'abandonné ne sera jamais convaincu méritait d'être recueilli. Il s'agit ici d'un dogme ; à la bonne heure !

En quelque sens, je suis transformiste moi-même, mais si la foudre descendait aussi bas je ne me flatterais pas d'échapper à son carreau. J'admets la génération spontanée comme première origine des espèces, parce que je suis hors d'état de me représenter autrement la succession des phénomènes, ce qui est l'unique objet légitime des sciences naturelles, dont la méthode ne va pas plus loin. Je suis transformiste en ce sens, mais nullement au sens des matérialistes et de M. Darwin, qui prétendent éliminer le plan, le but et l'espèce de leur conception de l'univers.

Le darwinisme n'est rien moins qu'une induction légitime des phénomènes. L'induction ne conduit qu'au transformisme. Pour y trouver ce que Darwin fait entendre et ce que proclament les physiologistes du matérialisme, il y faut joindre un paradoxe *a priori*, conforme sans doute aux principes de la philosophie empirique, mais absolument contraire aux apparences, et qui se résout en contradiction. Le darwinisme consiste dans l'élimination systématique de l'opposition entre la puissance et l'acte, que nous suggère immédiatement la considération de notre propre activité. Il entend bannir comme des fantômes et des mots vides, l'idée, le but, l'intention, la volonté, la liberté. Sa thèse fondamentale, nous l'avons dit, c'est que le monde se fait tout seul; c'est, pour employer les termes caractéristiques d'un des adeptes, un mélange de hasard et de nécessité qui produit toutes ces apparences d'ordre, de système et de dessein que le vulgaire a la faiblesse d'admirer dans le spectacle de l'univers.

Hasard et nécessité! quel accouplement monstrueux! Cette première contradiction les résume toutes. Hasard et nécessité! Qu'est-ce qu'un hasard? C'est un effet qui aurait pu ne pas se produire et qui s'est produit sans qu'on en puisse assigner la raison. S'il y a du hasard quelque part, il n'y a point de nécessité, car la nécessité consiste en ceci que la cause étant donnée, l'effet déterminé ne puisse pas ne pas se produire. Dans le système de la nécessité, il n'y a pas plus de place pour le hasard que pour le choix; les conditions étant réunies, l'effet ne peut se produire que d'une seule et même manière. Si la nécessité règne, elle règne absolument. Les matérialistes sérieux ne songent pas à le contester.

Eh bien, alors, voyez les suites! Le monde s'est fait tout seul, nous enseigne-t-on, par l'action de causes purement mécaniques, par le pur effet des lois du mouvement. Mais les lois du mouvement sont nécessaires, et les effets des mouvements qui se produisent suivant ces lois sont également nécessaires. Il était donc nécessaire, il résultait nécessairement de la primitive constitution de la matière éternelle, qu'au temps marqué, la vie sortît du mécanisme, et l'intelligence, de la vie. Ainsi la conception mécanique du monde aboutit à cette contradiction manifeste que l'intelligence ne se trouve pas dans le principe, et que pourtant elle s'y trouve, puisqu'elle doit infailliblement en sortir.

On ne lèverait pas la contradiction dans les mots, lorsqu'on dirait que nulle part dans le monde l'intelligence n'était manifeste, mais qu'elle y subsistait en germe, en puissance, comme elle fait dans un petit enfant. Cependant on la rendrait moins choquante en la ramenant à des faits qui nous sont familiers et que par cette raison nous croyons comprendre. Mais cet expédient nous est refusé, car fatalement l'empirisme doit écarter l'idée de puissance, que sa logique ne comporte point. Toutes nos connaissances nous viennent des sens. Rien n'est réel, s'il n'est sensible, or de sa nature ce qui n'est que virtuel, ce qui n'est que possible ne saurait être senti. Ainsi, d'après ce système, l'intelligence ne figure en aucun sens comme principe dans la constitution du monde, et néanmoins elle résulte *nécessairement* du groupement d'atomes sans intelligence. Dans le détail, tout a sa cause, dans l'ensemble, tout vient de rien. Telle est la logique du système !

Mais cette logique n'aboutit pas ; ce que le système nie en paroles, il l'accorde en fait. La nébuleuse contient bien réellement la raison en puissance, puisque la raison de l'homme doit nécessairement en sortir. Cette nécessité que le meilleur arrive à la fin n'est autre chose que la finalité mal déguisée, et ne peut se soutenir qu'aux mêmes conditions que la finalité proclamée. Si la nécessité que l'esprit arrive à la fin existe dès le commencement, l'esprit subsiste dès le commencement. Vous n'échapperez à la théologie qu'en vous empêchant de tirer la conséquence du principe que vous posez vous-mêmes.

Dans ses propres écrits, Darwin n'exprime pas beaucoup de vues d'ensemble, il ne sort pas de la sphère organique, il ne s'occupe guère que de l'homme et des animaux. Son unique objet semble être de montrer que la vie et ses diverses puissances se sont développées de quelques formes ou d'une forme unique « sous le souffle du Créateur », car il parle du Créateur. Il écarte péremptoirement ces problèmes importuns, l'origine de la sensation, l'origine de la vie. « Comment un nerf, dit-il, peut-il devenir sensible à la lumière, c'est un problème qui nous importe aussi peu que celui de la vie elle-même. » En plusieurs lieux, Darwin donne à penser qu'en procurant la spécification et le perfectionnement des organismes, la sélection naturelle sert d'instrument à l'exécution d'un plan divin ; « car, dit-il, la naissance de l'espèce, comme celle de l'individu, font partie d'une suite de phénomènes que notre esprit se refuse à considérer comme le résultat d'un aveugle hasard. » D'autres passages semblent indiquer que cette interprétation n'est pas sérieuse. Mais quel que soit le sentiment personnel de Darwin, qui est après tout d'une médiocre importance, ce qui ressort du choix des faits auxquels il s'arrête, la portée des lois dans lesquelles il les résume et qui, suivant son dire, suffiraient à tout expliquer, c'est que la nécessité brute gouverne absolument la nature, que toutes les dispositions qui semblent calculées dans une vue d'avenir ont leur cause dans des nécessités présentes, en un mot que les idées de but et de plan sont absolument inutiles pour comprendre le monde.

Lorsqu'on admettrait cette proposition dans toute son étendue, la vérité du matérialisme n'en ressortirait point encore. Le philosophe du matérialisme, M. Ernest Hæckel, est le jouet d'une grossière illusion lorsqu'il oppose, comme il le fait constamment avec insistance, l'explication du monde par les causes finales à l'explication par les causes efficientes ou mécaniques. Lors même qu'il y aurait une cause finale, la connaissance de cette cause ne dispenserait point de rechercher la cause efficiente, qui est l'objet propre de la physique et réellement son unique objet. La cause finale se distingue parfaitement de la cause efficiente et subsiste parfaitement avec elle, comme nous l'avons vu par l'exemple d'une maison, où la cause efficiente est l'ouvrier, ce qui n'empêche point de chercher et de trouver la cause finale dans le propriétaire. Nous connaissons le rapport de ces deux ordres de causes dans de tels exemples, nous y voyons que la cause finale est proprement la cause efficiente de la cause efficiente : c'est le propriétaire qui met en mouvement l'ouvrier. Rien ne démontre jusqu'ici qu'il en soit de même dans la nature, mais rien non plus ne prouve qu'il en soit autrement. La nature est un mécanisme, il faut bien l'admettre, attendu qu'il est impossible de la concevoir d'une autre manière. Mais comme ce mécanisme arrive à des résultats raisonnables, on ne voit pas trop de quelle manière son existence pourrait servir à démontrer que ces fins n'ont pas été prévues, et qu'il n'a pas été établi tout entier dans le but de les réaliser.

Tout ce qu'on pourrait dire avec quelque fondement, c'est que si le mécanisme suffit à l'explication des choses, il n'y faut pas faire entrer la considération des causes finales, d'après le principe qu'il ne faut pas introduire d'hypothèses inutiles dans la science. S'il en était ainsi, le vrai savant ne parlerait pas du tout des causes causes finales, ni pour les affirmer, ni pour les nier [1].

Mais il n'en est pas ainsi : le mécanisme ne suffit pas à l'explication. Le mécanisme se trouve partout, je le sais d'avance, et je sais aussi que la tâche du savant consiste à le déterminer. Mais s'il est des points où nous croyons saisir la cause efficiente, tandis que nous cherchons vainement à discerner la cause finale, il en est d'autres où le mécanisme nous échappe, tandis que la cause finale y saute aux yeux. Quand il s'agit de la reproduction des êtres vivants, on a beau déployer toute la série des procédés connus, depuis le dédoublement des cellules jusqu'à l'accouplement des mammifères : malgré tout ce qu'il y a d'instructif et d'admirable dans ce développement, le mécanisme par lequel s'élaborent dans l'embryon des organes destinés à ne fonctionner que beaucoup plus tard reste entièrement inexpliqué. Ce vide est du plus au moins comblé par des hypothèses crépusculaires. Ce qui brille en revanche comme le soleil au milieu du jour, c'est la portée de cette élaboration, savoir la conservation de cette espèce où le darwinisme ne voit qu'une illusion.

---

[1]. Cette entière élimination des causes finales nous semble dans l'esprit des sciences. Elle n'empêcherait nullement le philosophe de les réclamer et de les établir par les procédés qui lui sont propres.

Eh bien, comme il se prépare dans l'individu (mécaniquement sans aucun doute, mais par un mécanisme ignoré) des organes destinés à servir plus tard, le même fait s'observe dans l'espèce entière.

Suivant les lois de Darwin, aucune modification ne saurait être conservée si elle n'est pas immédiatement utile ; or lorsque nous comparons l'homme aux formes animales dont il est censé procéder, nous trouvons qu'en prenant la forme humaine, il a subi des modifications qui ne lui étaient primitivement d'aucune utilité, d'autres qui lui étaient d'abord positivement nuisibles, mais qui étaient utiles et nécessaires les unes et les autres pour la civilisation.

Comme exemple de modification inutile aux premières générations qui l'ont conservée, citons avec M. Alfred Wallace, le développement du cerveau. En comparant le cerveau des sauvages avec celui des civilisés d'un côté et des singes supérieurs de l'autre on le trouve énormément plus gros que celui des singes, et presque égal à celui des civilisés, tandis qu'au sentiment des darwiniens le genre de vie de ces sauvages se rapproche beaucoup plus de celui des singes. Ces sauvages ont là, dans leur tête, un organe de pensée qui ne fonctionne qu'au sein de la civilisation, chez les hommes qui participent largement à la culture intellectuelle.

Comme exemple de changement positivement nuisible, M. Wallace indique la perte des poils. L'homme est nu jusque sous le cercle polaire, tandis que ses ancêtres étaient velus. Pour l'animal, ce changement constitue une perte notable, tandis qu'il est un gain au contraire, lorsqu'on l'envisage dans son rapport avec le développement de l'industrie et de l'association, que nous voyons languir partout où le besoin ne les stimule pas.

Ces observations allaient au cœur même du darwinisme, qui élevait la sélection naturelle à la hauteur d'une explication universelle de toutes les variétés, et qui par conséquent ne pouvait admettre la fixation d'aucun changement à moins d'une utilité immédiate pour la conservation de l'être individuel dans lequel il s'est produit.

Un naturaliste génevois de grand mérite, dont la fin prématurée fut un deuil pour la science et pour son pays, a essayé la réfutation de ces arguments en disciple convaincu [1]. Mais tout d'abord il le prend sur un ton d'ironie et de sarcasme qui trahit la passion. Quant au fond même, il bégaie. La grandeur du cerveau des sauvages montrerait simplement, dit-il, qu'il n'y a pas de rapport entre le volume de cet organe et le développement de l'intelligence, thèse contraire à tout l'enseignement de l'école comme à l'évidence la plus palpable.

La nudité de l'homme sous tous les climats signifie seulement, suivant lui, que l'espèce a perdu ses poils

---

1. *Archives des sciences physiques et naturelles*, t. XXXVIII, p. 160.

avant de se séparer. Comme si le système pileux n'existait pas encore ; comme s'il n'y avait pas encore des hommes et des populations très-différents les uns des autres par cet endroit; comme si d'autres espèces ne changeaient pas de robe suivant les climats, suivant les saisons; comme si des races aussi profondément séparées des autres que les Esquimaux, par exemple, n'auraient pas eu tout le temps nécessaire pour rétablir leur fourrure, si la sélection naturelle régnait seule ici ! Ces raisons ne sont pas sérieuses. Voici la raison sérieuse : c'est que l'universalité d'application de la sélection naturelle, la pleine suffisance du mécanisme est un article de foi. Écoutez plutôt ce dilemme profondément instructif :

« Ou bien, dit M. Claparède, M. Wallace a eu raison de faire intervenir une force supérieure pour expliquer la formation des races humaines et pour guider l'homme dans la vie de la civilisation, et alors il a eu tort de ne pas faire agir la même force pour produire les espèces animales et végétales ; ou bien il a raison d'expliquer la formation des espèces végétales et animales par la sélection naturelle, et alors il a eu tort de recourir à l'intervention d'une force supérieure pour rendre compte de la formation des races humaines. »

Quel langage ! quelle confusion dans les idées ! Un observateur vient et dit : « La sélection naturelle me paraît expliquer convenablement tels et tels faits, mais en voici d'autres dont elle ne rend pas compte, et qui s'entendent bien au contraire si l'on admet que le mécanisme est dirigé par une intention d'avenir. » On lui répond : « Choisissez entre la force supérieure et la sélection naturelle. » Comme si le fait de la sélection naturelle était incompatible avec l'existence d'une force supérieure. « Expliquez tout par la sélection naturelle, ou renoncez à vous en servir. » Comme si dans le monde que la science nous fait connaître, il n'y avait point de causes particulières qui régissent un certain ordre de faits et non pas d'autres; comme si, lorsqu'on admet la capillarité, par exemple, il fallait tout expliquer par la capillarité, même la foudre ou le mouvement des astres. Non, la question n'est pas là : la sélection naturelle ne doit pas être une cause particulière, mais la cause universelle. Son rôle est d'éliminer Dieu, vous auriez dû le comprendre. Vous trahissez le parti ! Voilà le secret de cette irritation, voilà le sous-entendu qu'il faut rétablir pour que l'argumentation conserve un sens quelconque.

L'auteur du système attaqué, M. Darwin lui-même, n'a point adopté cette défense. Il déserte le dogme de la sélection naturelle. Il renonce à prétendre qu'elle explique toute la nature vivante. Au contraire il reconnaît que, dans les premières éditions de son ouvrage, il en a fort exagéré la portée, sous le préjugé, dit-il, que tout dans chaque organisme devait avoir son utilité, préjugé venant du dogme des créations spéciales. « Il est fort probable, poursuit-il, que tous les êtres organisés présentent nombre de dispositions qui ne leur sont d'aucune utilité et qui n'en ont pas eu non plus dans le passé. Nous ignorons ce qui produit ces différences, dont chacune a sa cause propre. Si ces causes, quelles qu'elles soient, agissaient uniformément et énergiquement pendant une longue période (et il n'y a pas de raison pour qu'il n'en soit pas ainsi), leur résultat serait des modifications constantes et bien prononcées. »

Si des modifications dont nous ignorons les causes se reproduisent d'une manière constante, sans qu'il y ait aucune raison connue pour cela, elles aboutiront à de nouvelles espèces. M. Darwin reconnaît qu'il s'est trompé dans l'importance exclusive qu'il a attribuée à la sélection naturelle. Il s'en console en pensant que cette hypothèse fausse a rendu quelques services *en contribuant au renversement du dogme des créations spéciales.* Ainsi la sélection naturelle a contribué au renversement du dogme ; maintenant on abandonne la sélection naturelle, et pour expliquer la formation des espèces, on y substitue des variations résultant de causes inconnues et se perpétuant de génération en génération par l'effet de causes inconnues. Néanmoins le dogme est renversé, tout va bien ! Ce n'est plus là, comme tantôt, l'irritation d'un fanatisme menacé, c'est le sans-gêne d'un fanatisme triomphant, qui n'a plus ni secrets à garder ni précautions à prendre; c'est tout, assurément, plutôt que le langage de la science.

Les considérations que je viens de présenter portent sur la dernière visée du darwinisme, l'élimination des causes finales. Il est vrai que les lois physiques gouvernent tout, que le mécanisme est partout et que la tâche propre de la science consiste à mettre ce mécanisme en lumière, mais il n'est pas moins vrai que les marques d'intention, de dessein, de prévision se rencontrent partout dans la nature, et qu'on ne réussit point à les rendre superflues dans l'explication des faits. C'est l'avouer que de se rabattre sur des causes inconnues se perpétuant par des raisons inconnues.

Quant à la notion de l'espèce, on allègue en vain la difficulté de distinguer entre les bonnes espèces et les mauvaises pour établir que l'espèce n'est qu'une apparence. Les faits produits en faveur des transformations sont considérables sans doute, quoiqu'on en ait exagéré la portée dans un intérêt sectaire (nous venons d'en recueillir l'aveu caractéristique), mais ils ne prennent la signification qu'on leur attribue qu'à l'absurde condition d'opter entre le mécanisme et la finalité dans la nature, comme si l'une excluait l'autre, comme si l'espèce, à la prendre pour une fin poursuivie, pouvait se réaliser autrement que par un mécanisme quelconque. Il serait aisé, d'ailleurs, d'opposer aux faits allégués un ensemble de faits bien plus vaste qui montrent que la nature est essentiellement spécifiée, que l'espèce est réelle autant que l'individu, lequel ne saurait ni s'expliquer, ni subsister sans l'espèce. Telle serait, pour prendre d'abord un exemple assez particulier, la proportion des naissances des deux sexes qui se maintient constamment dans l'humanité, tels seraient beaucoup plus généralement les instincts de reproduction auxquels l'individu sacrifie spontanément sa propre existence. L'espèce naturelle n'est, au vrai, qu'un individu supérieur, qui naît et qui meurt comme l'individu sensible. Ni l'un ni l'autre ne dépendent du hasard. Sans la réalité de l'espèce, comment comprendra-t-on l'amour, la jalousie, l'instinct maternel? On reconnaît pourtant ces faits, on les suppose, on n'essaye pas d'en rendre compte, et l'on ne comprend pas qu'avant d'en avoir rendu compte, on n'a rien fait.

Mais je n'insiste pas, je ne veux pas entreprendre sur la tâche de la science expérimentale, je reste à la logique, qui nous enseigne à peu près ceci :

La science n'a pour objet que des notions générales, l'esprit ne conçoit, la langue n'exprime que des généralités, nous ne pouvons connaître qu'à la condition de classer. Si l'espèce n'est rien de réel, la classification n'est qu'un artifice, mais nous ne saurions connaître quoi que ce soit autrement que sous la raison de son espèce. Il s'ensuit que, s'il n'y a pas d'espèce, nous ne pouvons connaître aucune chose telle qu'elle est en réalité, notre esprit n'est pas organisé, notre cerveau n'est pas construit de manière à procurer la vérité. Que nos classifications soient à réviser, nul n'en doute, mais sans classification toute science de la nature est impossible, et si nulle classification ne répond à la réalité, la science de la nature ne pourra être qu'une illusion. Mais la recherche scientifique part du besoin de savoir et suppose au début que la science est possible. Lorsqu'elle arrive à des conclusions qui rendent la science impossible, elle renie son point de départ et s'anéantit elle-même.

IV

Revenons un moment encore au point saillant du darwinisme, aux rapports entre l'homme et le règne animal.

La manière dont l'homme a fait son apparition sur le globe et les causes de cette apparition sont deux questions absolument différentes; c'est un point sur lequel nous ne saurions trop insister. La solution donnée à la première de ces questions ne préjuge point la seconde, qui doit être décidée par d'autres raisons. Que le premier homme ait été porté dans les flancs d'un autre mammifère, que l'humanité, pour mieux dire, se soit dégagée de l'animalité par des transitions imperceptibles, physiquement d'abord, puis moralement, ou que l'homme ait apparu soudain par un mouvement que nous sommes incapables de nous représenter, peu importe à la création. Là création est un problème où les sciences naturelles n'atteignent point. Si la vie sort de la mort, l'organisme, de la matière, la spiritualité, de l'animalité, c'est précisément alors qu'il est le plus nécessaire à l'esprit qui s'entend lui-même de reconnaître une suprême volonté, une éternelle perfection dont tout procède ; car autrement, il ferait sortir le plus du moins, l'être du néant, ce qui est radicalement inconcevable. Que l'homme semble ou non descendre de l'animal, cela n'importe pas davantage à la définition de l'homme, qu'il faut chercher dans l'homme lui-même.

Darwin n'a pas pu se refuser à l'évidence qui nous montre dans l'espèce humaine tout autre chose que dans l'animalité. Il attribue cette différence au langage, et nous fait ainsi toucher du doigt le vice radical de l'empirisme. N'accordant de réalité qu'à ce qui se voit, tandis que le réel est toujours invisible, l'empirisme est condamné à prendre invariablement l'effet pour la cause. Il peut faire illusion quelquefois, mais ici la méprise est telle qu'un instant de réflexion suffit pour la constater. « Des facultés d'un ordre aussi élevé que la conscience de soi, dit M. Darwin, l'individualité, l'abstraction, les idées générales, ne pouvaient se développer dans l'homme avant que ses aptitudes mentales fussent arrivées à un niveau supérieur, ce qui implique l'usage d'une langue parfaite. »

Ainsi l'homme a dû posséder une langue parfaite pour concevoir des idées générales. Mais qu'est-ce qu'une langue parfaite? Est-ce un assemblage de sons, ou le rapport entre des sons et des idées? Sait-on une langue lorsqu'on peut en prononcer les mots sans les comprendre? Les perroquets et les bouvreuils savent-ils les langues qu'ils parlent? Un singe capable d'articuler comme le perroquet serait-il un homme? — Non. Posséder une langue, c'est la comprendre, c'est associer aux mots des idées, et puisque, parfaite ou défectueuse, une langue ne renferme que des signes d'idées générales, puisqu'elle ne peut absolument pas exprimer autre chose, il s'ensuit visiblement que pour pouvoir former des idées générales, l'homme aurait dû les posséder au préalable. On a déjà signalé cent fois ce cercle vicieux, ce qui n'empêche pas l'empirisme de le reproduire avec une imperturbable sérénité. Il forme la substance de ses principaux arguments.

Notre observation, remarquez-le bien, subsisterait dans toute sa force lors même que M. Darwin admettrait avec un autre empirique, le vicomte de Bonald, que l'homme aurait reçu d'un être supérieur la langue toute faite, car la recevoir, ce serait l'entendre, et pour l'entendre il faudrait toujours des idées générales. M. Darwin n'admet pas cela, il veut que l'homme animal élabore sa langue lui-même : cela ne peut évidemment se concevoir que s'il a la faculté de l'élaborer. Cela ne devient possible que si l'homme possède le don, la faculté du langage, virtuellement d'abord, lorsqu'il cherche et choisit un signe pour l'idée générale qu'il commence à démêler, spontanément, lorsqu'il parle, lorsqu'il se sert des signes par lui créés pour désigner les objets qui le frappent, pour traduire ses impressions et ses actes, pour exprimer les rapports qu'il aperçoit entre les objets de ses perceptions, enfin sous une forme réfléchie, lorsqu'il sépare le général du particulier, l'invisible du visible, lorsqu'il formule sa philosophie et sa grammaire. Mais tout cela suppose que ce qui finit par se manifester en acte préexistait en puissance, tout cela suppose la distinction de l'acte et de la puissance, que l'empirisme dédaigne, qu'il se flatte d'avoir effacée et qu'il rétablit toujours à son insu, parce que sans elle il ne saurait faire un pas. La création du langage suppose que l'être ambigu dont sort le sauvage et qui balbutiait les premiers mots n'était pas un animal.

« Prenez l'enfant nouveau-né du sauvage le plus abruti, dit M. Max Muller, et conduisez-le en Angleterre, il apprendra l'anglais; aucun petit animal ne l'apprendra. Est-ce l'effet du développement volontaire de ses parents? Peut-être; mais alors ce développement antérieur les place à une grande distance de la bête. D'où vient que d'ailleurs ils lui ressemblent si fort? Et s'ils se sont donné un tel développement, c'est qu'ils en étaient capables. Si tous les êtres en sont également capables, d'où vient qu'aucun d'eux n'est arrivé au même point? »

Ainsi l'hypothèse des transformations ne dispense point du Créateur et n'exclut point les créations spéciales. L'homme n'a pu se dégager de l'animalité sans développer une puissance que l'animal ne possède pas. Tout comme la vie n'a pu se dégager de la matière cosmique sans le développement d'une puissance que la matière ne renferme pas. Pour le contester, il faut la foi du sectaire ou la fatalité d'une doctrine obligée de supprimer à tout prix ce qu'elle n'explique point. On ne saurait le contester sans contradiction. Le plus ne sort pas du moins, l'être ne sort pas du néant, la vie ne saurait s'agiter dans la matière que si la vie préexistait dans la matière; la pensée ne saurait se réveiller dans la vie si la pensée ne dormait déjà dans la vie. Rien ne sort de rien; si le tout peut être conçu sans cause, les parties le pourront également, et la prétention de les enchaîner dans une série de causes et d'effets est une prétention contradictoire [1].

Le monde, dont le développement dans le temps forme l'objet des sciences expérimentales, ne saurait être compris que s'il préexiste à son évolution comme germe, comme virtualité, comme puissance. Mais le vrai point de départ n'est pas la puissance. Le pous-

[1]. Faire sortir l'être du néant est, disons-nous, une thèse absolument inconcevable. Nous n'oublions pas que cette doctrine forme le fondement du néo-criticisme, école estimable à bien des égards et que nous sommes loin de confondre avec le matérialisme. « Elle pose, comme le seul moyen d'échapper à la contradiction, la nécessité d'un premier commencement de toute chose et de toutes les choses. » (*Critique philosophique* du 16 mars 1876). Il n'y a point là de contradiction, suivant elle, car elle ne dit point que le néant existe, mais qu'avant un certain moment rien n'existe ou n'existait. Mais elle ne prétend pas que cette proposition *rien n'existe* soit concevable. Elle ne permet pas qu'une proposition soit déclarée fausse parce qu'elle est inconcevable, ni réputée certaine parce que la contradiction en est inconcevable. Elle ne tient pas l'évidence, en d'autres termes, la nécessité de penser et l'impossibilité de ne pas penser, pour un juste critérium de la vérité, et reproche à M. Herbert Spencer de l'avoir admis. Le seul critérium qu'elle accepte, c'est le principe de contradiction. C'est là ce que nous ne saurions entendre. Ainsi compris, le principe de contradiction nous fait tout l'effet d'un dogme, et d'un dogme fallacieux. Fallacieux, parce que la possibilité d'établir ou d'éluder la contradiction formelle dépend surtout du choix des termes, de sorte que le critérium tend à quitter les choses pour s'attacher aux mots. Dogme, parce que la règle de contradiction posée de la sorte devient une loi arbitraire, une prescription d'autorité, tandis qu'en fait c'est l'impossibilité de concevoir simultanément la vérité des contradictoires qui fonde le principe de contradiction, lequel n'est au vrai qu'une application particulière du principe d'évidence ou d'inconcevabilité. La doctrine du commencement absolu n'implique donc pas contradiction, si l'on veut, mais elle passe la contradiction même et vient heurter le fondement sur lequel repose le principe de contradiction.

sin sort de l'œuf, mais l'œuf n'est pas sans la poule. Avant le possible est l'être, condition de tous les possibles. Avant le monde en puissance, il y a Dieu.

L'éternité de la matière n'explique rien si l'on n'apprend pas comment le mouvement a commencé et si l'on n'assigne pas à ce commencement une raison suffisante. L'éternité de la matière et du mouvement tout ensemble impliquerait l'éternité du monde dans la totalité de ses dispositions, puisque tous les arrangements possibles auraient eu l'éternité pour se produire. Enfin, quand nous admettrions cette éternité du monde, si difficile à concilier avec l'expérience, elle ne dirait pas son *pourquoi*, elle ne supprimerait pas la question du *pourquoi*, elle ne rendrait pas Dieu moins nécessaire à la pensée.

LE MATÉRIALISME

I

Dans notre étude précédente, nous avons essayé d'apprécier le parti que le matérialisme prétend tirer de l'hypothèse transformiste; aujourd'hui, nous voudrions analyser le matérialisme lui-même.

Le matérialisme est une métaphysique; il entend expliquer les phénomènes par la connaissance des réalités; il veut passer du paraître à l'être. Mais, comme il procède de l'empirisme, comme il tient pour chose acquise que toutes nos connaissances nous viennent des sens, il conçoit cet être qui ne paraît point d'après l'analogie du phénomène sensible. Il comprend bien que les sensations particulières, les saveurs, les odeurs, les couleurs ne sont que des relations et n'ont pas d'existence indépendamment du sujet qui les perçoit. Aussi les saveurs, les odeurs, les couleurs ne peuvent-elles être que perçues et ne sauraient être comprises. Le matérialisme en fait abstraction; il compose son idée de l'être avec les éléments du phénomène sensible qui lui paraissent susceptibles d'être compris, parce qu'ils sont susceptibles d'être mesurés. Cet élément intelligible, ou plutôt cet élément mathématique du phénomène sensible comprend l'étendue et le mouvement. Le monde sensible se compose d'objets étendus, dont les uns semblent se mouvoir, tandis que d'autres semblent immobiles. Leur réalité consiste dans ce fait qu'ils occupent un espace. Les impressions diverses qu'ils produisent en nous s'expliquent par leurs mouvements. Il suffit, pour arriver à la véritable réalité, de décomposer le phénomène. Les corps sensibles sont des agrégats de corps beaucoup plus petits, que nos sens ne sauraient atteindre, mais qui sont des corps. Ils occupent un espace et ils l'occupent seuls, c'est leur impénétrabilité, comme on l'appelle. Ainsi des corps impénétrables et par conséquent indivisibles, des atomes et le mouvement des atomes, des corps et des mouvements dérobés aux sens par leur petitesse, mais de nature analogue à ce que perçoivent les sens, voilà l'élément intelligible et sensible à la fois qui constitue l'être du monde. Le matérialisme pousse au-delà du phénomène pour saisir l'être, mais il ne s'écarte du phénomène que le moins possible.

Comme le phénomène sensible est pour la philosophie un point de départ obligé, c'est bien cette conception de l'être qui devait se présenter la première.

A vrai dire, les phénomènes sont de deux sortes : nous avons deux espèces de sensibilité, une interne et une externe; nous percevons hors de nous le ciel, le soleil, les corps terrestres, nous percevons aussi, mais en nous-mêmes, la pensée et la volonté; ce qui a conduit à supposer deux espèces d'êtres différents : les corps et les esprits. Mais l'intelligence ne s'arrête au dualisme qu'en désespoir de cause; l'intelligence veut comprendre, et comprendre c'est simplifier, c'est finalement réduire à l'unité. Il y a deux ordres de phénomènes, mais c'est le même sujet, c'est moi qui les perçois l'un et l'autre; pourquoi la même unité ne régnerait-elle pas aussi dans l'objet? Je ne perçois effectivement qu'un esprit, qui est le mien; pour les autres esprits, je suis un corps dans l'espace, et tandis que mes semblables se perçoivent eux-mêmes comme des esprits, je les aperçois comme des corps; le même sujet est donc tantôt esprit tantôt corps, suivant la manière dont on l'envisage; et la supposition de deux classes d'êtres n'est pas nécessaire. De plus, deux classes d'êtres absolument différentes ne sauraient se comprendre sans quelque chose qui les relie et qui les domine, autrement ces êtres ne formeraient pas un tout et n'existeraient point les uns pour les autres. Mais s'il y a quelque chose au-dessus d'eux, s'ils ont leur raison d'être hors d'eux-mêmes, ils ne sont pas l'être cherché par la philosophie. Pour trouver l'être *dans l'expérience,* pour arriver, sans dépasser l'expérience, à l'unité que l'esprit réclame, il faut donc choisir entre les esprits et les corps; et si, convaincu par l'empirisme, l'on admet que toutes nos connaissances viennent du dehors, on ne peut choisir que les corps.

En fait, notre intelligence se tourne naturellement au dehors, elle y est poussée par les nécessités de la vie, qui nous obligent à connaître les objets sensibles. Notre curiosité se porte d'abord sur le monde qui nous entoure, c'est lui que nous voudrions comprendre; quant à nous-même, nous y pensons bien sans doute, mais non comme objet d'étude. Il semble que nous nous connaissions toujours assez. Sauf de rares exceptions, c'est tardivement, lorsque les plis de l'esprit sont déjà formés, que l'activité mentale devient l'objet d'une curiosité désintéressée. Pour le grand nombre, ce moment n'arrive jamais. Ainsi le matérialisme trouve en nous des alliés naturels. On s'explique aisément son apparition précoce et sa popularité constante.

Nous voulons examiner aujourd'hui quelle en est la valeur scientifique. Les principales questions qu'il soulève se groupent autour de trois points : l'origine et la définition de la matière, l'origine et la définition de la vie, l'origine et la définition de la pensée. Nous examinerons successivement ces trois points dans l'ordre indiqué.

II

Le matérialisme ! Mais d'abord il faut nous entendre sur ce mot. Sainte-Beuve blâmait l'emploi du mot sensualisme pour désigner la doctrine de Condillac, quoiqu'il l'eût employé lui-même dans cette acception : il voulait qu'on dît *sensationisme*, parce que le mot sensualisme désigne une inclination, et se prend en mauvaise part. L'un des représentants les plus éminents du matérialisme en Allemagne, M. Hæckel, fait une objection analogue au terme par lequel on désigne son école. Il voudrait qu'on l'appellât *monisme*, c'est-à-dire la doctrine d'un seul principe, d'une seule substance. A la bonne heure ! Mais d'autres points de vue ont un droit de priorité sur ce nom, d'ailleurs trop général. Mécanisme serait plus précis. Je me sers des mots sensualisme et matérialisme, parce que j'en ai l'habitude et que chacun les comprend dans le sens où ces messieurs voudraient qu'on dît sensationisme et monisme ; je n'y attache aucune arrière-pensée, je n'entends éveiller aucun préjugé.

Je n'étudierai pas aujourd'hui le monisme de la matière dans ses conséquences pratiques. Je le considérerai essentiellement au point de vue de la méthode et de la conséquence.

Sous ce rapport, il me semble laisser beaucoup à

désirer. Nous le trouvons en faute dès le premier pas. Le matérialisme a la prétention d'être une philosophie, c'est-à-dire, en premier lieu, de se fonder sur des vérités absolument certaines, rigoureusement incontestables, puis d'en tirer des propositions vraies, qui dépassent le phénomène et qui l'expliquent. Eh bien, sur le premier point, le matérialisme ne remplit pas les conditions d'une philosophie. Il se fait accorder comme absolument certaine la substantialité, la réalité métaphysique du corps étendu, ou plutôt, sans le dire et peut-être même sans y penser, il part de cette réalité comme d'une chose absolument évidente et qui ne saurait faire question pour personne. Cependant il n'en est point ainsi : la réalité du corps étendu n'est incontestable qu'au point de vue de la vie pratique, au point de vue du sens commun et des sciences naturelles, qui n'ont point la prétention de dépasser le phénomène, mais qui se bornent à le préciser. Le public n'y songe pas et ne peut pas y songer, cette distinction n'est pas à sa portée; mais ce commencement n'est pas moins une démarche subreptice et parfaitement vicieuse en soi.

Si les naturalistes du monisme se bornaient à leur métier de naturalistes, il n'y aurait rien à dire ; il est certain que pour les sciences naturelles, le caillou, le cristal, les éléments chimiques seront toujours des réalités hors de nous. Mais le matérialisme ne s'en tient pas là, il veut être une philosophie, il en réclame les droits[1]. A ce titre, il ne se gêne point, dans son développement, de contredire le sens commun, dont il veut rendre compte. Il le juge et le contredit lorsqu'il prétend par exemple que l'œil n'est point fait pour voir, ni l'oreille pour entendre, parce que l'un et l'autre de ces organes fonctionnent à l'aide d'un mécanisme progressivement élaboré. Pour reposer sur un sophisme déjà signalé, cette négation de la finalité dans la nature n'est pas moins une contradiction infligée au sens commun. Le matérialisme ne contredit pas seulement les inductions du sens commun, il contredit sans hésiter le témoignage immédiat de la conscience, lorsqu'il réduit le choix de la volonté à n'être qu'une apparence illusoire. La volonté n'est qu'un résultat, nous dit sentencieusement tel littérateur qui croit hausser sa personne en supprimant la personnalité. La volonté n'est qu'un résultat; cela ressort incontestablement des principes mécanistes; cela ressortirait aussi, je le crois, d'une psychologie empiriste qui ne saurait voir la volonté que dans ses manifestations réfléchies et qui ne s'attacherait qu'à la succession de faits toujours complexes, sans en rechercher les éléments constitutifs. Mais que valent ces principes mécanistes, et que vaut une semblable analyse, voilà la question. Ce qui ne fait pas question, en revanche, c'est que cette doctrine contredit le témoignage immédiat de la conscience. Lorsque je

1. Voyez l'Étude précédente.

veux faire un acte, et qu'après l'avoir résolu, je l'accomplis, je trouve en moi une initiative, le point de départ d'un mouvement. Ma pensée et ma volonté sont aussi immédiatement certaines pour moi que la réalité des corps, sinon davantage; c'est par conséquent un sophisme de les ravaler au rang des apparences par une série de déductions fondées sur la réalité métaphysique du corps et sur la définition qu'on en a donnée.

Bien mieux, quand j'ai dit que ma volonté est aussi certaine que le corps, c'était pour rester dans les termes du sens commun, qui affirme également la réalité de l'un et de l'autre; mais il nous faut éviter le sophisme du matérialisme, qui débute par admettre les données du sens commun comme indubitables, pour le contredire ensuite, en se fondant sur le résultat d'inférences dont ces données mêmes forment la base. Plaçons-nous donc immédiatement sur le terrain de l'analyse, ainsi que l'esprit scientifique nous en fait un devoir, et disons que le fait de notre décision volontaire est incomparablement plus certain pour nous que la réalité du corps étendu. C'est directement en effet que je perçois ma volonté, tandis que l'existence de la matière, je ne la connais qu'indirectement, par l'intermédiaire de ma pensée. L'affirmation d'un corps qui existe hors moi, indépendamment de moi, n'est qu'une hypothèse où je suis conduit par le besoin de m'expliquer mes sensations, c'est-à-dire des modifications de ma propre conscience.

L'esprit peu familier avec l'analyse n'entend pas cela, parce qu'il ne peut se rappeler quand et comment il a formé cette hypothèse, pas plus qu'il n'a le souvenir des opérations compliquées par lesquelles il est arrivé à marcher ou à parler, pas même à écrire ou à jouer du violon, choses qui s'apprennent pourtant par une série d'efforts conscients et volontaires, dans un âge où la réflexion a commencé. C'est pourquoi le public ne marchande pas au matérialisme son point de départ, et le point de départ accordé, l'attrait de la logique, le besoin d'une explication telle qu'elle assure au matérialisme des chalands. Le paradoxe même des conclusions a du charme, il semble élargir l'esprit : on se croit fort, lorsqu'au nom d'un raisonnement qui paraît serré, l'on ose contester les choses les plus évidentes. Mais c'est au départ qu'il faut arrêter le matérialisme ; son point de départ est un escamotage. Le vrai commencement c'est la sensation, plus exactement encore le point de départ, c'est la conscience, dont la sensation n'est qu'une forme. Par conséquent, lorsque les matérialistes s'appuient sur leurs définitions de la matière et sur les principes du mécanisme pour infirmer des faits de conscience, ils combattent le certain par l'incertain, et leur apparente rigueur se réduit à un sophisme dérisoire. Si le témoignage de la conscience peut être mis en question, comme on le fait lorsqu'on dit que je ne veux pas lorsque je crois vouloir, alors la réalité de la sensation devient douteuse, car je ne suis pas plus certain de sentir que de vouloir, si bien que l'échafaudage tout entier s'engloutit dans le néant.

M. Hæckel voulant, dit-il, traiter au point de vue expérimental, et avec une impartialité absolue, l'importante question de la généalogie humaine, ne trouve rien de mieux que de se poser en habitant d'une autre planète, suivant l'exemple de l'éminent docteur Huxley, qui occupe en Angleterre à peu près la même place que M. Hæckel en Allemagne.

« Nous avons rencontré, répète-t-il donc après M. Huxley, un mammifère bipède très-répandu sur la terre, nous en avons recueilli des spécimens, nous les avons mis avec d'autres échantillons dans un grand baril d'esprit de vin, et nous entreprenons d'étudier d'une manière tout à fait objective l'anatomie comparée de tous ces animaux terrestres. »

Ce qui fait l'intérêt de ces lignes, c'est la façon dont la méthode expérimentale y est comprise. Pour juger de nos origines, il ne serait point hors de propos de nous connaître nous-mêmes, ces messieurs l'entendent bien. Mais pour apprendre ce que nous sommes, ils font abstraction de la pensée même au moyen de laquelle ils étudient; pour se connaître mieux, ils ferment volontairement les yeux sur tout ce qu'ils savent d'eux-mêmes avec certitude. Impossible de mieux caractériser que ne le fait ce passage une méthode dont le procédé ordinaire consiste à juger du connu par l'inconnu.

M. Huxley prétend sortir de lui-même. Est-ce qu'il le peut? L'objet même de son étude est-il hors de lui? Peut-il étudier autre chose que ses propres représentations? La signification qu'il leur prête n'est pas un résultat de l'expérience, c'est le résultat d'un acte de foi antérieur à toute expérience comme à toute réflexion scientifique, et quand ces messieurs recherchent en quoi consiste la matière, l'objet réel de leur étude n'est autre chose qu'un acte de foi.

La matière n'est point donnée à l'esprit, en aucun sens que ce puisse être; ce qui est donné, ce dont il faut partir, c'est la sensation. Le corps particulier, la roche, l'arbre, le fruit, sont des créations ou des réactions de l'esprit, des hypothèses instinctives pour expliquer les sensations; la matière, la matière dépouillée des saveurs, des odeurs et du reste, la matière au singulier est une conception abstraite et hypothétique, relativement assez récente, destinée à nous expliquer les corps. Aussi rien n'a-t-il plus varié que la définition de cette matière, que chacun croit connaître.

L'exposition et la discussion des différentes définitions de la matière proposées au cours de l'histoire feraient le sujet d'un grand livre; l'exposition et la discussion des définitions qui se partagent le matérialisme contemporain exigeraient plusieurs séances.

On comprend que la matière étant, par supposition, l'être lui-même, toute différence dans la manière de la définir a pour conséquence un système différent, de sorte que le matérialisme se résout dans un groupe d'opinions inconciliables. Elles ne s'accordent que sur un point, qui est à la vérité le plus important aux yeux de leurs partisans comme aux miens : je veux dire l'exclusion de tout élément moral dans la conception de l'univers.

Lorsqu'on ramène le matérialisme aux mobiles scientifiques dont il procède, on voit qu'il a la prétention d'expliquer la totalité des phénomènes par ce qu'ils renferment d'intelligible et de sensible tout à la fois, c'est-à-dire par l'étendue et par le mouvement. Dès lors la matière ne saurait contenir que la propriété d'être étendue. « Ce qui remplit l'espace », telle est la matière. Maintenant, le mouvement. S'il n'entre point dans la définition de la matière, dont il doit être écarté pour conserver au système les avantages qui le recommandent, ce système n'est plus un monisme, l'origine du mouvement reste un problème, et l'on court le risque de voir Dieu reparaître sous la forme de premier moteur. Affirmer l'éternité du mouvement ne servirait de rien et ne ferait rien comprendre. Si l'on veut décidément prévenir le retour du théisme et poser l'unité du principe, il faut identifier la matière et le mouvement : il faut dire avec M. Moleschott que la matière a le pouvoir de se mettre en mouvement d'elle-même; il faut dire avec M. Büchner que la force est une propriété de la matière; il faut, avec M. Tyndall, définir la matière, « la puissance de toutes les forces et de toutes les qualités de la vie. »

Mais les deux idées, la matière et le mouvement, ne sont que juxtaposées dans de semblables propositions, elles ne s'identifient point, l'unité n'est qu'illusoire. Mais en faisant du mouvement un attribut de la matière, on contredit la loi d'inertie, qui est le fondement de l'astronomie et de la physique. Mais en prétendant que la matière peut se mettre en mouvement d'elle-même, on ressuscite les qualités occultes du moyen âge, on revient aux miracles et l'on rend toute science expérimentale impossible. A ce compte, le matérialisme signifierait tout ce qu'on voudrait.

En effet, si nous attribuons à la matière la faculté de se mettre en mouvement d'elle-même, si nous lui accordons la puissance de la vie et de la pensée, nous renonçons à toute conception précise, nous renonçons à l'empirisme lui-même; puisque l'idée de puissance ne vient pas des sens : le matérialisme n'est plus qu'un vain mot, une représentation vague et confuse, avec des velléités agressives contre telle ou telle autre opinion. Le matérialisme est pourtant mieux : le matérialisme est un système, dont la logique, sans être assurément irréprochable, fait pourtant l'intérêt et la beauté. Le matérialisme repose tout entier sur la représentation de parties étendues, inaltérables, quelle qu'en puisse être la nature au fond, mais qui changent leurs positions relatives dans l'espace. Ceci est vrai, quelle que soit la définition de l'atome et la manière dont on conçoit que l'espace est occupé. Lors même qu'en dernière analyse on résoudrait la matière même en force, dans l'espoir d'échapper aux difficultés du vide, de l'action à distance, de la réalité ponctuelle, c'est-à-dire inétendue ou de l'étendue invisible, ce dynamisme dans la définition des atomes ne servirait de rien pour expliquer le déplacement de leurs positions respectives. Il reste certain qu'en attribuant à la matière la propriété de se mettre en mouvement d'elle-même, on renonce à toute possibilité d'une explication mécanique quelconque. Ce qu'on appelle force en mécanique n'est que la transmission d'un mouvement et jamais son origine.

L'impossibilité d'expliquer l'origine du mouvement condamne absolument les prétentions du matérialisme à se constituer comme une véritable philosophie, mais une fois le mouvement accordé, il peut se développer avec conséquence. A ses yeux, les atomes sont finalement la totalité de l'être, et les mouvements des atomes représentent la totalité des faits. Ainsi la pluralité des corps, leurs affinités, leurs combinaisons, toute la chimie, en un mot, rentre dans la mécanique, et toute la physiologie dans la chimie et dans la physique.

III

La vie consiste uniquement en déplacement de molécules, et n'a d'autre cause que les propriétés chimiques des substances qui entrent dans les organismes, c'est-à-dire, en dernière analyse, les divers groupements des atomes dans les molécules dont ces corps sont composés. Telle est la doctrine du matérialisme sur la nature et sur l'origine de la vie, le second des pas difficiles qu'il doit franchir. Je ne condamne pas en tout point cette théorie, je lui reconnais même une vérité relative, je constate seulement que c'est une thèse purement spéculative, purement *a priori*. On croit depuis un certain nombre d'années en trouver la confirmation dans les synthèses des laboratoires : c'est un espoir au moins prématuré ; mais quoi qu'il en puisse être, personne assurément n'ira chercher dans les découvertes récentes auxquelles je fais allusion l'origine d'une opinion sur la vie dont celles-ci procéderaient bien plutôt, et qu'elles sont encore bien loin de justifier. Non, c'est une conception purement *a priori*, c'est une conception nécessaire, et voilà précisément ce qui en fait à nos yeux la valeur. Seulement il importe de la bien entendre.

Le problème des sciences naturelles est de faire

comprendre exactement la manière dont les choses se passent dans le monde sensible, de compléter la représentation sensible et de la définir. Il est incontestable que la vie organique se décompose en mouvements; la production, le développement, la destruction des organismes consistent en définitive dans un groupement de matière, une entrée et une sortie, une évolution. La matière organique se ramène à des corps simples, qui tous existent également sous la forme inorganique ou minérale. Mais si les corps sont les mêmes, les lois sont aussi les mêmes. Il n'y a pas deux mécaniques, il n'y a pas deux chimies : s'il y en avait deux, il n'y en aurait point. La science cherche une explication intelligible de la succession des phénomènes, — la seule explication intelligible en est l'explication mécanique; par conséquent la science ne fait que suivre son programme obligé, lorsqu'elle s'efforce d'étendre le champ du mécanisme aussi loin que possible. En ramenant la vie au mécanisme elle ne fait que son devoir. Les faits expliqués mécaniquement sont acquis à la science, ceux où l'explication mécanique n'aboutit pas sont réfractaires à la science; mais la science ne doit pas désespérer d'en avoir raison. Elle pose donc, elle doit poser que ce qui n'est pas encore explicable mécaniquement le deviendra.

Mais ce n'est là qu'un *a priori*, l'expérience rabat une prétention dont il appartient à la philosophie de marquer la vraie portée. Oui, sans doute, les combinaisons moléculaires qui forment les corps organisés tiennent aux propriétés chimiques de leurs éléments constitutifs. Oui, sans doute, chaque mouvement est le résultat mécanique du mouvement antécédent; mais la succession de ces mouvements, le rhythme de la naissance, de la vie et de la mort, ce feu qui se rallume incessamment lui-même, la perpétuité de l'espèce et les moyens par lesquels elle est assurée, cela sort absolument du mécanisme, cela défie toute explication mécanique, lors même que chaque modification, chaque déplacement particulier rentre sous les lois de la mécanique ordinaire.

Dans un de ses derniers écrits, M. le professeur Claude Bernard établit cette distinction de la façon la plus lumineuse.

« La genèse vitale comprend, dit-il, des phénomènes de synthèses chimiques développés suivant un ordre particulier, qui constitue leur évolution. Il importe de séparer les phénomènes chimiques en eux-mêmes de leur évolution, car ce sont deux choses tout à fait distinctes. Les phénomènes chimiques ne relèvent que des forces chimiques générales; mais les agents des phénomènes chimiques dans les corps vivants ne se bornent pas à produire des synthèses chimiques de nature extrêmement variées, ils les organisent et les approprient en outre à l'édification morphologique de l'être nouveau. C'est par le germe, en vertu de la puissance élective qu'il possède, que s'établissent la perpétuité des espèces et la descendance des êtres. Il nous explique la durée limitée de l'être vivant, car la mort doit arriver quand la nutrition s'arrête, parce que l'enchaînement évolutif est parvenu à son terme, et que l'impulsion cellulaire organisatrice a épuisé sa vertu. Le germe préside encore à l'organisation de l'être en formant à l'aide de matières ambiantes la substance vivante et en lui donnant les caractères d'instabilité chimique qui deviennent la cause des mouvements vitaux. Les cellules, germes secondaires, président de même façon à l'organisation cellulaire nutritive. Il est bien évident que ce sont des actions purement chimiques, mais il est non moins évident que ces actions chimiques, en vertu desquelles l'organisme s'accroît et s'édifie, s'enchaînent et se succèdent en vue de ce résultat, qui est l'organisation et l'accroissement de l'individu animal ou végétal. Il y a comme un dessin vital qui trace le plan de chaque être et de chaque organe.... Les actions chimiques se manifestent comme si elles étaient régies par une force impulsive dominant la matière, faisant une chimie appropriée à un but, et mettant en présence les réactifs aveugles des laboratoires à la manière du chimiste lui-même. Cette puissance d'évolution immanente à l'ovule embrasse à la fois les phénomènes de génération et de nutrition. C'est cette propriété évolutive qui constitue le *quid proprium* de la vie, car il est clair que cette propriété de l'œuf qui constituera un mammifère, un oiseau ou un poisson, n'est ni de la physique, ni de la chimie. »

On affirme pourtant le contraire, mais cette affirmation n'est que l'acte énergique d'une foi scientifique mal dirigée.

La conclusion du travail que nous venons de citer est remarquable.

« Au-delà de la chimie, au-delà du mécanisme, il n'y a plus, dit M. Claude Bernard, qu'un fait métaphysique où la science ne peut pas atteindre. »

Métaphysique! M. Bernard, qui est homme d'esprit et qui s'adresse à des gens cultivés, articule ce mot sans l'accent d'ironie qu'il reçoit volontiers dans les amphithéâtres. Et c'est bien cela, un fait métaphysique, inaccessible aux prises des sens : la cause finale, qui n'exclut nullement la cause efficiente et mécanique, mais qui se superpose au mécanisme et qui le dirige. Le naturaliste exclusif, qui croit à l'universalité de sa méthode, ne veut pas en entendre parler; dans un sens il a raison, ce n'est pas son affaire, la force vitale n'est pas une explication, c'est la borne des explications.

Le naturaliste a raison de pousser l'interprétation mécanique aussi loin qu'il le peut, et de n'en pas accepter d'autre. Il a tort de l'affirmer quand il ne la possède pas, et quand tout se réunit pour lui montrer qu'il ne l'obtiendra jamais. Il a tort de prétendre résoudre les questions de principe et d'origine par une méthode qui ne peut s'appliquer qu'au milieu des choses. Il a raison de rester à sa besogne et de ne pas introduire *dans sa propre science* des éléments hétérogènes qui en rompraient l'unité; il a tort de nier la cause finale quand elle crève les yeux; il a tort de se croire seul au monde et capable de suffire à tout.

Les matérialistes n'ont pas le droit de récuser la logique, puisqu'ils s'en servent. Ils sont donc réfutés s'ils se contredisent, et c'est évidemment ce qui leur arrive au sujet de la puissance. C'est à bon escient que j'ai commencé par rappeler et par expliquer cette idée capitale : de son admission ou de son rejet définitif dépendent le sort du matérialisme, le sort de l'empirisme sous toutes ses formes, et plus généralement le sort de la pensée.

Les matérialistes ne sauraient admettre l'être en puissance, qui bouleverserait tout leur édifice, car l'être en puissance n'est pas sensible. Et pourtant ils sont obligés d'y arriver dès qu'ils veulent serrer les faits d'un peu près. M. Hæckel considère comme très-général et très-important le fait que certaines conditions de vie placent les parents dans un état qui amène des modifications dans leurs descendants. La conformation qui se réalise chez l'enfant reste à l'état de possibilité chez le père. Ceci nous fait évidemment sortir du mécanisme. Mais l'idée de puissance s'impose au système d'une manière absolument générale.

J'ai déjà touché ce point, néanmoins il est d'une si haute importance que je demande la permission d'y revenir. Suivant l'école que nous étudions, les lois du mécanisme universel contiennent les raisons de tout ce qui se produit. Le mouvement des atomes devait nécessairement amener la vie, le sentiment, la raison, la civilisation, les idées morales. Toutes ces choses sont donc primitivement données avec la matière et le mouvement. Elles sont dans la matière, puisqu'elles en sortent et que de rien il ne sort rien ; et cependant elles n'y étaient pas dans l'origine, puisqu'elles n'y étaient pas sensibles. Cette contradiction verbale d'une chose qui est et qui n'est pas, d'une chose qui subsiste dans ce sens seulement qu'elle doit nécessairement se produire, c'est exactement ce que désignent ces termes : une virtualité, un être virtuel, une chose en puissance, une puissance. Ainsi la matière et le mouvement contiennent la vie et la raison en puissance. Il y a donc des puissances, il y a des réalités qui ne sont point sensibles [1]. Les matérialistes

1. Ici se trouverait, pensons-nous, la solution des difficultés qui ont conduit le néo-criticisme à éliminer la notion formelle de la substance. La substance se manifeste par des phénomènes enchaînés en groupes et en séries. La substance consisterait dans la loi suivant laquelle ces phénomènes sont enchaînés et dans la puissance de les produire. Est-il possible, après avoir constaté les phénomènes, de contester la puissance qui les produit ?

le nient en paroles et l'accordent en fait. Leur système se réfute en se transformant, il se transforme en se complétant.

Nous pouvons admettre l'évolution, telle que les matérialistes la décrivent, comme représentant la manière dont les choses se passent ostensiblement. Nous pouvons l'admettre, nous, parce que nous reconnaissons l'invisible, parce que nous reconnaissons la puissance. Et nous pouvons reconnaître la puissance, parce qu'au-dessus de la puissance, avant la puissance, nous plaçons l'être, nous plaçons l'acte, nous plaçons Dieu, qui possède actuellement, réellement, éternellement, d'une manière incompréhensible, toutes les perfections manifestées dans l'univers. La matière et le mouvement renferment le monde en puissance, parce qu'ils sont la création de Dieu.

Mais les matérialistes n'admettent ni Dieu, ni création ni puissance, tous leurs efforts tendent à débarrasser l'esprit de ces choses-là. Dans la matière et dans le mouvement il n'y a pour eux que la matière et le mouvement. Et cependant ils ne sauraient dire que la vie, la raison, les arts, les sciences, ne soient pas supérieurs à la matière, ne soient pas plus que la matière. Ils estiment donc que le plus vient du moins, que l'être par conséquent vient du non-être. Dans le détail ils exigent que l'effet soit compris dans la cause et que chaque effet ait une cause. Dans l'ensemble ils enseignent qu'il n'y a point de cause, que l'évolution, que l'univers sont sans causes. Rien ne vient de rien — Tout vient de rien — le matérialisme périt entre ces deux formules, qui s'entre-détruisent et qui lui sont également indispensables.

Pour nous, nous admettons bien qu'à l'origine la vie est sortie de la mort, nous l'admettons simplement parce que la vie a commencé. Nous pouvons l'admettre, précisément parce que nous reconnaissons d'autres causes que les causes sensibles, d'autres lois que les lois du mécanisme. Nous pouvons l'admettre, parce qu'à nos yeux le visible n'est jamais que l'enveloppe de l'invisible, et le mécanisme un moyen d'accomplir la finalité. Mais quant à l'empirisme, sa prétention d'expliquer vraiment la vie et l'organisme par les forces en jeu dans le monde inorganique reste à l'état de prétention vide, sans aucun fait pour l'appuyer.

Il y a plus : la prétention même n'est pas sérieuse. Les docteurs qui nient le plus hautement toute finalité dans la nature reviennent constamment à la finalité dans le détail de leurs explications, soit qu'ils laissent échapper le mot, comme il arrive très souvent, soit que, sans le prononcer, ils gardent la chose. Les exemples foisonnent à toutes les pages de leurs écrits ; je n'en cite qu'un, qui est curieux.

« Les cellules primordiales destinées à constituer

un vertébré, se comportent, dit M. Hæckel[1], comme les citoyens qui veulent fonder un État : les uns se chargent de telle besogne, les autres de telle autre, et ils exécutent leur office de leur mieux dans l'intérêt de la communauté. Le corps d'un organisme est une confédération républicaine de cellules. Dans l'organisme poly-cellulaire (sic) comme dans la république, toute disposition conforme à un but est uniquement le résultat nécessaire du concours, de la différenciation et du perfectionnement de chaque citoyen et de chaque cellule. *Celui qui comprend cette comparaison ne saurait plus voir dans la conformité d'une organisation à un but déterminé, le résultat d'une création d'après un plan conçu d'avance.* »

Ainsi les républiques n'ont pas de plan, et les citoyens n'y poursuivent pas de but! Parfaitement! Il me semble difficile de prouver mieux que par cette comparaison la thèse opposée à tout le dessein de M. Hæckel, difficile de faire mieux voir que loin d'exclure la cause finale, le mécanisme lui sert d'instrument, que les cellules dont est composé l'organisme se subordonnent et se modifient en vue du but qu'il s'agit d'obtenir, et que la finalité règne dans la nature au point de s'affirmer éloquemment par la bouche même de ceux qui la voudraient contester.

---

1. *Histoire de la création.* Traduction de M. le docteur Ch. Letourneau.

J'arrive à mon troisième point : l'explication matérialiste de la pensée.

IV

C'est la matière qui sent, c'est la matière qui pense c'est la matière qui veut : telle est la thèse ; mais dans cette forme première elle ne s'adresse qu'à la foi, car on ne la comprend pas, ce n'est pas une théorie, c'est un dogme. A l'appui de ce dogme, on allègue des faits incontestables, qui par malheur ne suffisent point à l'établir, non-seulement parce qu'ils sont susceptibles d'être expliqués autrement, mais parce que le dogme matérialiste ne les fait pas comprendre du tout.

La matière pense : on ne veut pas dire apparemment qu'un caillou pense, que la matière pense toujours, par un attribut nécessaire de sa nature ; on veut dire qu'elle pense quelquefois, dans des circonstances déterminées. La matière se divise en atomes. La pensée est-elle un attribut de l'atome? Elle n'est pas l'attribut de tous les atomes, autrement tous penseraient. Est-elle l'attribut de certains atomes en particulier? Cette théorie ne serait plus du tout le matérialisme, ce serait une manière d'entendre le dualisme de l'esprit et du corps en donnant à l'esprit un lieu dans l'espace ; on retrouverait en poursuivant cette idée l'immortalité de l'âme et sa vieille preuve fondée sur la notion de son indivisibilité, tout ce que le matérialisme méprise le plus.

Pourtant, M. le professeur Dubois-Raymond fait bien de la conscience une propriété spécifique des atomes, tout en accordant que le passage du fait d'occuper l'espace et de se mouvoir dans l'espace au domaine tout intérieur de la conscience est tout à fait inexplicable.

L'assertion est donc un acte de pure foi. Les atomes sont le tout de la matière : lorsqu'on fait de la conscience une propriété réelle inhérente aux atomes, qu'il s'agisse de tous ou de quelques-uns, on n'évite pas la nécessité d'opter entre un seul atome et leur complex. Si, chez un homme, la conscience est l'attribut d'un seul des atomes qui le constituent, à l'exclusion de tous les autres, encore un coup on sort du matérialisme. Si la conscience appartient au complex tout en formant une propriété essentielle des atomes, il faut absolument en donner à chacun sa part, et cette conscience disséminée n'est plus la conscience de personne, ce n'est plus du tout une conscience, car l'attribut caractéristique de la conscience est l'unité. Cette objection est assez ancienne, j'ignore comment on y répond. Je suppose qu'on l'écarte en désavouant toute la doctrine, laquelle répugne en effet au génie du matérialisme.

Le matérialisme qui s'analyse et se comprend résout toute physiologie en physique, et toute physique en mécanique. Absolument parlant, il ne connaît d'autre réalité que l'étendue occupée et le mouvement local. La pensée n'est point à ses yeux un attribut de l'atome, mais une fonction du cerveau, c'est-à-dire un pur phénomène, dont toute la réalité consiste dans une suite de déplacements.

Elle n'est inhérente à aucun atome en particulier, elle ne se produit au contraire que dans la masse encéphalique, elle suppose dans cette masse des parties différentes de forme et de composition, et se dégage de leurs contrastes : l'éclair du génie n'est, lui aussi, qu'une étincelle électrique. Cette manière de voir est beaucoup plus conforme aux apparences que l'attribution de la pensée à l'atome, j'oserai même présumer qu'elle représente un côté de la vérité, mais ce n'est pas la vérité, ce n'est pas le fond, ce n'est pas l'explication du phénomène, attendu que cette explication n'explique rien. La sensation suppose une modification dans la substance nerveuse qui se transmet de proche en proche de la périphérie au centre nerveux. Que la pensée exige un déplacement de molécules dans le cerveau, telle pensée, le déplacement de telle molécule, j'accorde cela sans marchander ; mais que ce déplacement constitue la pensée même, voilà ce qui ne s'entend absolument pas. Lorsqu'on assure qu'un changement dans la manière dont sont groupés quelques points constitue un sentiment, une pensée, un acte de volonté, on prononce des mots dépourvus de sens, et s'ils signifiaient quelque chose, ils témoigneraient contre l'évidence.

Non, force est de le reconnaître avec M. Dubois-Raymond, il n'existe aucun passage du fait extérieur perçu par les sens ou représenté par l'imagination suivant l'analogie des sens, à l'intimité de la conscience. Une pensée est une pensée, un mouvement dans l'espace est un mouvement dans l'espace, ces deux ordres de phénomènes sont décidément irréductibles l'un à l'autre. Les infiniment petits de M. Taine ne réussissent pas à les rapprocher, quelle que soit l'épaisseur des ténèbres dont ils les protégent.

Nous en resterions là jusqu'à l'éternité ; mais au fond le matérialisme n'ordonne pas que nous comprenions ce qu'il n'entend pas lui-même. Il plaide le plus pour obtenir le moins. Sa fameuse phrase « la pensée est une sécrétion, » est une formule dont l'absurdité fait le principal charme. On ne la prend pas à la lettre ; le sens en est simplement que telle modification chimique du cerveau produit nécessairement la conscience, et tel phénomène de la conscience. Le matérialisme estime sa thèse prouvée du moment où on lui accorde ce point, qu'il réussit à rendre assez probable ; mais celle-ci n'en ressort point sans l'aide de quelques propositions subsidiaires qui ne sont nullement données par l'expérience et qu'il est très-intéressant d'examiner. Tel état de la conscience et tel mouvement moléculaire sont inséparables, voilà la donnée inductive sur laquelle croit pouvoir bâtir le matérialisme. Mais pourquoi donc le mouvement des molécules serait-il ici l'essentiel, et l'état mental l'accessoire? Les faits ne l'établissent point : ils ne nous montrent nullement que l'état physique soit toujours cause et l'état moral toujours effet; ce qu'ils indiqueraient bien plutôt, c'est une réciprocité parfaite. Si tel choc sur le crâne, tel mouvement du sang produit tel désordre dans les idées; telle nouvelle, tel mot, tel soupçon bouleverseront le cours du sang, troubleront les fonctions organiques et finiront par causer la mort. S'il faut choisir, les faits permettraient d'envisager la pensée comme la cause du changement matériel aussi bien que l'inverse; et si l'on ne veut pas choisir, si l'on dit que la pensée et le mouvement ne sont qu'un seul et même fait considéré sous deux aspects, aperçu par deux sens, par deux procédés absolument différents et inéchangeables, on nous mène à Schelling, à Spinosa peut-être, mais non point à faire de la pensée une propriété de la matière. En suivant cette piste, on arriverait à l'idée que le fond de l'être ne se perçoit point, mais qu'il se conclut, et qu'il apparaît à lui-même sous forme de conscience, aux autres sous forme de corps, doctrine peut-être fort juste, et qui est à peu près l'antipode du matérialisme. Pour dégager le matérialisme des faits allégués en sa faveur, il faut les féconder par des suppositions *a priori*.

1° Il faut poser d'abord en principe que la matière sensible est réellement une substance, qu'elle est quelque chose en elle-même, par elle-même, quoiqu'elle ne soit rien pour elle-même, thèse difficile à comprendre du moment qu'on cherche à comprendre, thèse mal affermie assurément, puisque toutes les qualités de cette soi-disant substance ne sont en réalité que nos sensations, thèse qu'on ne saurait admettre scientifiquement que sur le pied d'une supposition plus ou moins commode pour les calculs, thèse qu'on ne songe pas à défendre, qu'on ne songe pas même à formuler, mais qu'on sous-entend, qu'on suppose tacitement admise, content de fonder ainsi l'angle de son édifice sur le plus vulgaire préjugé.

2° La seconde supposition *a priori* du matérialisme, supposition de beaucoup la plus importante, c'est le déterminisme absolu. C'est l'opinion que tout mouvement quelconque de la matière a pour cause unique et nécessaire un ou plusieurs mouvements matériels antécédents, de sorte que tous les membres de toutes les séries sont rigoureusement déterminés dans leur nature, et ne peuvent se produire que d'une seule façon. Cette hypothèse n'est assurément point conforme aux apparences, puisqu'elle exclut toute liberté de notre vie et contredit par conséquent l'ensemble de nos jugements pratiques. Mais le déterminisme paraît nécessaire à la physique pour se constituer comme science. Dès lors, partant de l'idée que la matière sensible est la substance, ensuite que le mouvement des molécules de la substance cérébrale correspondant à tel état donné de la conscience a nécessairement pour cause un mouvement mécanique antécédent, on en vient naturellement à conclure que la série des déplacements est la série des causes, des réalités, tandis que la série des volitions, des idées et des sentiments est une série d'effets et de phénomènes. En d'autres termes, le matérialisme ne sort des faits que lorsqu'il a été posé comme principe.

On voit ce qu'il faut penser de sa politique, lorsqu'il déclare, entre autres par la bouche de M. Charles Vogt, qu'il ne prendra pas la peine de répondre aux arguments *a priori*. Lui-même ne subsiste que par l'*a-priori*, seulement il le dissimule.

Il ne veut écouter que les sciences naturelles; c'est de sa part une habileté, puisque les sciences naturelles sont en faveur, mais c'est un tort s'il s'agit d'une recherche impartiale et sérieuse, puisque c'est résoudre la question par la question. Pour les sciences naturelles la pleine réalité des corps ne saurait être mise en doute, cela est certain. Il ne l'est pas moins qu'elles doivent admettre le déterminisme des causes efficientes, et qu'elles n'ont pas autre chose à considérer; leur propre tâche est de pousser l'explication mécanique de la nature aussi loin qu'il leur est possible. Elles doivent se comporter comme si cette explication s'étendait à tout, et lorsqu'elles y trouvent des lacunes, elles doivent s'efforcer de les combler. Dès lors, du moment qu'elles se prennent pour la philosophie, et pensent donner l'explication universelle, elles doivent en effet conclure que tout est déterminé dans l'univers par des causes mécaniques, et que les lois de la matière expriment la vérité absolue.

Mais le mécanisme n'exclut point la finalité, ainsi que le prouve notre propre exemple. Mais les lacunes dans l'explication mécanique sont innombrables. Mais la certitude des sens n'est pas l'unique certitude. Mais les sciences naturelles ne sont pas la philosophie et ne la remplaceront jamais. La source de l'erreur n'est pas l'inviolable fidélité de la science à la méthode expérimentale, c'est simplement l'infatuation de certains savants, qui ne voient qu'eux dans le monde.

Les principes *a priori* sur lesquels le matérialisme se fonde n'étant nullement nécessaires pour la pensée, on s'abuse du tout au tout lorsqu'on le tient pour démontré. C'est une vieille hypothèse qu'on pourrait néanmoins, semble-t-il d'abord, adopter aussi bien qu'une autre. Les lacunes signalées dans son enchaînement, le saut de l'affinité chimique à la vie, le saut de la vie à la conscience n'empêcheraient pas absolument de le recevoir sur ce pied. On peut espérer que ces lacunes finiront par se combler : la foi transporte les montagnes, et quel système n'a besoin de foi ?

Cependant un dernier examen nous prouve que celui-ci doit être absolument écarté. Il le faut repousser par la raison même qui semblait d'abord militer en sa faveur. A première vue, le matérialisme semble favoriser la science, il promet une explication rigoureuse, un enchaînement exact, car selon lui tout ce qui arrive est déterminé par des lois nécessaires et démontrables, c'est par là qu'il se recommande à l'esprit scientifique. En y réfléchissant on s'apercevra que cet avantage est illusoire, on verra bien plutôt que ce déterminisme est incompatible avec la science, qu'il est l'expresse négation de toute science.

Savoir, en effet, c'est connaître la vérité. La vérité est l'accord de nos pensées et de leur objet. Mais cet accord fatalement indémontrable n'a d'autre garantie que l'identité des représentations produites par le même objet dans les divers esprits. En d'autres termes, la science est un bien commun; pour qu'il y ait science, il faut pouvoir s'accorder sur la qualification des choses.

La vérité est la même pour tout le monde. Il faut s'entendre sur la vérité et la distinguer de l'erreur. Les matérialistes en témoignent par leurs livres, ils le montrent énergiquement par leur mépris pour les opinions opposées.

Mais si la représentation qui se forme en moi est toujours l'effet nécessaire de l'action produite sur l'objet par le mécanisme de mon cerveau, elle est le seul signe possible de l'objet pour moi, elle est donc pour moi la vérité au seul sens du mot vérité susceptible d'une application pratique. Et si l'objet produit une autre représentation sur vous, dont la substance encéphalique est autrement disposée, cette représentation différente est aussi la vérité pour vous, sans que l'une puisse valoir mieux que l'autre par un trait quelconque, et sans qu'il s'offre un moyen concevable de les mettre d'accord, chacune d'elles étant ce qu'elle peut et ce qu'elle doit être. La science, c'est-à-dire l'établissement d'une représentation valable pour tous, serait donc impossible, et la discussion sans objet.

Si la pensée est un phénomène chimique, le signe d'un déplacement moléculaire ou son effet inévitable, plus généralement si la suite de mes pensées est nécessairement ce qu'elle est, cette suite de pensées est bonne pour moi, puisque je ne saurais en avoir d'autre. Et si ma pensée diffère de votre pensée, qui est aussi l'effet nécessaire de votre état cérébral, qui est aussi la meilleure pour vous et la vérité pour vous, pourquoi chacun ne garderait-il pas la sienne [1] ?

---

1. Cette démonstration de l'incompatibilité entre le déterminisme et la certitude scientifique me semblait assez neuve au moment où je l'énonçai, sans toutefois m'appartenir. Depuis lors je l'ai trouvée énoncée en termes équivalents, dans les *Essais de Critique générale* de M. Renouvier, où je n'y avais pas pris garde. « Dans le système de la nécessité, lisons-nous, l'erreur est nécessaire, dans le système de

Chacun éprouve ce qu'il éprouve, chacun est forcément dans la vérité, par conséquent toute discussion sur la vérité est illusoire. C'était le sentiment du vieux Protagoras, auquel le sensualisme n'a rien répondu.

Chacun a donc sa vérité, une manière de voir en vaut une autre, toutes étant également nécessaires. Cette réflexion porte sur toutes les formes du déterminisme. Quant au matérialisme en particulier, s'il était vrai, il me semble que la discussion ne serait pas seulement inutile, mais impossible. Comment les discours de Pierre pourraient-ils changer l'avis de Paul, si les idées de Paul sont simplement l'effet

---

la liberté elle dépend du jugement dont nous pouvons toujours suspendre l'arrêt, et ainsi n'a rien de fatal. Il suit de là que la nécessité n'accorde point de moyens sûrs de discerner le vrai du faux. Chacun de nous pense et juge comme il doit penser et juger; les erreurs, comme les maux, font partie de l'ordre éternel; enfin à cet égard toute erreur est aussi une vérité... Le nécessitaire regardera donc comme un fait le partage de l'humanité entre des masses vouées à l'illusion et un petit nombre d'élus de la vérité... Or l'élu n'a pour s'assurer de son élection que son affirmation et celle de quelques autres... L'erreur, déjà vraie en ce sens qu'elle est inévitable, pourrait n'être l'erreur en aucun sens. En effet, qui décidera au milieu des contradictions, quand chacun n'a dans sa pensée qu'un certain ordre apparent pour lui, qui décidera de la conformité de cet ordre avec les lois réelles?... (*Psychologie*, tome II, p. 313.) Dans la thèse de la liberté... nous ne possédons pas non plus un moyen sûr de discerner le vrai du faux, par un critérium inéluctable. Mais la liberté le veut ainsi, et le moyen... ne pouvant pas exister tout trouvé, du moins une méthode existe pour y suppléer... C'est la réflexion soutenue, etc. Avec cela nous n'évitons pas toujours l'erreur, mais toujours nous pouvons l'éviter... (*Ibid.* 348).

et l'aspect d'une action chimique dont il faut chercher tous les facteurs dans les combinaisons hydratées qui remplissent le cerveau de Paul? Le discours de Pierre n'étant qu'un symbole des mouvements moléculaires qui ont lieu dans le cerveau de Pierre, en vertu de quel mécanisme ce discours pourra-t-il déplacer un atome de phosphore, de carbone ou d'hydrogène dans la cervelle de Paul pour imprimer un nouveau cours à sa pensée? En termes précis, le problème est celui-ci : par quel moyen, par quel milieu un mouvement local qui se produit chez Pierre peut-il déterminer un mouvement semblable chez Paul? Il n'y a qu'une réponse possible : c'est par une représentation, c'est par un milieu idéal, c'est la *représentation* du mouvement mécanique produit dans un cerveau qui détermine mécaniquement le mouvement dans l'autre cerveau. Mais la représentation n'est qu'un signe. Ce qui n'est que signe deviendrait donc cause, ce qui n'a pas de réalité par soi-même produirait un effet réel en lui-même; c'est un fossé qu'on passe en marchant sur son ombre.

Si le matérialisme avait par hasard raison, il s'efforcerait donc vainement de nous en convaincre, mais il y vise, et cet effort lui donne un nouveau démenti.

Un discours n'est-il pas un travail dirigé vers un but, savoir d'instruire ou de persuader? Mais d'où procède ce mouvement? N'est-ce pas d'un professeur, d'un animal de l'ordre des primates, d'une combinaison fugace de carbone, d'azote, de phosphore et de soufre, tempérée par beaucoup d'eau? N'est-t-il donc pas dans la nature, ce professeur, et n'avons-nous pas appris de sa propre bouche que rien ne se produit dans la nature en vue d'un but, mais que tout en elle est régi par la nécessité des causes efficientes, laquelle, suivant ses déclarations multipliées, exclut absolument les causes finales. Le docteur commencera sans doute en ces termes : « Je vous apporte ici le fruit de méditations approfondies *dont le but* est de vous montrer qu'il n'y a point de but; » ou bien peut-être dira-t-il : « Je me propose d'établir qu'il n'y a rien hors de la nature, et que pourtant moi, qui vous parle, je n'appartiens pas à la nature? »

C'est entre ces deux formes que la logique matérialiste doit absolument choisir, mais évidemment la première est la bonne, la seconde ne vaut rien. Ceux qui, après avoir nié dans la nature une finalité dont ils sont obligés d'accorder les apparences, feraient une exception pour l'esprit humain, briseraient le nerf de leur doctrine. Si le mécanisme des causes efficientes exclut vraiment la finalité, elle l'exclut partout, la finalité n'est qu'illusion dans le travail de la pensée comme dans tous les autres domaines de la nature. Au contraire, si le mécanisme des causes efficientes n'exclut pas la finalité dans le travail intellectuel, si l'orateur dispose réellement ses arguments en vue d'un but, si la science est un but, alors le mécanisme n'exclut la finalité nulle part, et partout où nous en voyons les apparences, nous avons raison de reconnaître une intention, une intelligence, une volonté.

Ainsi les savants n'ont point de but lorsqu'ils écrivent, ils obéissent à la nécessité du mouvement universel. Mais alors, encore un coup, si toute pensée est l'effet d'une nécessité mécanique, étant tout ce qu'elle peut être, elle est aussi tout ce qu'elle doit être, la distinction de l'erreur et de la vérité s'évanouit dans la nécessité universelle. Telle est donc la contradiction suprême qui fixe la valeur du matérialisme : il veut être la science, et ses principes mènent forcément à la conclusion que la science est impossible.

LE
PHÉNOMÉNISME CONTEMPORAIN

I

Les savants de l'école matérialiste qui recommandent à leurs disciples l'étude de la philosophie font preuve d'une générosité digne de la plus sincère admiration. Il suffit en effet d'un instant de réflexion pour se convaincre que la position du matérialisme est philosophiquement intenable. Le matérialiste, au rebours de toute méthode, juge du connu par l'inconnu; il ne sait pas ce qu'est la matière dont il parle; il ne sait pas ce qu'il est lui-même; il ne comprend pas la sensation, il ne comprend pas la pensée, et les définit par des choses qui n'y ont manifestement aucun rapport. Il est inspiré par l'amour désintéressé de la science; mais l'éternité s'écoulerait avant qu'il pût nous dire comment la science et l'amour de la science ont trouvé place dans son univers.

Les fidèles de l'empirisme qui ont fait quelques pas dans la connaissance d'eux-mêmes, et dans l'esprit desquels la question de méthode a pu se poser, n'entretiennent pas les illusions d'une physiologie enivrée. Ils ont compris que si toutes nos connaissances trouvent leur source et leur substance dans la sensation, et si la sensation nous revèle exclusivement quelques rapports des choses avec nous-mêmes, toute notre science se termine à de tels rapports, tandis que le fond des choses nous reste fatalement inconnu. Nous n'atteignons qu'au phénomène, mais le phénomène suppose l'être ; tout notre savoir est relatif, mais le relatif implique l'absolu. Les problèmes de l'essence, de l'origine et de la fin nous dépassent. Donc nous savons que notre ambition scientifique doit se borner à saisir l'enchaînement des phénomènes au milieu desquels nous sommes plongés. Tel est le point de vue de l'empirisme le plus conséquent, dont l'écossais Hume a posé les bases au siècle dernier, qui a fait récemment du bruit en France sous le nom de positivisme, et qui, par les considérables travaux de l'école phénoméniste anglaise, tend à prendre possession de la jeunesse européenne.

Après réflexion, je ne ferai pas du positivisme d'Auguste Comte l'objet d'un article à part. En dépit de la *Revue positiviste* que MM. Littré et Wyroubof publient depuis quelques années, je crois que la pensée contemporaine a déjà quitté cette forme de l'empirisme, qui concluait pratiquement, comme on sait, à la suppression de toute liberté de penser et au despotisme des savants, organisés en mandarinat. Les adoucissements, les perfectionnements dont la doctrine est sans doute redevable à l'érudit éminent qui en a pris la charge, ne suffisent pas, semble-t-il, à lui conserver une place distincte. Je lui ai consacré, il y a dix ans, une des préfaces de la *Philosophie de la liberté*; c'était déjà s'attarder un peu, je n'y reviendrai pas. Les critiques spéciales qu'on en a faites au sein de l'empirisme lui-même sont assez bien connues; il serait superflu d'y insister. Ce qui du comtisme est resté vivant se retrouve entièrement dans le phénoménisme anglais.

Le fondement de cette dernière école nous est fourni par la psychologie, dont Auguste Comte n'admettait pas même la possibilité. Et le trait essentiel de la nouvelle psychologie, où l'anatomie occupe une place toujours plus large, c'est de supprimer autant que possible l'activité mentale, et de faire voir dans ce que nous appelons penser un phénomène qui se produit tout seul. Tout est dirigé vers cette conclusion, sans qu'on arrive à la formuler distinctement.

« Les mots faculté, capacité, pouvoir, dit l'un des interprètes les plus spirituels de cette grande école, M. Taine, ne sont que des noms au moyen desquels nous mettons ensemble les faits d'une espèce, ils ne désignent pas une essence qui dure. Si je me suis occupé des facultés, c'est pour montrer qu'en soi et à titre d'entités distinctes elles n'existent pas. »

Il y a dans ce programme deux choses qu'il importe de ne pas confondre. D'abord, les facultés de l'esprit ne sont pas des entités séparées les unes des autres : la mémoire, l'imagination, la raison ne sont pas des forces distinctes, mais des manières d'agir distinctes d'une même force. Ceci est fort évident, mais ce n'est pas l'essentiel : l'essentiel, c'est qu'il n'y a point de faculté du tout, pas plus une que plusieurs, qu'il n'y a point de force, qu'il n'y a point d'esprit. C'est toujours l'être virtuel, l'être en puissance auquel l'empirisme ne veut et ne doit pas faire place. Mais cette élimination de la puissance n'a pas lieu sans peine, ou plutôt elle n'aboutit pas, elle ne se réalise pas.

Suivant MM. Taine, Alexandre Bain, Herbert Spencer, et toute l'école, l'esprit n'est qu'une trame d'événements, la continuité qu'il s'attribue n'est qu'une illusion résultant de la circonstance que les phénomènes s'emboîtent les uns dans les autres, le premier n'étant pas entièrement achevé lorsque le second commence d'être. Mais M. Taine attribue à ces phénomènes *des tendances :* la contradiction me semble évidente; des tendances ne se conçoivent pas sans un pouvoir. D'ailleurs, indépendamment de la question de savoir si les phénoménistes sont conséquents dans leur langage, la prétention d'abaisser le moi, la personne, au rang des illusions, est en elle-même insoutenable. Quelqu'un l'a déjà dit, la personne ne se nie qu'en s'affirmant. La contradiction est donc essentielle à la doctrine elle-même, qui ne parvient pas à se réaliser. Le vrai chef de l'école, M. Herbert Spencer, l'exprime lui-même excellemment, quitte à n'en point tenir compte. Voici ses paroles :

« Quand nous disons que nous ne connaissons rien de plus que nos impressions et nos idées, cette proposition, verbalement intelligible, mais en réalité inconcevable, suppose elle-même la croyance qu'elle a la prétention de repousser. En effet, comment la conscience peut-elle se résoudre en impressions quand une impression implique nécessairement l'idée de quelque chose d'impressionné ?

» Ou comment le sceptique qui a décomposé sa conscience en impressions et en idées peut-il expliquer qu'il les regarde comme *ses* impressions, *ses* idées. Et s'il admet, comme il y est forcé, qu'il a une intuition de son existence personnelle, quelle raison peut-il alléguer pour rejeter cette intuition tandis qu'il accepte les autres ? »

Cette négation du moi par le moi lui-même semble être la réduction de l'empirisme à l'absurde, mais l'empirisme l'a acceptée, il en a fait son drapeau. Le premier auteur de cette théorie trop ingénieuse, David Hume, était aussi accessible qu'un autre mortel aux satisfactions de l'amour-propre. Il s'applaudissait d'avoir prouvé qu'il n'était pas! Cela signifie-t-il quelque chose? Cependant les empiristes croient entendre ce langage.

« J'ai le pouvoir de faire ceci ou cela, dit M. Taine, signifie cet événement est possible dans des conditions données. Mais ces possibles ne sont pas réels. En fait d'éléments réels et de matériaux positifs, je trouve donc pour constituer mon être, mes événements et mes états présents, passés et futurs. Ce qu'il y a d'effectif en moi, c'est leur série. »

Et toute l'école est d'accord sur ce point que l'esprit ne produit pas ses pensées, mais qu'il se compose de ses pensées. Qu'est-ce donc qu'une pensée qui n'est la pensée de personne ni de rien? Qu'est-ce qu'un événement, qu'est-ce qu'un état qui n'est l'état de rien?

Le secret de cette illusion, comme de toutes les illusions dont se forme le tissu de l'empirisme, c'est que les idées qu'on cherche à bannir pour l'amour du système sont tellement persistantes, tellement enracinées, que le maître et le disciple les conservent et les emploient sans s'en rendre compte, au moment même où ils les expulsent ostensiblement. On a chassé la muscade, et la muscade est restée. Mais, prodige merveilleux s'il n'était pas si banal, le physicien est ici dupe de son propre tour. Ainsi quand je dis : le moi ne se compose que de *mes* états, en disant *mes* états, je remets le moi à la place dont je prétends le chasser. C'est ce que M. Herbert Spencer lui-même faisait observer tout à l'heure. Et il ne s'agit pas seulement ici de langage, quoique les nécessités du langage aient bien leur importance lorsqu'il s'agit de se rendre compte des nécessités de la pensée. Quand je dis que mon pouvoir consiste en ce qu'un événement est possible, je sous-entends inévitablement qu'il est rendu possible par quelque chose, et ce qui le rend possible, c'est la force, c'est la faculté dont j'ai fait disparaître la notion.

Le même jeu se répète à toutes les pages. Ainsi, pour éliminer les idées *a priori*, l'on expliquera que le temps est une notion expérimentale, un abstrait qui se forme par toutes les expériences où nous percevons une succession. Et l'on réussit à ne pas comprendre que pour que la succession devînt perceptible, il fallait avoir en soi l'idée du temps, non la définition du temps, mais l'intuition du temps, la forme du temps, parce que la succession implique le temps.

Rien n'est plus instructif, pour s'expliquer l'empirisme et ses illusions, que la manière dont il se prononce au sujet des mathématiques. Les mathématiques, on le sait de reste, se déduisent uniquement d'un certain nombre de thèses qu'elles ne prouvent point, mais qu'elles envisagent comme des vérités évidentes par elles-mêmes, en d'autres termes comme des vérités nécessaires. Un empirisme conséquent ne leur accordera jamais ce dernier caractère, car l'expérience ne saurait aucunement établir la nécessité d'un rapport quelconque, mais uniquement sa présence en fait dans tels cas donnés. Aussi bien Stuart Mill, qui était un esprit conséquent et sincère, estime qu'avec un peu d'imagination, on se représenterait un monde éloigné où deux et deux ne feraient plus quatre. On m'a accusé moi-même de nourrir des opinions à peu près semblables, quoique provenant d'une tout autre source. C'était un de ces innombrables malentendus auxquels on est condamné lorsqu'on pense : je n'ai jamais rien avancé dont on puisse tirer quelque chose de pareil sans tronquer mes dires. Et pour l'empirisme, il est impossible de se figurer ce que Stuart Mill veut qu'on se figure, mais la parole peut énoncer cette chose impossible, et le papier supporte tout. Quoi qu'il en soit, l'empirisme est condamné par son principe à poser que les axiomes des géomètres sont des vérités d'expérience. Auguste Comte, qui avait enseigné les mathématiques, formule nettement, avec la solennité dogmatique où il se plaisait, cette proposition scabreuse ; mais il évite avec soin de la développer si peu que ce soit. Stuart Mill, au contraire, en a fait le sujet d'un chapitre de sa *Logique*. Il essaie avec une naïveté touchante de nous expliquer les expériences, très-simples à son gré, d'où résulte qu'aussi loin qu'on les prolonge, deux droites ne se rencontreront jamais, oubliant sans doute que ces expériences sont impossibles, qu'il n'a jamais vu de lignes parallèles, qu'il ne pouvait pas en voir, et que si par impossible il en avait vu, il n'aurait possédé aucun moyen de le constater, oubliant en un mot que les droites, les cercles, les figures géométriques sont des idéaux irréalisables. Instruit par une aventure logique dont les seuls adversaires ont un peu souri, M. Bain a traité plus délicatement cette question délicate. Pour fonder ces associations indissolubles qui remplacent dans son école ce que le rationalisme appelle des vérités nécessaires, il ne lui suffit pas des expériences de la règle et du compas, il en appelle à des expériences intérieures, que chacun peut reproduire à son gré. Il sait que nous possédons une représentation de l'espace où nous pouvons déterminer des points, tracer des lignes et nous figurer leurs relations. Il semble ne pas s'apercevoir que si nous voyons en nous-même comment ces lignes se prolongent et se coupent, c'est que nous concevons qu'elles ne sauraient se couper et se prolonger autrement, et que les expériences dont il nous amuse sont précisément l'évidence *a priori* contre laquelle il les croit dirigées. Il ne sait pas que la question est toute logique, et que s'il s'agissait de vérités d'observation, les propriétés observées dans un triangle ne sauraient être raisonnablement affirmées d'un triangle différent; tandis que le triangle du tableau n'est qu'un symbole au moyen duquel on aperçoit avec nécessité les propriétés de tous les triangles.

M. Herbert Spencer a fait encore un pas en arrière : il ne tente plus d'effacer la différence qui dans tout esprit bien constitué sépare la vérité nécessaire du fait simple, accidentel ; il reconnaît expressément dans notre pensée la présence et l'action de vérités nécessaires, qui ne sont pas extraites des impressions sensibles par la méthode inductive, qui ne sont donc pas à proprement parler des vérités d'expérience, mais qui sont indispensables pour constituer l'expérience. L'empirisme vulgaire, la *table rase*, l'opinion que toute notre intelligence est le produit de nos sensations ne trouve pas d'adversaire plus décidé que lui. « Cette doctrine ignore, dit-il, la vraie question, savoir d'où vient la faculté d'expérimenter; elle ôte à la présence du cerveau toute signification, et rend l'idiotisme inexplicable. »

Cependant M. Spencer ne se sépare un moment du sensualisme que pour le mieux aiguiser; il y revient par une considération très-ingénieuse, très-juste même à certains égards, mais qui ne donne pas tout ce qu'elle semble promettre. Suivant M. Herbert Spencer, que je suis loin d'approuver en cela, une vérité nécessaire n'est autre chose qu'une vérité universelle, et la généralité des inférences est une question de degré. Les vérités nécessaires sont des relations qui nous semblent nécessaires par l'effet d'une association indissoluble établie entre leurs termes, et cette association ne devient nécessaire que par une disposition spéciale des molécules du cerveau, où chaque représentation suit des chemins déterminés. Lorsque ces voies sont battues par un fréquent usage, il n'est plus possible aux représentations de s'en écarter. Le développement cérébral acquis par l'usage se transmet aux générations successives avec ses déterminations particulières, de sorte que ce qui paraissait problématique à nos ancêtres devient évident à nos yeux par suite de la constitution physique et mentale à la fois que nous avons graduellement acquise. Telle est la théorie la plus nouvelle. Pour mon compte, je la trouve admirable et je n'y veux rien contester. J'y vois un narré très-plausible de la manière dont l'intelligence se réalise dans le temps. Mais le narré des faits ne suffit pas, l'essentiel est de les comprendre. Si nous résumions la doctrine en disant : « les vérités nécessaires sont accidentellement nécessaires, par un effet de la congénialité, » nous n'en ferions évidemment que la caricature, car cela reviendrait à dire en même temps qu'elles sont nécessaires et qu'elles ne le sont pas. Non, le sens véritable est celui-ci : les vérités nécessaires sont nécessaires, éternellement nécessaires en soi, quoique pour les comprendre comme telles, il fallût un certain degré de développement, qui n'est acquis que par la suite des générations. Mais ce développement lui-même est déterminé, de sorte qu'il devait infailliblement arriver que l'esprit de l'homme se formât et qu'il comprît les vérités nécessaires comme vérités nécessaires. Qu'est-ce à dire, sinon que les vérités innées sont virtuellement innées, suivant la définition de Descartes lui-même : « J'appelle vérités innées celles que l'esprit est capable de concevoir. » Le rationalisme le plus exigeant n'en demandera pas davantage, et je sais tel rationalisme qui n'en demanderait pas autant. L'esprit a donc des lois, il les suit plus ou moins bien dès qu'il commence à se former, et il finit par s'en rendre compte. Le corrélatif de ces faits dans l'anatomie est assurément d'un haut intérêt, mais il n'en change pas le caractère. M. Spencer ne prétend pas qu'il aperçoive le même rapport à la fois comme contingent, et comme nécessaire. Et nous, de notre côté, nous ne dirons pas que la vérité nous soit innée au point de rendre l'erreur impossible. Mais nous pensons que l'évolution ne peut rien mûrir qui ne fût en germe dans son principe. Et nous ne savons pas comment l'empirisme pourrait le contester. La finalité est donc au fond des choses elles-mêmes. Intangible mais non pas inconcevable, elle préside au développement du mécanisme tout entier.

II

Nous en verrons la preuve en résumant la dernière synthèse de l'empirisme, synthèse accueillie avec tant de faveur qu'on peut l'envisager comme l'expression définitive de tout le système. Elle est l'œuvre du penseur qui vient de nous occuper. L'examen de son livre *les Premiers Principes* terminera convenablement ces études en préparant nos conclusions.

M. Herbert Spencer s'y propose « de concilier la religion et la science dans une vérité fondamentale que la religion affirme avec toute l'énergie possible sans le secours de la science, et que la science affirme avec une pareille énergie sans le secours de la religion. Cette vérité, c'est que le fond de toute chose se résout en un mystère insondable. »

En effet, contrairement à l'avis de son spirituel compatriote, M. M. Arnold, qui ne voit dans la religion qu'une morale poétique, M. Spencer envisage comme un produit supplémentaire le code moral qui accompagne une croyance, et définit la religion une théorie *a priori* de l'univers.

« Mais à mesure que la religion s'est épurée sous la pression de la science, son principe est devenu plus vague et plus insaisissable. »

D'autre part, à mesure que la science s'est mieux comprise elle-même, elle a mieux compris qu'elle ne sait rien. « Somme de la connaissance positive et définie de l'ordre qui règne parmi les phénomènes environnants, la science progresse en groupant des faits particuliers sous des lois, puis en groupant ces lois spéciales sous des lois plus générales, et son progrès consiste à découvrir des causes de plus en plus abstraites. Or, des causes plus abstraites sont des causes plus inconcevables, puisque la formation d'une conception abstraite suppose l'élimination de certains éléments de la pensée. Il résulte de là que la conception la plus abstraite vers laquelle marche la science se confond avec l'inconcevable et l'inintelligible, par suite de l'élimination de tous les éléments concrets de la pensée. L'interprétation d'un phénomène devient meilleure lorsqu'elle rejette une cause concevable de sa nature, mais inconnue quant à l'ordre de ses actions, pour en adopter une connue quant à l'ordre de ses actions, mais inconcevable de sa nature. A mesure que la science s'élève, tous les faits inexplicables et surnaturels en apparence rentrent dans la catégorie des faits explicables et naturels. En même temps, on acquiert la certitude que tous les faits explicables et naturels sont dans leur origine inexplicables et naturels. C'est ainsi que dans leur antagonisme prolongé, la science et la religion gravitent vers le même terme.

» Les différentes écoles s'accordent à reconnaître que la philosophie est la connaissance la plus générale possible. C'est le savoir unifié, résultant de l'apport en un tout des principes les plus élevés obtenus par les sciences particulières.

» Les manifestations de l'inconnaissable se distinguent en impressions et en idées ; les premières sont fortes, les secondes sont faibles ; celles-ci consistent dans la répétition des premières, leur ensemble est la manifestation d'une forme que nous appelons le moi, les secondes celle d'une forme que nous appelons le non-moi, le monde extérieur.

» Cette division primordiale résulte de l'intuition des différences que présentent les manifestations. Toute pensée consiste dans la perception des différences ou des ressemblances, et plus généralement des relations. » M. Herbert Spencer ne trouve pas d'équivoque à dire que le temps s'abstrait de la perception des relations consécutives ou du changement ; ce qui implique un état momentané difficile à se figurer où des consécutions étaient perçues sans l'être dans le temps, dont la notion n'existait point encore. L'espace, de même, s'abstrait de la perception des coëxistences[1].

1. L'insuffisance de l'empirisme paraît ici, comme on l'a déjà marqué plus haut. Les notions abstraites de temps et d'espace peuvent bien être envisagées comme la forme commune à toutes les séquences et à toutes les coëxistences, mais nulle séquence n'est perçue sinon dans le temps, par le moyen de la notion du temps, nulle coëxistence sinon dans l'espace, grâce à l'intuition de l'espace. Il n'y

« L'espace et la résistance constituent la matière, le mouvement consiste dans l'occupation successive de positions différentes par un fragment de matière. Toutes ces notions procèdent d'expériences accumulées, dont l'exercice de notre force musculaire est le point de départ. Ainsi le principe des principes est la force. La conscience ne consiste qu'en changements ; sa donnée fondamentale doit donc être celle qui se manifeste par le changement, et la force par laquelle nous produisons des changements sert de symbole à la cause des changements en général. Ce mode de conscience est indécomposable, et par conséquent insondable. Phénomène lui-même, il ne saurait nous révéler le pouvoir qui produit les phénomènes. Tout ce que nous pouvons faire, c'est de concevoir vaguement qu'une force inconnue est corrélative à la force connue. »

La matière est indestructible, la balance du chimiste nous l'indique, et nous avons besoin de l'affirmer, parce que, dans la supposition contraire, la science de la nature devient impossible. Cette raison, qui pourrait suffire, ne satisfait pas encore M. Spencer ; il va jusqu'à dire que la destruction est inconcevable, comme il est inconcevable que rien de-

---

a point là d'avant ni d'après, mais une simultanéité nécessaire. Et la théorie sensualiste, qui dans l'origine était l'expression naturelle d'une analyse incomplète, ne représente plus aujourd'hui que l'obstination du parti pris.

vienne quelque chose, parce que rien ne peut pas devenir un objet de conscience.

La thèse est énorme, la preuve sommaire. C'est le procédé favori de M. Spencer de brusquer lestement les points décisifs, pour s'étendre d'autant plus sur les détails.

Le mouvement est indestructible comme la matière, ce qui en est perdu par une partie est acquis par d'autres.

Cette thèse est, comme la précédente, une vérité d'induction, un postulat de la science, une nécessité de la pensée qui se comprend.

L'indestructibilité de la matière, la continuité du mouvement n'expriment qu'une même chose, la persistance de la force, et la validité des preuves qu'on en donne repose sur la preuve de cette persistance, qui ne saurait être une conclusion inductive, puisque nous la trouvons à la base de tous les calculs. Ce principe est le seul qui dépasse l'expérience, parce qu'il lui sert de fondement, c'est la persistance de l'univers, c'est la persistance de la conscience dans leur cause insondable ; il est inséparable de la conscience elle-même.

La persistance de la force est donc un axiome, une vérité *a priori*, et c'est la seule ; mais qu'il y en ait une ou plusieurs, il n'importe, nous n'en sortons pas moins de l'empirisme pour entrer dans le rationalisme. Il est fort essentiel de l'observer. C'est l'intérêt du rationalisme lui-même de ramener ses axiomes à l'unité. Il reste que cette idée n'est pas l'image affaiblie d'une sensation, et par conséquent ne rentre pas dans la définition des idées que M. Spencer donne plus haut. La nécessité d'une conception ne saurait résulter de la sensation. M. Spencer n'échappe pas à cette contradiction par sa théorie des associations indissolubles, puisque ces associations constituent l'expérience, et que de son propre aveu, l'axiome proposé dépasse l'expérience. Ceci dit, je poursuis mon résumé du livre des *premiers Principes*.

La persistance de la force signifie que, les conditions étant identiques, il se produira le même effet, c'est-à-dire que les lois de la nature sont invariables. Lumière, électricité, magnétisme, action chimique, mouvement des masses : toute manifestation de la force peut se transformer directement ou indirectement dans toutes les autres, et d'une quantité définie de l'une résulte toujours une quantité définie de l'autre.

Les antécédents des forces déployées dans notre système solaire appartiennent à un passé dont nous n'avons pas même une connaissance conjecturale; la nébuleuse n'est qu'une hypothèse, mais cette seule hypothèse explique tout, depuis le mouvement des étoiles jusqu'à celui de nos pensées.

La matière diffuse se précipitant vers un centre de gravité produit un mouvement de rotation, de vitesse progressive, qui suffit à rendre compte de la formation et des mouvements du système solaire. Le mouvement d'agrégation reparaît sous forme de chaleur, et cette chaleur produit tous les phénomènes observés dans l'écorce terrestre : les changements nommés plutoniques résultant des mouvements de la substance terrestre vers son centre de gravité, les changements aqueux, de la contraction du soleil, qui rayonne sur la terre sous la forme de chaleur. Cette chaleur décompose l'acide carbonique et l'eau pour former les plantes, que l'animal recombine à son tour, en utilisant la chaleur ainsi reconstruite sous la forme de mouvement volontaire. L'activité spirituelle n'a pas une autre origine. « Il faut admettre, dit M. Herbert Spencer, que la corrélation des forces physiques aux sensations est de même nature que celle des forces physiques entre elles, puisqu'elles sont l'une et l'autre, non-seulement qualitatives, mais quantitatives. Quant au déploiement d'activité qui n'est évidemment pas en proportion avec l'agent extérieur qui le provoque et ne saurait s'expliquer comme une simple réaction, il faut y voir la décharge d'une force accumulée. Les forces dites vitales, dont nous avons vu la corrélation avec les forces dites physiques, sont les sources d'où jaillissent nos pensées et nos sentiments, et se dépensent à les produire. »

Les preuves de cette assertion se tirent naturellement de la constitution du cerveau et de l'influence des éléments du sang sur l'état de la conscience.

M. Spencer ne trouve ni plus ni moins de difficulté à comprendre comment un mouvement moléculaire se transforme en pensée, qu'à comprendre comment la chaleur, par exemple, peut se transformer en mouvement. « Ce sont simplement, dit-il, des questions insolubles, comme toutes les questions dernières. » — On nous permettra de ne voir là qu'une affirmation violente pour se débarrasser d'une objection qui renverse la théorie. L'analogie invoquée ne possède aucune valeur; c'est, pour emprunter les termes de M. Spencer, une idée qui n'est pas une idée. La chaleur est l'effet produit sur nos sens par un mouvement moléculaire : nous comprenons qu'un mouvement s'échange contre un mouvement d'une autre forme; mais qu'une pensée soit un mouvement moléculaire, ce sont des mots dont il est impossible de réaliser le sens. Quant à l'argument *a priori* d'après lequel il faudrait voir dans la pensée une transformation de la chaleur solaire, ou bien nier la persistance de la force et concevoir les faits spirituels comme naissant de rien, il n'aurait de valeur que si l'on reconnaissait positivement dans la concentration de la nébuleuse l'unique antécédent de l'univers, conception qui, de l'aveu même de l'auteur, n'est pourtant qu'une simple hypothèse. Cet argument se résout donc en une pétition de principe pure et simple. Il est impossible d'établir expérimentalement cette unité de la cause phénoménale d'où l'école déduit son déterminisme accablant. Et avant d'affirmer qu'elle soit logiquement concevable, il faudrait examiner les conditions de l'hypothèse. Nous verrions probablement que l'idée d'un centre ou de plusieurs centres de gravité, l'opposition du centre et de la périphérie dans la matière diffuse, impliquent en elle des différences qualitatives primordiales. La réduction du mouvement d'une part et de la sensation de l'autre à leurs éléments infinitésimaux, que d'autres ont essayée, ne nous sert de rien non plus pour entendre comment un déplacement peut se transformer en conscience; mais je ne puis m'attarder à cette discussion, il suffira d'avoir signalé le hiatus et l'assimilation fallacieuse.

Une fois ce défilé franchi par un tour de force, la réduction des faits sociaux eux-mêmes aux causes mécaniques ne rencontre plus d'obstacle.

Toute chose se meut sur la ligne de la moindre résistance, sur celle de la plus grande traction ou sur leur résultante. La persistance de la force étant donnée, on comprend qu'il en soit ainsi, depuis les mouvements des étoiles jusqu'à ceux des décharges nerveuses que nous appelons nos actions volontaires, et des courants commerciaux.

Tous les mouvements alternent, ceux des planètes comme ceux des molécules éthérées, ceux du discours et ceux de la hausse des prix. La force étant persistante, le retour perpétuel du mouvement à des limites est inévitable.

Partout, à côté d'un arrangement nouveau de la matière, il y a un arrangement nouveau de mouvement. La loi de leur distribution concomitante est la base de la philosophie. Celle-ci resterait insuffisante si elle ne formulait pas toute la série des changements traversés par un être dans son passage de l'état imperceptible à l'état perceptible, et dans son retour au premier.

La formule cherchée, applicable à chaque existence isolée, doit être applicable à l'histoire entière de toutes les existences.

Cette loi, c'est la loi d'évolution et de dissolution : perte de mouvement et par suite intégration, concentration des parties, suivies, à la fin, d'une augmentation de mouvement et d'une désintégration consécutive.

Au cours de l'évolution, le mouvement rencontre des obstacles qui produisent la complexité dans l'agrégat. L'ensemble du système solaire est un exemple de concentration progressive. En même temps que la matière qui le compose a pris une forme plus dense, la variété s'y est substituée à l'unité. La solidification de la terre s'accompagne d'un progrès semblable. Toute plante, tout animal, toute société qui s'accroissent, vont de la simplicité à la complexité des organes. En même temps que les parties deviennent plus dissemblables, leur opposition devient plus tranchée ; l'homogénéité fait place à des différences toujours plus nettes. D'ailleurs, en toute évolution, ce changement dans la distribution de la matière est accompagné d'un changement parallèle dans la distribution du mouvement. A la variété de la forme des agrégats répond la variété dans les mouvements.

Enfin, toutes ces évolutions astronomiques, géologiques, biologiques, sociales, ne sont soumises à la même loi que parce qu'elles constituent en réalité une seule et même évolution. Il n'y a pas plusieurs métamorphoses qui s'opèrent de la même manière, il n'y a qu'une seule métamorphose, qui s'avance universellement partout où la métamorphose contraire n'a pas commencé.

« Dans l'ensemble et dans chacune de ses parties, *l'évolution est donc une intégration de matière accompagnée d'une dissipation de mouvement, pendant laquelle la matière passe d'une homogénéité indéfinie, incohérente, à une hétérogénéité définie et cohérente, et pendant laquelle aussi le mouvement conservé subit une transformation analogue.* »

Ces propositions inductives sont illustrées d'exemples empruntés pour chacune d'elles à tous les domaines de l'expérience, dans un ordre régulier, et qui transforment notre esquisse abstraite en tableau complet de l'existence phénoménale. Elles reçoivent proprement le caractère philosophique par la démonstration qui nous y fait voir des corollaires de la persistance de la force.

Les lois de distribution de la matière et du mouvement sont toutes déductibles de la persistance de la force. Instabilité de l'homogène, multiplication des effets, ségrégation, équilibre : ces vérités complexes de l'évolution s'unifiant les unes avec les autres, s'unifient également avec les vérités plus simples qui découlent du même principe : l'équivalence des forces, le mouvement de tout mobile sur la ligne de moindre résistance, et la limitation de ce mouvement par le rhythme ; de sorte que la totalité des phénomènes de tout ordre, dans l'ensemble et dans chaque individu, ne manifeste jamais qu'un même fait fondamental.

Il faut peser attentivement les termes de cette déduction intéressante. Nous n'essayerons pas de la résumer, nous ne touchons plus qu'à une question. Ces opérations ont-elles une limite ? Eh bien, oui ; elles doivent aboutir à l'équilibre. « La subdivision continuelle des forces qui changent l'homogène en un multiforme toujours plus varié, plus accentué, produit une dissipation de forces qui doit aboutir au repos. Au cours du travail, il s'établit des équilibres partiels et mobiles qui neutralisent les perturbations et s'ajustent quand il faut à des conditions nouvelles. Ce principe général, suivi comme les autres à travers toutes les formes de l'évolution, permet d'inférer que l'avant-dernière étape, où la multiformité la plus extrême doit se réaliser conjointement à l'équilibre mobile le plus complexe, comprendra l'état de l'humanité le plus élevé qui se puisse concevoir.

» Enfin, chaque individu, ou plutôt chaque agrégat, la terre, l'ensemble du système astral voient leur évolution terminée inévitablement par la dissolution, qui défait ce que la première avait fait. Les planètes, en s'approchant du soleil, finiront par s'y précipiter, et le mouvement des masses étant arrêté doit se transformer en mouvement moléculaire, qui rétablira l'état imperceptible de la matière. En unifiant ainsi les phénomènes de dissolution avec ceux de l'évolution comme des manifestations de la même loi, nous unifions les phénomènes du présent univers avec ceux qui les ont précédés et qui les suivront. Car s'il y a une alternative d'évolution et de dissolution dans la totalité des choses, l'arrivée à l'une des limites de ce rhythme immense introduit des conditions où commence un mouvement en sens contraire. Nous sommes ainsi conduits à concevoir une série d'évolutions remplissant un avenir sans limite. Nous ne pouvons plus attribuer à la création visible un commencement et une fin définie. Elle s'unifie avec toute existence avant et après, et la force que l'univers manifeste n'admet pas de limites dans la pensée. »

III

Tel est le système. Maintenant, qu'en dirons-nous? Nous ne marchanderons pas l'éloge aux travaux grandioses de M. Spencer, à l'abondance des informations, à la précision du langage, à l'harmonieuse simplicité de l'ordonnance. Les deux grands défilés une fois franchis : le passage de l'affinité chimique à la vie une fois enlevé, l'impossibilité d'identifier les faits de conscience aux faits d'observation externe une fois masquée par un appel à l'inconnaissable et par une comparaison fallacieuse avec la transformation des forces physiques, tout se déroule avec une aisance majestueuse, et l'on arrive sans nouvel encombre à l'étonnante conviction que le détail de toute chose, jusqu'au livre des *Principes* et jusqu'à notre présent entretien, est nécessairement impliqué dans la persistance de la force, c'est-à-dire au vrai, dans l'existence d'un être quelconque.

Nous avons déjà signalé la contradiction fondamentale d'un déterminisme pareil. Il se donne pour l'unité du savoir et il supprime la première condition du savoir, il rend impossible le discernement de l'erreur et de la vérité. Si les pensées contradictoires sont également l'effet du mouvement universel, ces pensées contradictoires étant également nécessaires, sont également vraies, et la discussion n'a plus d'objet. Il faudrait concevoir l'évolution différemment : il faudrait la réconcilier avec la liberté pour la réconcilier avec la science.

Remarquons ensuite que M. Spencer s'est facilité la tâche outre mesure. Il montre l'application d'une même loi dans l'ordre cosmique, dans l'ordre vital, dans l'ordre moral ; mais il ne fait pas comprendre comment ces ordres s'engendrent les uns les autres, comment l'organisme sort de l'inorganique et la conscience de la vie. Cependant ce sont des phénomènes dont il fallait rendre compte, puisqu'ils se sont produits au cours de l'évolution. Ainsi l'unification du savoir n'est qu'illusoire[1]. Ensuite la thèse fondamentale, la persistance de la force, est une donnée *a priori*, une idée nécessaire, en contradiction formelle avec la définition des idées que M. Spencer emprunte au sensualisme. Ainsi la physique jure avec la théorie de la connaissance. L'unité du système est donc purement artistique, rhétorique, décorative. Il manque absolument de cohésion. Mais passons sur cela, acceptons un moment comme fidèle ce tableau de l'évolution, et demandons-nous ce qui en ressort.

Ce qui en ressort en premier lieu, c'est la négation même de l'évolution, qui se confond avec l'immobi-

---

1. Ce jugement n'a trait qu'au livre des *Premiers Principes*. Nous n'avons rien trouvé dans la *Psychologie* ni dans l'*Introduction à la science sociale* qui nous porte à le modifier.

lité. Si tout système solaire doit arriver, par la concentration graduelle de ses parties, au maximum de l'ordre, de la vie et du bonheur, pour se dissoudre par le choc de ses éléments et retourner à la forme nébuleuse, et si les forces qui le composent ont toujours existé, parce qu'il est impossible que ce qui n'est pas devienne, il s'ensuit que ces forces ont déjà revêtu un nombre infini de fois dans le passé les formes qu'elles revêtent aujourd'hui et qu'elles perdront pour y revenir. Que sert-il à l'auteur de signaler la contradiction inhérente à la position d'un nombre infini, lorsqu'il s'est condamné lui-même à l'affirmer, en mariant le changement avec l'éternité? Le nombre infini, cette chose impossible, de l'aveu de M. Spencer, est positivement enseigné dans les passages que nous avons résumés. Le mot est prudemment évité, mais la chose est professée.

La science moderne est donc revenue à cette conception stoïcienne du phénix qui renaît perpétuellement de ses propres cendres. Tel est l'univers, qui dans l'infini de l'espace nous montre constamment des mondes renaissants, des mondes dans l'équilibre de la vie, des mondes décrépits et des mondes morts. L'évolution n'est donc qu'une apparence : en réalité tout est toujours présent; telle est bien la portée de l'axiome où le système se concentre, le vieil axiome de Parménide : l'être est; le non-être ne saurait être pensé. L'infinité de l'espace et du temps, écartée au début comme inconcevable, est formellement rétablie dans la conclusion.

L'auteur ne s'arrête pas à ces contradictions, qu'il juge apparemment inévitables, car il n'a pas pu ne pas les voir; mais, suivant nous, cette fatalité n'a d'autre origine que les préjugés de l'empirisme, ici pourtant fort assoupli. Nous l'avons déjà dit plusieurs fois, l'empirisme doit repousser la distinction de l'acte et de la puissance, parce que l'être en puissance ne pouvant être senti, ne saurait être représenté. Il est clair cependant qu'aux termes de M. Spencer lui-même, la nébuleuse solaire contenait ce globe en puissance, Londres en puissance, M. Spencer en puissance, et ces combinaisons phosphorées et phosphorescentes dont son système est la lueur.

Eh bien, pour échapper à la contradiction du nombre infini dont on a si bien compris l'inconvénient, pour faire une vérité de l'évolution, pour lui assigner un terme, un but, c'est-à-dire un sens, une portée intelligible, pour éviter enfin de perpétuels empiétements sur la sphère où l'on a déclaré ne pouvoir rien connaître, il aurait suffi d'accepter franchement cette idée de l'être en puissance, de l'être en germe, que l'empirisme essaie en vain d'éluder. On comprendrait alors l'univers comme une puissance ou comme un ensemble de puissances qui se réalisent dans le but de subsister réalisées, de même que nous apprenons dans le but de savoir. La succession aurait un commencement réel et une fin réelle, mais sans doute, au-delà de la succession, il faudrait placer l'éternité, et fonder l'éternité dans l'Éternel.

En effet, si nous ne pouvons pas échapper à la pensée que les êtres du temps sont des puissances qui se manifestent, nous ne saurions concevoir la pure puissance d'une manière isolée, et nous n'en pouvons pas faire le véritable commencement. La puissance, le devenir, l'évolution supposent avant eux une réalité actuelle, éternelle, absolue, qui est véritablement l'inconnaissable, dont nous ne pouvons rien dire sinon qu'elle est la perfection et que nous ne saurions concevoir la perfection. M. Spencer ne semble pas loin de cette vue, lorsque dans un passage que nous répugnons à tenir pour une simple défaite, il prétend « qu'il pourrait y avoir un mode d'existence aussi supérieur à l'intelligence et à la volonté que ces modes sont supérieurs aux mouvements mécaniques, et que l'incapacité de concevoir un tel mode supérieur d'existence est une raison de l'affirmer plutôt que de le révoquer en doute. » Un peu plus loin, il ajoute « qu'on sentira toujours le besoin de donner une forme *à l'affirmation d'un être suprême qui fait la base de notre intelligence*, et que nous serons toujours soumis à la nécessité de nous le représenter sous quelque forme de pensée. »

Par quelles suites d'associations indissolubles cette idée d'un être suprême est-elle sortie des sensations renouvelées pour devenir la base de notre intelligence? De quelles impressions sensibles est-elle l'image affaiblie? Quelle quantité de mouvements moléculaires absorbe-t-elle? Comment, en un mot, la doctrine de l'Être suprême inconnaissable, aussi bien que l'axiome de la persistance de la force dans l'univers, cadrent-ils avec la théorie sensationiste sur l'origine des idées qui fait la base de l'empirisme et que M. Spencer enseigne explicitement; voilà ce que ce philosophe n'explique point; mais enfin puisque la nécessité de se représenter l'Être suprême existe, il devait lui-même en tenir compte. L'anthropomorphisme contre lequel il s'élève n'a sans doute qu'une valeur symbolique, mais il n'est pas exact, comme il le croit, qu'un symbole puisse être absolument dénué de ressemblance avec l'être symbolisé. L'anthropomorphisme n'est qu'une tendance, dont la vérité consiste en ceci : que l'élément de perfection compris dans ce que l'expérience nous offre de plus parfait doit se trouver dans l'être absolu, pur de tout ce qui le restreint et l'altère. Cet élément, c'est la liberté, que M. Spencer ne connaît pas ; c'est la volonté morale, qu'il abaisse au rang des moyens et des apparences.

Le divorce entre la théorie et la pratique, l'oubli du droit de la vérité pratique à trouver sa place et sa légitimation dans la théorie, l'exclusion voulue de la volonté, l'élimination de tout élément moral dans la conception des choses, tel est le trait commun, le vice fatal et moral à la fois des doctrines que nous avons étudiées. Cette élimination volontaire des éléments supérieurs de la pensée dans la conception du principe des choses est la vraie raison d'être d'une logique d'après laquelle on prétend faire sortir le plus du moins, tout en niant que ce qui n'est pas devienne. Mais, en dépit de lui-même, le système nous oblige à chercher dans le meilleur qui suit la raison du moindre qui précède, et nous montre dans le passé la puissance de l'avenir. Dès qu'on aperçoit cette nécessité, on comprend que le monde, l'être qui devient, l'être en puissance ne saurait exister par lui-même, mais qu'il a sa source en Dieu, la perfection toujours présente. Ainsi la doctrine de la création résulte des rapports nécessaires de la pensée.

Nous l'avons déjà fait comprendre, la création et l'évolution ne s'excluent point, n'appartenant pas au même genre; elles sont l'une à l'autre dans le rapport de la conception à la représentation. La création est l'idée au moyen de laquelle nous comprenons ce qui rend l'évolution possible. L'évolution est la représentation abstraite de la suite des phénomènes par laquelle nous pouvons imaginer comment l'acte créateur se manifeste dans le temps. A la prendre comme le déploiement d'une pensée créatrice, l'évolution s'entend très-bien, je dirai plus : elle devient indispensable à la pensée. On ne saurait trop insister sur ce point capital. La création véritable est la création d'êtres réels; or il n'y a d'êtres réels que ceux qui ont leur base en eux-mêmes et qui se réalisent eux-mêmes. Si l'être était fait tout entier, il ne serait pas un être, il ne serait qu'une apparence; la qualification de créature ne lui conviendrait pas, tout au plus pourrait-on lui chercher un nom dans l'obscur panthéisme de M. Spencer, et l'appeler une manifestation de l'inconnaissable. C'est ainsi que je présentais ces rapports, il y a trente ans déjà, dans la *Philosophie de la liberté*. Je n'accepte donc pas l'évolution, je la réclame au nom même de la création, car la création ne saurait être que la position d'un germe qui se développe et se particularise lui-même. Mais l'évolution telle que l'empirisme la représente ne se comprend absolument pas. Par le défaut de sa thèse première sur l'origine des idées, l'empirisme est obligé d'écarter la notion d'une puissance qui se réalise, inséparablement associée à celle d'un but poursuivi. L'imperceptible dont veut partir M. Spencer est un commencement arbitraire, une impuissante contrefaçon de la puissance. Mais l'évolution sans but contredit la raison, l'évolution sans puissance se contredit elle-même. J'en reviens à ce que je disais en commençant ces études [1] : la maison existe en puissance dans le cerveau de l'architecte, dans la carrière et dans les bras des

---

1. Dans le second discours, *la Thèse de l'empirisme*.

maçons. Cette puissance se réalise en vue d'un but qui est formulé dans l'ordre du capitaliste. Le gland est une puissance, le chêne est son acte.

Mais avec la matière éternelle et l'universel mécanisme, comment entendrons-nous ces rapports? L'alternative que nous posions au monisme de M. Hæckel s'impose également au monisme de l'inconnaissable. Dirons-nous donc que l'humanité, la civilisation se trouvaient en puissance dans la matière diffuse dont elles devaient infailliblement sortir? Nous sommes forcés de le faire et nous n'en avons pas le droit, car l'idée de puissance ne doit pas se trouver dans l'esprit, puisque aucune sensation n'a pu l'y mettre. Vous voyez arriver ce que nous avons annoncé : l'empirisme ne saurait exposer sa propre doctrine sans employer des idées auxquelles il ne saurait accorder l'être et des mots qui n'ont pas de sens dans sa bouche. Bref, l'humanité, la civilisation se trouvaient en puissance dans la matière nébulaire. Étaient-ils un but de l'évolution? M. Herbert Spencer peut l'ignorer, il n'a pas le droit de le nier. A ses yeux les phénomènes cérébraux ne sont autre chose que des mouvements délicats produits par le mécanisme universel, cependant il respecte certainement trop le sens commun pour contester que lui-même se propose des buts lorsqu'il pense et lorsqu'il écrit; il avoue donc que le mécanisme et la finalité ne s'excluent point. Dans ce cas, il reconnaît aussi que la création et l'évolution ne s'excluent point, même la création spéciale, puisque toutes les phases de l'évolution sont données dans son principe.

Je ne dis pas que la création soit prouvée par un argument semblable, et je n'ignore point ce que les faits immenses résumés dans ce mot : *le mal*, soulèvent d'objections contre la thèse de l'universelle finalité. J'ai voulu montrer seulement que la finalité et la création n'ont rien d'inconcevable, et que les objections sommaires élevées contre elles par l'empirisme sont près de s'évanouir lorsqu'on les examine avec quelque attention.

Maintenant je veux faire un pas de plus : je répéterai que si l'on reconnaît dans la finalité la loi qui régit une partie des phénomènes, il devient bien difficile de ne pas lui attribuer une portée universelle. Négation de l'individu, négation de la finalité dans le monde, voilà les thèses les plus saillantes du système de l'évolution. Ces thèses sont contradictoires en elles-mêmes et contradictoires entre elles. Le mot que nous avons rappelé s'impose par son évidence : l'individu ne peut se nier qu'en s'affirmant. La matière qui cherche à se comprendre n'est plus la matière. Et pour la finalité : le philosophe tend à prouver, le disciple cherche à comprendre; l'élaboration de la science est la poursuite d'une fin, et si le penseur n'est qu'un moment dans l'universel, la finalité remonte à l'universel.

En se développant, en s'approfondissant, l'empirisme est poussé hors de lui-même. MM. Spencer et Taine ne sont déjà plus de vrais empiristes.

L'intelligence qui, suivant M. Taine, discerne l'identité sous l'accumulation des dissemblances, est évidemment un principe actif; or, nulle activité ne saurait se concevoir sans des lois, dont la conscience ne saurait être autre chose que l'idée *a priori*, l'idée innée. M. Spencer admet formellement des principes *a priori* chez lui-même, sinon chez ses ancêtres. Sa façon d'argumenter laisse voir que, logiquement du moins, il ne serait pas éloigné de reconnaître dans la perfection le véritable *a priori* de l'esprit humain[1]. S'il respectait mieux les bornes qu'il a prescrites, s'il ne choisissait pas entre les inconcevables pour nier les uns et pour affirmer les autres au gré de ses antipathies, la supériorité du panthéisme fataliste sur le théisme rationnel lui paraîtrait moins évidente. S'il entendait les conditions de la connaissance, il comprendrait que la faculté qui nous fait discerner l'être sous les phénomènes ne saurait descendre elle-même au rang d'un pur phénomène, mais que pour maintenir son propre principe : la persistance de la force, il faut reconnaître que l'antécédent de la raison ne saurait consister que dans la raison.

Dans l'état, le phénoménisme ne diffère pas du matérialisme métaphysique sur les points qui tou-

---

1. Voyez page 166.

chent aux intérêts vitaux de la pensée. L'un dit : la force est une propriété de la matière; l'autre : la matière et le mouvement constituent la manifestation de la force. Ces différences ne tiennent qu'à la façon de parler. Le fatalisme, l'élimination des notions morales dans la conception de l'univers, ce grand *a priori*, ce grand parti pris, voilà le trait essentiel, le fond véritable du système, dont les deux branches sont toujours prêtes à s'unir, et non l'induction expérimentale, qui conduit à l'évolution.

L'évolution et la création ne se concilient pas seulement, elles se complètent, elles s'appellent. Leurs partisans s'entendraient bientôt s'ils restaient fidèles à l'analyse et s'ils accordaient une égale attention à tous les ordres de faits, à toutes les formes de l'évidence. Ce qui les tient éloignés, je le crains, c'est surtout la volonté, c'est la passion.

Mais si la passion demande à parler, le moment est venu de me taire. Je ne réclamerai plus de votre attention qu'un instant, pour tirer d'un mot les conclusions de cette étude et pour marquer le point où nous la laissons.

« *Les causes prochaines d'effets imposants s'attirent toujours un respect exagéré*, dit M. Spencer dans sa *Psychologie*[1]. Cette sentence, qu'il applique au raisonnement et qu'il dirige contre la mé-

---

[1]. Traduction française, t. II, page 325.

taphysique ou plutôt contre l'idéalisme de son pays, s'appliquerait avec plus d'à-propos aux sciences qui tiennent aujourd'hui la corde, et qui n'entendent compter avec personne ni avec rien.

Eh bien oui, ce qui grandit, veut grandir. La prospérité des sciences de la nature fait comprendre et leur prétention à constituer la science universelle et le complaisant accueil qu'elle reçoit; mais cet accueil n'est pas réfléchi, cette prétention n'est pas légitime : le problème des sciences naturelles n'est pas le seul problème, leur méthode n'est pas la seule méthode.

La physique coordonne les phénomènes d'après leurs causes efficientes. Cherchant à comprendre comment se passent même les choses qu'elle ne peut pas observer directement, elle ne saurait avancer qu'en s'appuyant sur le déterminisme, et doit par conséquent rester fidèle à cette hypothèse. Mais ce déterminisme ne saurait être universel, car effaçant la différence de l'erreur et de la vérité, il rendrait la discussion vaine et supprimerait la science. La nécessité des causes efficientes n'est pas absolue, la cause efficiente n'exclut point la cause finale, et le mécanisme peut servir d'instrument à la liberté.

La certitude de la sensation n'est pas l'unique certitude qui puisse donner une base à la connaissance. La certitude morale, loin de lui céder en rien, la surpasse. Quelles qu'en soient l'origine et l'histoire, la différence du bien et du mal est ineffaçable, elle est sacrée. Les explications que nous en pourrions tenter sont condamnées d'avance lorsqu'elles aboutissent à l'éliminer, et nous ne saurions la maintenir qu'en traçant des bornes au fatalisme. Il faut reconnaître avec une égale sincérité, avec une égale soumission ces évidences diverses d'origine et de teneur, sans prétendre subordonner l'une à l'autre. Et si nous ne réussissons pas à les accorder, il faut avouer de bonne grâce, sans renoncer à la recherche, que nous n'avons pas encore réuni les conditions requises pour résoudre le problème de la philosophie en soumettant la totalité de l'expérience à la même loi.

Les énormes lacunes de l'expérience elle-même ont dû nous préparer à cette conclusion, puisqu'il est d'évidence logique qu'un fait ne saurait être complétement et définitivement connu sans la connaissance de tous les autres.

Voilà pour les conclusions. Et quant au principe, l'empirisme a fini par se rendre et par reconnaître l'existence de vérités *a priori*, tout en expliquant que la conscience de ces vérités se développe graduellement dans l'esprit des hommes, ce qui est aussi l'opinion de tous les rationalistes sensés.

Et ceux qui n'ont pas encore fait le même pas volontairement et avec conscience ne le font pas moins involontairement et sans conscience, puisque les maîtres de l'empirisme s'accordent pour enseigner que les phénomènes s'enchaînent suivant des lois *né-*

cessaires, consacrant ainsi l'emploi d'une idée qu'aucune forme d'expérience ne saurait jamais fournir. Le sensualisme dans la théorie de la connaissance, le déterminisme dans la conception de l'univers sont une contradiction pure et patente. Mais si deux contraires ne peuvent être simultanément vrais, rien n'empêche qu'il ne soient simultanément faux.

L'ATHÉISME [1]

1871

I

L'athéisme, qui donnait le ton vers la fin du siècle dernier, avait été plus tard refoulé par les restaurations religieuses et remplacé par d'autres conceptions philosophiques. Mais depuis vingt ans il s'est rallumé dans toute l'Europe avec une grande vigueur. En Russie, il a revêtu les caractères d'une secte, et prépare, dit-on, des révolutions. En Angleterre, il a groupé une forte école de littérateurs, dont les écrits se sont promptement répandus sur le continent. En

[1]. Le sujet de ce discours ne diffère pas sensiblement de celui du quatrième. Il est un peu plus ancien et vise d'autres manifestes, un peu vulgaires, d'une philosophie qu'on propage avec une sorte de fanatisme. Les arguments employés ici n'ont pas tous été reproduits dans le discours sur le matérialisme. Nous avons désiré les conserver, au risque de ce qui pourrait sembler un double emploi. La discussion est d'ailleurs assez sommaire pour rendre excusables quelques répétitions, qui contribueront peut-être à l'éclaircir.

Italie, il se produit plutôt sous la forme du *positivisme*, comme on dit aujourd'hui; c'est ce qu'on appelait autrefois le scepticisme. En France, au contraire, où le mot positivisme a été frappé, l'école ainsi désignée a tourné promptement à l'athéisme dogmatique le plus prononcé, conformément au caractère de ce pays, qui ne supporte ni l'indécision, ni les demi-mesures. Mais le vrai foyer de cette doctrine n'est autre que le foyer intellectuel de l'Europe au XIXe siècle, l'Allemagne, où les systèmes spéculatifs en crédit avaient déjà fort ébranlé l'idée d'un Dieu personnel, et qui est arrivée à l'athéisme à la fois par le développement de cette spéculation même et par la réaction que les abus de celle-ci ont provoquée en faveur des sciences purement expérimentales.

Les causes de cette recrudescence générale sont de nature diverse; il en est d'intellectuelles, où je viens de toucher, il y en a d'autres plutôt morales, sur lesquelles je n'insisterai pas. Je ne veux aujourd'hui ni faire le procès à mon siècle, ni scruter d'une façon générale les fondements de l'irréligion. J'essaye simplement de caractériser un enseignement bien arrêté, que l'on répand partout avec abondance dans ce moment-ci.

Je me borne donc à rappeler d'un seul mot une cause permanente qui tend constamment à réagir contre le sentiment religieux naturel à l'espèce humaine : il est presque impossible de concevoir Dieu autrement que sous les traits d'un maître et d'un juge. Celui qui n'accepte aucune loi et qui a des raisons de craindre un jugement, accueille avec plaisir tout ce qui peut l'aider à se persuader que ce maître et ce juge invisible n'existe pas.

Une autre cause de succès pour l'athéisme (celle-ci passagère, on aime à l'espérer), c'est l'insuffisance ordinaire de l'enseignement religieux et la corruption de quelques-uns des établissements qui le distribuent.

Je mentionne encore l'idée de la prêtrise et le rapport particulier qu'elle introduit entre un homme et son semblable; enfin ce qu'on appelle l'alliance du trône et de l'autel. Les peuples qui luttent pour conquérir leur liberté cherchent à renverser tous les obstacles qu'ils rencontrent sur leur chemin. Si les croyances religieuses sont employées à soutenir ce qu'ils considèrent comme des abus, ils s'attaquent à la base des croyances religieuses. Tout ce que les partis extrêmes s'efforcent d'abolir n'est pas également respectable. Invoquer la providence divine pour justifier des institutions ou des actes réprouvés par la morale, c'est porter à la religion le coup le plus dangereux qui puisse jamais l'atteindre.

Dans l'ordre intellectuel, la principale raison des progrès de l'athéisme est à mes yeux la domination exclusive dans la science de la méthode expérimentale par le témoignage des sens. On n'en veut aujourd'hui reconnaître aucune autre, et je ne dis pas qu'il manque de bonnes raisons pour cela ; mais la conséquence qu'on en tire, conséquence très-naturelle et néanmoins très-peu légitime, c'est que la méthode expérimentale doit nous renseigner sur tout ce que l'esprit humain voudrait savoir.

Il faut bien l'avouer : au point de vue scientifique, Dieu n'est proprement qu'une hypothèse destinée à l'explication des faits que nous percevons immédiatement, comme les révolutions du soleil, par exemple, la vie des plantes, l'histoire des peuples, les besoins moraux et religieux de notre cœur. La science n'a d'autre objet que l'explication des faits. Maintenant, une règle de méthode que la science expérimentale n'a point trouvée elle-même et qu'elle se pique pourtant d'observer, c'est qu'en fait d'explication, il faut se contenter de la plus simple, aussi longtemps qu'elle suffit. La science n'est donc pas à blâmer lorsqu'elle s'efforce de trouver la clef des faits, le secret du monde dans le monde lui-même, sans avoir recours à des êtres qu'elle ne voit pas. Je ne conteste pas à l'athéisme la légitimité de sa tentative, parce que je crois en comprendre la nécessité. Quant à sa valeur intrinsèque, nous en jugerons mieux après l'avoir exposé.

Les caractères particuliers de l'athéisme contemporain répondent naturellement aux circonstances qui en ont favorisé la propagation.

Il s'appuie sur des considérations politiques : les divisions religieuses ont produit des guerres acharnées. Les religions ont été des moyens de domination et servent encore çà et là d'instrument au despotisme ; donc la suppression de la religion se présente comme un puissant moyen d'assurer à l'humanité deux grands biens, la concorde et la liberté.

L'athéisme s'étaye également sur des idées morales : L'homme vertueux, dit-il, est celui qui pratique le bien et qui fuit le mal sans égard à son intérêt ; tandis que la religion enseigne que le vice est irrémissiblement puni, la vertu toujours récompensée. Elle introduit donc inévitablement dans la vie morale une considération d'intérêt personnel qui l'altère, et l'homme religieux, quelle que soit sa conduite effective, ne saurait être vraiment vertueux ; les esprits religieux sont des esprits mercenaires. Ce scrupule n'a peut-être pas beaucoup de sens dans un point de vue qui exclut absolument la liberté humaine ; il n'est pas bien sérieux chez des personnes qui font de l'intérêt l'unique mobile possible de nos actions ; aussi n'y reste-t-on pas bien conséquent, mais provisoirement, comme arme polémique, il est d'un assez bon effet contre les conceptions religieuses un peu grossières auxquelles l'athéisme populaire s'attaque de préférence.

Mais l'athéisme contemporain s'autorise essentiellement, je le répète, des sciences naturelles, qu'il envisage comme formant le tout de la science, et auxquelles, par une conséquence à peu près inévitable, il demande la solution de problèmes que les sciences naturelles n'atteindront jamais.

Il lui faut donc établir au préalable que les sciences naturelles, fondées sur l'observation des sens sont effectivement les seules sciences possibles.

A cet effet, il pose en principe, sans le démontrer :

a) Qu'il n'y a pas de certitude résultant de la constitution de l'esprit lui-même, ou, comme on dit, *a priori;* mais qu'au contraire l'esprit est entièrement passif dans l'acquisition de toutes ses connaissances, lesquelles lui viennent exclusivement du monde extérieur, par la sensation. Cette opinion est depuis longtemps réfutée, et très-solidement réfutée; mais l'athéisme ne s'arrête pas à discuter ces réfutations, qu'il considère comme enveloppées dans le discrédit des systèmes à l'occasion desquels elles ont été produites;

b) Que l'analyse logique et le raisonnement (dont il se sert pourtant du mieux qu'il sait) sont des subtilités fastidieuses, dont il est inutile d'apprendre les lois;

c) Que la métaphysique est impossible. Par métaphysique on entend toute connaissance des choses au delà des apparences sensibles. Celles-ci sont tout pour nous, disent nos docteurs, et la science n'a pas d'autre objet. Cependant l'athéisme ne s'en tient point à ces apparences. Il constitue lui-même une métaphysique, un dogmatisme des plus prononcés et des moins tolérants. Mais tantôt il se fait illusion sur sur ce point, tantôt il ne combat la métaphysique que par tactique, dans le but de se faire mieux accueillir.

Voici, en peu de mots, la manière dont il conçoit l'univers.

II

Rien ne saurait exister, rien ne saurait être conçu comme existant sinon ce qui est susceptible d'être perçu par nos sens ou par des sens analogues, mais plus subtils.

Toutes les représentations sensibles résultent des divers mouvements de la matière. Rien n'existe proprement sinon la matière. Mais qu'est-ce donc que la matière? Les athées s'abstiennent généralement de la définir, se fiant sur ce point aux idées qu'on s'en fait communément. La propriété caractéristique de l'être matériel ou du corps nous paraît consister en ceci, qu'il occupe un certain espace à l'exclusion de tout autre. Les forces sont des propriétés de la matière, propriétés qui se ramènent toutes à la faculté de se mettre soi-même en mouvement dans certaines circonstances déterminées.

Ce système s'appelle lui-même du nom de *matérialisme*, dénomination qui me paraît entachée de quelque arbitraire. La thèse véritable est l'unité de substance dans l'univers. La force est inséparable de la matière, voilà ce qu'on affirme et ce qu'on essaye de prouver. Mais que l'on envisage la force comme une propriété de la matière ou la matière, c'est-à-dire le fait de remplir l'espace, comme une manifestation de la force, cela ne change rien aux faits et rien au système. La préférence accordée à la matière n'est qu'une affaire de mots, ou si l'on veut de goût. Le vrai nom de cette opinion, c'est bien l'athéisme, désignation polémique, relative à une autre opinion répandue, et qu'il sagit de renverser.

Rien n'existe donc que la matière : cela sera suffisamment établi si l'on fait voir que cette théorie explique les faits. En attendant, on l'affirme, et l'on en conclut que la matière et ses propriétés sont éternelles. Mais on ne présente pas cette éternité comme une conséquence du principe; on essaye de la démontrer par l'expérience. Nous ne voyons dans le monde aucune production de matière nouvelle, aucune destruction de matière existante, et l'on n'en saurait admettre aucune sans enlever la base de tous les calculs. C'est là-dessus qu'on s'appuie pour enseigner l'éternité de la matière. La conclusion dépasse évidemment les prémisses. Du fait vrai qu'on ne pourrait concevoir ni augmentation ni diminution de matière dans le monde sans en bouleverser l'économie, il ne résulte évidemment point que le monde lui-même, pris dans son entier, soit nécessairement éternel. Le fondement réel de cette doctrine est celui que je viens d'indiquer. Les sectateurs de l'expérience ont beau dire, leur unique argument est *a priori*. Nous pourrions le formuler en ces termes : L'être réel, la substance ne saurait être produite ni détruite (en vertu de l'idée même de l'être). L'être réel c'est ce qui tombe sous nos sens, c'est la matière (parce que l'athéisme n'en conçoit pas d'autre). Donc la matière est éternelle.

Tout ce raisonnement, bon ou mauvais, est purement *a priori*, quoiqu'il n'y ait point d'*a priori*. Mais nous ne discutons pas, nous exposons.

La matière est donc éternelle, elle possède de toute éternité les mêmes forces, c'est-à-dire la même aptitude à se mettre en mouvement, et comme il n'existe aucune cause de mouvement sinon la matière, puisque la matière est l'unique réalité, l'éternité du mouvement s'impose à l'esprit comme une conséquence inévitable. Ceci ne laisse pas de présenter de très-grandes difficultés à l'esprit qui réfléchit; mais passons.

La matière, infiniment diffuse, flotte dans l'infini de l'espace. Quelques atomes s'attirent, car l'attraction, où celui qui en a formulé les lois ne voyait qu'une apparence à expliquer, est devenue une cause, d'après le principe que la force inhère au corps étendu. Cette attraction détermine un mouvement par lequel la matière s'épaissit par places et s'éclaircit ailleurs : les nébuleuses se concentrent autour d'un noyau, et par l'effet de la rotation continue, l'astre encore mou ou plutôt gazeux projette au dehors des fragments. Ainsi se forment les soleils, les planètes et les espaces interstellaires. Ces effets de l'attraction ont ici et là considérablement rapproché certains atomes, entre lesquels l'affinité chimique peut entrer en jeu. Avec les astres, simples phénomènes d'agrégation, la diversité spécifique des atomes commence à se faire sentir, les corps simples de la chimie accusent leurs différences et se combinent dans des proportions toujours plus variées. Le chaos se débrouille. Les propriétés spécifiques des corps simples sont-elles ici l'éternel et la raison dernière, et cette apothéose de la chimie restaure-t-elle un nouveau polythéisme; ou plutôt ne faut-il pas refendre encore, par la pensée, les prétendus atomes d'oxygène ou de carbone, de façon qu'il n'y eût en dernier résultat qu'une seule et même matière de l'univers, et que les soi-disant corps simples ne fussent tous, ou tous moins un seul, ce qu'on soupçonne déjà vivement de quelques-uns, des combinaisons rebelles à nos moyens d'analyse? Toutes les diversités des substances phénoménales ne reposent-elles pas en dernière analyse sur les diverses manières dont se groupent des éléments toujours identiques et sur le degré de leur rapprochement ? L'école n'est pas d'accord sur ce point, qui ne touche pas au côté négatif du système. Quoi qu'il en soit, deux corps composés étant en présence, certaines molécules de l'un sont attirées vers certaines molécules de l'autre avec une force supérieure à celle qui les attachait à leur combinaison précédente. Elles s'unissent dans une combinaison très-stable, abandonnant ainsi de part et d'autre des compagnes qui n'éprouvent point un attrait réciproque aussi vif, et qui s'unissent pourtant, car la plus légère impulsion suffit à déterminer leur mouvement, quand nulle autre force ne la neutralise. Ainsi se forment par contre-coup des combinaisons moins fixes, plus fugaces, et de plus en plus disposées à de promptes transformations. Ce sont précisément les plus intéressantes. Sur ce chemin nous arrivons, en effet, à des composés si compliqués et si peu stables qu'ils ne cristallisent plus. Ils se disposent en cellules, c'est-à-dire en vésicules, dont les parois perméables aux molécules homogènes procurent à la cellule un échange de matière continuel. Cet échange, c'est la vie; cette cellule, c'est l'organisme. L'organisme se produit et s'entretient lui-même par la circulation de la matière; mais cette circulation résulte exclusivement de sa structure, et sa structure elle-même de sa composition chimique : soit un groupe de molécules assez complexe, un équilibre atomique assez chancelant, la cellule et la vie sont là. Car la cellule est vivante, et se multiplie en se dédoublant. Tous les organismes, des plus rudimentaires aux plus élevés, ne sont que des amas et des systèmes de cellules. L'identité de la vie et de l'affinité chimique, l'apparition fortuite des êtres vivants résultant du simple jeu de cette affinité, la génération équivoque ou spontanée, ce sont là deux grands articles du *Credo* de cette science moderne hors laquelle il n'y a point de salut.

« Les corps les plus élémentaires subissant une déperdition progressive d'oxygène deviennent des corps organisés, que l'oxygène ramène à une décomposition complète en suivant une évolution tout aussi constante. Nous avons de ces vérités des preuves si sûres qu'une profession de foi matérialiste ne peut être considérée au moment actuel ni comme un pressentiment d'une grande portée ni comme une prophétie hardie, mais comme l'effet d'une conviction profondément enracinée [1]. »

Tout cela se dit assez bien : il reste certain pourtant qu'on n'a constaté dans la nature aucun exemple de génération spontanée, et que les procédés chimiques n'ont jamais fait sortir la vie d'un mélange de substances inorganiques ou de substances quelconques. Il ne s'agit ici que d'une hypothèse, fort na-

---

[1]. Moleschott, *la Circulation de la vie*. T. II, p. 56 de la traduction française.

turelle à la vérité, tout à fait conforme aux premières apparences, et par conséquent très-ancienne; mais les progrès de l'observation l'ont resserrée sur un terrain toujours plus circonscrit. Les premiers philosophes de la Grèce pensaient que les plantes et les grands animaux étaient sortis d'abord imparfaits et difformes d'un limon réchauffé, et que le même fait pouvait se produire encore dans les climats chauds. Assurément, on n'a jamais rien vu de semblable; mais il serait pardonnable de penser que les champignons qui forment la moisissure, les vers et les cirons qui apparaissent chaque fois que certaines substances entrent en décomposition dans les circonstances ordinaires, se produisent ainsi spontanément. Telle était encore l'opinion de bien des savants au siècle passé. On s'est convaincu qu'elle était erronée, et que tout organisme visible procède d'un germe ou d'un œuf élaboré par un être de même espèce. Alors on s'est rabattu sur les créations microscopiques. Celles-ci semblent se produire partout : c'est qu'en effet leurs invisibles germes, transportés dans l'air, pénètrent aisément partout. Mais une controverse encore assez récente et très-animée, où MM. Pouchet et Pasteur jouaient les premiers rôles, a donné ce résultat très-précis : que de tels organismes élémentaires n'apparaissent point dans un lieu plein d'un air préalablement purgé, par la chaleur, des germes ou des spores qu'il renfermait, et qui est clos de manière à n'en pas laisser pénétrer d'autres, tout en présentant d'ailleurs les conditions nécessaires à l'entretien de la vie.

Les partisans de la génération spontanée ne se tiennent point pour battus. Ils puisent une grande confiance dans les résultats obtenus récemment par la chimie. Celle-ci est parvenue à tirer de la nature minérale, par la combinaison directe de leurs éléments constitutifs, des corps qui n'avaient jamais été produits auparavant que par l'analyse des substances organiques : de l'alcool, des éthers, des acides gras, et même des corps qui se produisent spontanément dans les êtres organisés. Ces corps, il importe de le faire observer, appartiennent à la catégorie des produits de la décomposition des tissus; on n'est point arrivé à constituer de cette manière aucun des corps de la série par laquelle un tissu se forme, tels que l'albumine, la fibrine, la cellulose, bien moins encore a-t-on produit quelque chose qui ressemble aux tissus eux-mêmes, une substance organisée, à plus forte raison une chose ayant vie. Les résultats obtenus sont d'une très-haute importance pour la chimie; ils y constituent une véritable révolution intérieure; mais ils n'en reculent pas la frontière, et leur résultat philosophique est à peu près nul relativement au point qu'on a l'intention d'établir. On n'a jamais contesté que le corps vivant ne soit le théâtre de combinaisons chimiques multipliées, qu'il ne se forme et se nourrisse par l'élaboration chimique des aliments. Que le savant arrive à produire artificiellement par d'autres moyens quelques-uns des composés qui se forment dans le corps vivant, ou même tous, que le laboratoire vivant surpasse plus ou moins, ou point du tout, la puissance du laboratoire de briques et de verre, il n'importe à la question de la vie. Autre chose est la vie, autre chose est son produit mort. La vie n'est pas la matière. La vie sera, si l'on veut, la circulation de la matière. La doctrine que j'expose établit en principe que cette circulation doit apparaître dès qu'une combinaison déterminée de molécules se présentera. C'est sa croyance, mais à l'appui de cette croyance elle n'apporte pas même un commencement de preuve inductive. Parce qu'on sait fabriquer ce que fabriquent les animaux et les plantes, rien ne prouve qu'on soit en chemin d'apprendre à fabriquer les plantes et les animaux.

M. Picard, professeur de chimie à Bâle, a fait ressortir cette distinction avec beaucoup de mesure et de fermeté dans une exposition récente des découvertes que nous venons de rappeler.

« En résumé, dit-il, dans le règne animal pas plus que dans le règne végétal, on ne voit la nécessité de recourir à une force vitale particulière pour expliquer la formation des combinaisons organiques.

» *A peine est-il nécessaire de faire observer*, pour éviter un malentendu, qu'il s'agit ici uniquement des matières *organiques* et non des substances *organisées*. La chimie ne s'occupe que de la matière des organes, non de leur forme, de leur structure, qui rentrent dans le domaine de l'anatomie, de l'histologie, et il est bien superflu d'ajouter que l'histologiste ne saurait, pas plus que le chimiste, créer le plus petit de tous les organes, la plus simple cellule. Il semble même résulter de toutes les expériences faites jusqu'à présent sur ce qu'on appelle les générations spontanées, qu'aucun organisme, même les ferments monocellulaires microscopiques, ne peut naître spontanément sans la présence d'une cellule mère, et cela quand même toutes les conditions nécessaires à leur développement sont réunies. Quand donc un physiologiste autorisé déclare « qu'il est démontré depuis longtemps que la force vitale est une superstition », je ne saurais me joindre sans réserve à une affirmation présentée d'une manière aussi absolue. Aussi longtemps que la physiologie n'aura pas, comme la chimie est en train de le faire pour la production des composés organiques, ramené tous les phénomènes de la vie à des actions purement physiques, une pareille affirmation ne peut avoir de valeur que comme opinion personnelle, mais elle ne saurait être considérée comme l'expression d'une vérité scientifique [1]. »

Pour justifier la prétention que ces laboratoires

[1] *Bibliothèque universelle.* T. XL, p. 439.

naturels, les organismes, sont eux-mêmes le produit d'une combinaison d'éléments minéraux qui s'accomplit sans le concours de la vie, il n'y a qu'une chose à faire, on l'a dit cent fois à ces messieurs : Qu'ils fassent une plante, qu'ils fassent un animal, qu'ils fassent un homme dans leurs alambics! Cette objection « des gens du monde » les impatiente, mais ils ne se découragent pas; ils ont la foi.

Suivant eux, la sensation, la volonté, la pensée, la conscience de soi-même ne sont en réalité que des mouvements moléculaires. Ces fonctions ne se produisent pas dans l'absence d'un cerveau; elles sont modifiées ou supprimées par les lésions du cerveau, ce sont des fonctions du cerveau, des fonctions qui impliquent une dépense de matière, c'est-à-dire une transformation de matières, en dernière analyse, un changement dans le groupement de certaines molécules. Il faut bien accorder cela; mais définir la pensée une sécrétion, c'est prononcer des paroles inintelligibles. Si la pensée est une sécrétion, c'est un corps, pesez-la, jusqu'alors vous n'avez rien dit. Ramener la pensée au mouvement dans l'espace, c'est encore émettre de vaines paroles, car elles ne laissent rien dans l'esprit. Que l'acte de la pensée ne se produise pas sans un tel mouvement, à la bonne heure! mais la pensée ne saurait consister dans ce mouvement : la pensée est la pensée; nous savons ce qu'elle est. L'école matérialiste a fondé son crédit sur la soi-disant clarté de son enseignement, et nous la voyons aboutir à des propositions radicalement incompréhensibles.

Il y a deux domaines, je ne dis pas deux substances, je ne propose pas de système, je dis deux domaines, deux ordres de phénomènes dont chacun est perçu par un procédé différent. Ces deux procédés sont inconvertibles, irréductibles l'un à l'autre. Je ne puis pas plus voir, toucher, presser une pensée, que je ne puis produire un objet sensible et pondérable par l'effort de mon imagination. Par un procédé de langage inévitable, je groupe ces deux séries sous les noms d'esprit et de corps. Ces deux ordres de faits valent autant l'un que l'autre, je puis choisir pour point de départ l'un comme l'autre. S'il est vrai que je ne saurais penser sans le cerveau, qui est un corps, il n'est pas moins certain que ni le cerveau ni quelque corps que ce soit n'existent pour moi que parce que je pense. Et proprement rien n'est absolument certain pour moi, d'une certitude supérieure à la possibilité du doute, sinon ma pensée. On peut douter de l'existence de la matière, et on l'a fait; nul n'a jamais douté qu'il ne pense. S'il est donc permis de ramener l'un des ordres de faits à l'autre, le droit au moins est égal des deux côtés. Si l'on peut être écouté lorsqu'on prétend que la pensée est un mouvement dans l'espace, on a tout autant de raison pour alléguer que le corps, le mouvement et l'espace lui-même ne sont que des représentations de mon esprit. Le matérialisme et l'idéalisme n'ont pas plus de vraisemblance en leur faveur l'un que l'autre, ou plutôt le droit de l'idéalisme serait le meilleur, puisque l'existence de la pensée est absolument incontestable, tandis que celle de la matière ne l'est pas. Et si le matérialisme est pourtant plus populaire, cela tient à des circonstances parfaitement explicables et tout à fait indépendantes de sa valeur intrinsèque. On attache plus d'importance aux choses dont on s'occupe le plus. Mais l'industrie, l'agriculture, le travail lucratif en un mot, auquel la plupart d'entre nous sont obligés de consacrer toute leur attention, enchaînent l'esprit à l'examen des faits sensibles, la pensée se porte au dehors et ne revient pas aisément sur elle-même. Les faits sensibles se trouvant ainsi sur le premier plan, leur étude étant plus familière et plus nécessaire, ils nous semblent plus importants; c'est contre toute raison, mais l'habitude est plus puissante que la raison sur le grand nombre. De là vient que le phénomène sensible réalisé par l'esprit, la matière, paraît être la substance, et les faits spirituels, l'accident, la propriété.

Mais s'il est assez naturel de tenter l'entreprise d'une philosophie matérialiste, il est impossible d'y réussir; l'absorption d'un des ordres de faits par l'autre ne s'effectue pas. Quand on définit la pensée un mouvement moléculaire, on ne dit rien d'intelligible. Si l'atome est l'être, le lieu qu'il occupe et son mouvement dans l'espace lui sont extérieurs, indifférents, tandis que la pensée lui est intérieure. Ce n'est donc pas la même chose. Et si l'on prétend que la pensée est le résultat d'un mouvement des atomes ou des molécules, qu'il n'y a de réalité que les atomes, mais que néanmoins les atomes ne pensent pas, cela revient à statuer la réalité de la pensée en niant l'existence d'un sujet pensant quelconque. C'est dire : la pensée existe et rien ne pense ; ce qu'on n'entend point. Le matérialisme est arrêté là. Il ne peut pas opérer le passage de l'intérieur à l'extérieur; il ne peut pas expliquer le fait spirituel comme un effet mécanique. Ce n'est pas seulement une hypothèse, c'est une hypothèse contradictoire; c'est un pur dogme; il faut le prononcer les yeux fermés.

Une fois ce défilé franchi, une fois l'incompréhensible accepté pour l'amour du préjugé suivant lequel il n'y a de réalité que dans ce qui se touche, une fois le sentiment, la pensée et la volonté escamotés, car c'est cela; de nouvelles ressources s'ouvrent au système. Les innombrables combinaisons de la matière inanimée ont fait réussir un être vivant, c'est-à-dire un être qui se renouvelle dans certaines limites par un échange incessant de molécules avec le milieu dont il est entouré. L'être qui vit se sent vivre, il veut vivre, il travaille à se maintenir dans l'existence, en luttant contre les obstacles extérieurs. L'intelligence une fois née, grâce au miracle que vous savez, le développement de la série animale est l'œuvre des animaux eux-mêmes. Des organismes toujours plus parfaits sortent des organismes rudimentaires par l'effort même des êtres organisés, qui travaillent constamment à perfectionner leurs armes pour le grand combat de la vie. Entre les mille combinaisons de matière vivante que la nature réalise sans les chercher, les mieux faites pour résister aux influences destructives se conservent seules et par conséquent se perpétuent seules. Les matérialistes n'ont assurément pas expliqué par leurs principes la reproduction des êtres organisés, ils ne font point comprendre ce que c'est qu'un germe, ce que c'est qu'un œuf; par quelle nécessité mécanique quelques molécules sans organisation apparente groupent autour d'elles des molécules en nombre infiniment plus considérable, appartenant à de tout autres corps chimiques, de manière à reproduire tous les composés, tous les tissus, tous les organes, toutes les formes de l'organisme dont elles se sont détachées. Mais à défaut de l'intelligence ils ont la foi : ils croient fermement que tout cela n'est qu'une opération purement mécanique. Ils ne désespèrent point de produire un jour dans leurs cornues de petites agglomérations qui se reproduiront elles-mêmes, ou plutôt qui en produiront de plus compliquées et de plus riches, que sais-je enfin, des organismes parfaits, et si le temps nécessaire leur est donné, une nouvelle humanité, une meilleure humanité.

Les motifs d'espérer qu'elle sera meilleure sont d'autant plus sérieux que les premiers germes en auront été préparés expressément dans cette intention, tandis que, suivant l'école, les productions naturelles n'ont point de but.

Suivant l'école, comme nulle intelligence ne préside à la création, comme tout absolument s'y ramène au jeu de forces mécaniques, l'adaptation des moyens à la production d'un résultat quelconque ne peut résulter que de l'activité des produits eux-mêmes. D'après les soi-disant apôtres de la science moderne, se figurer que l'œil est fait pour voir, l'oreille pour entendre, est le signe irrécusable d'un esprit mesquin.

Comment donc s'expliquer l'existence de ces appareils si compliqués, si merveilleux, où tant de combinaisons variées concourent réellement à la même fin, la perception?

Voici : la sensation, qui n'est pas le contre-coup d'un mouvement perçu au dedans de l'être, puisqu'il n'existe point de tel dedans, la sensation, qui n'est que le mouvement lui-même, se produit nécessairement dans une agglomération de molécules faciles à déplacer. Partout où l'hydrogène, l'oxygène, le carbone, l'azote sont combinés dans telle ou telle proportion, la masse est sensible : si cette masse est élastique, certaines vibrations du dehors lui feront percevoir des sons ; si transparente, d'autres vibrations lui donneront l'impression de la lumière. Ainsi se sont produits le premier œil, la première oreille, moitié hasard, moitié nécessité, comme s'exprime l'un des adeptes, le mot est trop caractéristique pour l'oublier. L'animal à qui sont venus ces organes en fait usage, et bientôt il en comprend la valeur, il les améliore par l'exercice et les transmet perfectionnés à ses descendants, qui en font de même. C'est ainsi que peu à peu, à travers une innombrable série de générations, se sont formés ces organes dont les dispositions si complexes et si précises semblent aller à l'infini, et dans lesquels le microscope trouve incessamment de nouveaux sujets d'admiration, au point de surpasser et de confondre toutes nos idées.

Encore une fois, les combinaisons en état de se conserver se conservent seules, par conséquent elles se perfectionnent seules, elles se reproduisent seules. Toutes les merveilles dont le vulgaire fait hommage à la sagesse du Créateur sont le produit des efforts accumulés de mille et mille générations triées chaque fois par les événements hostiles et par la concurrence des autres êtres organisés, de manière à ne laisser survivre et se multiplier que les plus forts et les plus parfaits.

Voilà pourquoi l'organisation des êtres actuellement existants paraît être intentionnellement disposée pour percevoir et pour agir d'après un plan tracé d'avance. Mais ce n'est qu'une illusion.

Ainsi l'attraction concentre la matière diffuse et produit les mondes; les éléments rapprochés sur les globes se combinent en vertu des affinités chimiques qu'ils possèdent naturellement les uns pour les autres et produisent une variété de combinaisons. La complexité des combinaisons les rend mobiles et produit la vie, les sentiments, la pensée, l'humanité, les civilisations, les arts, les religions, les philosophies, enfin la science expérimentale qui renverse religions et philosophies, et par laquelle l'homme surpassant la nature, réalisera sur son globe un progrès indéfini.

Tel est le système :

Il se dit fondé sur l'observation et sur l'expérience; mais il leur fait violence en tout sens.

Il contredit les lois fondamentales de la pensée.

Il se dissout lui-même en contradictions.

III

Le matérialisme fait violence à l'expérience.

Et d'abord sa thèse fondamentale : la force est une propriété de la matière; c'est-à-dire la matière entre en mouvement d'elle-même. C'est le renversement de la loi d'inertie suivant laquelle le corps est de lui-même indifférent au mouvement et au repos. La loi d'inertie n'est pas sans doute un résultat immédiat de l'observation, et la vérité ne s'en démontre pas au moyen d'une expérience isolée. Ce sera, si vous voulez, une hypothèse, qu'on est libre de remplacer par une autre hypothèse, si la seconde nous convient mieux. Mais la loi d'inertie est à la base de tous les calculs de l'astronomie et de la physique. Lorsqu'on la rejette, il faut donc mettre en question tous les résultats généraux auxquels les sciences sont arrivées, il faut en faire abstraction; mais, après en avoir renversé le principe, il n'est plus permis de les considérer comme des vérités acquises et de s'en autoriser.

L'affirmation de la génération spontanée est le démenti le plus net possible donné à l'observation. Il est essentiel au système de la présenter comme un fait permanent, car de dire qu'elle s'est produite une fois, les partisans de Dieu et de la création l'accorderont bien. C'est ainsi que les phénomènes ont dû se présenter, mais il en résulterait précisément que tous les moments ne sont pas égaux, que les mêmes lois ne sont pas toujours actives, et que tout ne se fait pas tout seul.

Les matérialistes l'entendent bien ainsi; pour les plus vifs, quiconque ne croit pas à la génération spontanée est un cagot. Cependant la question est assez vieille, l'intérêt qu'elle excite est fort grand, le nombre des observateurs considérable. Si l'observation devait jamais confirmer le dogme dont il s'agit, il est permis de supposer que cette observation serait déjà faite. Nous soupçonnons même un peu qu'on a fait la même réflexion dans l'école, et que les représentants les plus sérieux de la « science moderne » ne portent plus leurs efforts de ce côté-là. C'est une poursuite qu'on laisse aux naïfs, qui deviennent parfois si compromettants.

Enfin nous trouvons les êtres de la nature classés et distribués en espèces tranchées : tout individu rentre dans une espèce ou dans l'autre. Entre deux il n'y a rien ou si peu que rien. Telle est l'apparence, tel est l'aspect général du monde, et cette apparence est si forte qu'elle s'impose absolument. Les théoriciens les plus opposés à la classification ne continueront pas moins à s'en servir, on peut l'affirmer avec la sécurité la plus entière. La doctrine matérialiste veut que les espèces actuelles proviennent toutes, par une série de transformations, d'ancêtres qui ne leur ressemblaient en aucune manière. Le père commun des dieux et des hommes, des animaux et des plantes était, suivant elle, une cellule imperceptible. Je ne prétends certainement pas qu'on ne puisse rien alléguer de solide en faveur de cette opinion, surtout lorsqu'on la resserre en certaines limites, dont l'athéisme ne s'arrange pas. Je dis seulement qu'elle est contraire aux apparences. Elle ne se présente pas comme une théorie simplement destinée à formuler le fait tel qu'il est donné. C'est plutôt le développement d'un point de vue systématique, d'une doctrine *a priori*, dont les adeptes s'appliquent avec beaucoup de zèle, parfois avec bonheur, à chercher dans les faits tout ce qui peut la rendre plausible.

IV

L'athéisme contredit les lois de la pensée.

Il ne reconnaît pas l'existence de ces lois, il couvre de ridicule les efforts tentés pour les exposer et pour en rendre compte : il a raison, c'est son jeu. A son avis, toutes nos connaissances viennent exclusivement de l'expérience, c'est-à-dire de la sensation. La vérité de cette opinion lui paraît ressortir du fait qu'il n'y a pas de vérités innées. Ici l'athéisme populaire cherche à profiter d'un malentendu levé depuis bien longtemps.

L'homme n'a certainement aucune connaissance, aucune opinion, aucune idée avant d'avoir pensé. Pour se produire, la pensée a besoin d'une occasion, d'une excitation; elle s'attache toujours à quelque chose, et ce quelque chose est donné par l'expérience. L'homme est indivisible, et la sensation n'est étrangère à rien dans son existence. Mais après cela, penser est quelque chose, penser est une activité, cette activité s'exerce suivant des lois. Il n'est pas besoin d'en fournir des preuves spéciales, car une activité sans lois ne se comprendrait pas. Eh bien, ce qu'on a désigné par le nom d'idées, de vérités *a priori*, de connaissances rationnelles n'est autre chose que la réflexion de l'esprit sur ses propres lois. Cette proposition par exemple : rien n'arrive sans une cause, est la traduction d'une loi de notre esprit. Nous l'affirmons parce que nous sommes contraints de l'affirmer. C'est le fondement de la science expérimentale, c'est une condition sans laquelle la recherche même serait impossible. Lorsqu'un fait se produit, immédiatement nous en cherchons la cause, sans nous demander jamais s'il ne pourrait pas arriver que ce fait n'eût aucune cause. Et pourtant l'athéisme systématique, qui ne jure que par la science expérimentale, est la complète négation de ce principe fondamental de la science expérimentale. D'après lui, le supérieur procède constamment de l'inférieur, le plus sort partout du moins, ce qui revient en fin de compte à dire que tout sort de rien, car évidemment ce qui dans l'effet surpasse la cause, n'a point de cause.

L'athéisme répondra sans doute : « Non, suivant nous le plus ne sort pas du moins. Tout ce qui arrive a bien une cause. L'être réel est la cause de tous les changements et de toutes les apparences ; l'être réel, c'est-à-dire la matière et ses propriétés. Tout ce qui se produit : la vie, la civilisation, la science est l'effet des propriétés de la matière et du mouvement qui en résulte. Tout cela découle nécessairement des lois qui régissent la matière. Ces lois sont ce qu'elles sont, parce qu'elles sont. Tout ce qui est, est nécessaire. Il n'y a rien à chercher derrière le fait. »

C'est précisément ici que nous attendions l'athéisme. Si tout ce qui arrive dans le temps résulte des propriétés de la matière, qui sont éternelles ; le hasard, dont l'athéisme aime beaucoup à parler et dont il aurait en effet beaucoup de peine à se passer, le hasard n'a point de place dans l'univers. Tous les mouvements, tels qu'ils se produisent, sont une conséquence rigoureuse des propriétés des atomes, et toutes les combinaisons résultent de ces mouvements. César, Platon, Jésus-Christ, le professeur Jacques Moleschott sont arrivés nécessairement à leur heure. Ils étaient compris de toute éternité dans la nécessité de la nature. De toute éternité ils devaient dire et faire ce qu'ils ont dit, ce qu'ils ont fait, quand ils l'ont dit et comme ils l'ont dit, quand ils l'ont fait et comme ils l'ont fait.

Mais que veulent de plus, je vous prie, ceux qui parlent des décrets de la Providence? L'athéisme et le théisme ne se fondent-ils pas sur la même conception des choses? Pourtant la différence qui les sépare n'est pas une pure affaire de mots. L'athéisme reste conséquent à son principe : « Ce qui est, c'est

ce qui est sensible ; ce qui est, c'est ce qui paraît. »
D'après lui, ce qui dans un moment donné n'apparaît
pas, ne possède aucune réalité quelconque. Selon le
théisme, au contraire, ce qui est donné par les antécédents, ce qui doit nécessairement se produire, ce
qu'un esprit éclairé pourrait prédire avec certitude
est déjà réel en quelque manière. A ses yeux, les effets sont compris dans la cause. C'est pourquoi voyant
l'industrie, la science et la moralité naître et grandir
dans le temps, les théistes comprennent que les puissances en ont existé dès l'origine et ne veulent admettre qu'une force intelligente et morale, un esprit,
comme principe de ce qui devient. Ils soutiennent
que si Platon vient du singe et le singe de la cellule,
c'est que Platon était déjà dans la cellule. Celui qui
aurait connu l'enchaînement des choses, celui qui
aurait su la vérité, l'y aurait vu. Mais si celui qui connaît la vérité y voit Platon, il faut bien que Platon y
soit. Et cette intelligence elle-même, cette intelligence qui voit les effets dans les causes, qui pouvait,
avant que cette planète existât, prédire dans combien
de siècles le mouvement fatal de la matière y ferait
réussir le système ingénieux du matérialisme, cette
intelligence, elle était aussi dès le commencement,
puisqu'elle arrive aujourd'hui : elle était en puissance dès l'éternité dans la matière, comme le chêne
est dans le gland. Mais ce qui est en germe est réel
pour l'esprit. Ne touchons-nous pas du doigt, je

vous prie, la toute-présence et l'éternité de Dieu ?

Ceux qui statuent une providence divine et ceux qui la nient s'autorisent donc des mêmes faits, mais l'analyse des premiers me semble plus exacte.

Suivant la logique de l'athéisme, celui qui connaîtrait les propriétés des corps simples aurait pu de toute éternité prévoir la chute de Troie, l'Iliade, le siège de Paris, l'empire d'Allemagne, en un mot, il aurait connu d'avance toute l'histoire et tous ses acteurs, et la pensée la plus intime de chacun de nous. Qu'il le confesse donc : nous n'en demandons pas davantage. Si cette doctrine ne contient pas l'aveu formel de la Providence et des causes finales, elle en dit plus qu'il n'en faut pour justifier ceux qui font profession d'y croire.

La polémique de l'athéisme contre les causes finales repose sur une simple confusion, sur l'oubli d'une distinction familière à tous les esprits. Quand il s'agit des produits de l'industrie humaine, où l'intention d'obtenir un résultat déterminé ne saurait être mise en doute, chacun se pose deux questions bien séparées : quel est le mode de production, et quelle est la destination de l'objet produit, la question *comment* et la question *pourquoi*.

La science de la nature n'a pour objet que le *comment*, la manière dont les phénomènes de la nature s'enchaînent et se déterminent réciproquement. Elle ne doit s'occuper que d'établir comment les faits se produisent, parce que ses procédés de démonstration ne s'étendent pas plus loin. Dans ce sens, elle a raison d'écarter les causes finales ; en agissant autrement elle sortirait de sa sphère. Et si dans certains temps les naturalistes ont paru se complaire à rechercher le but de toutes les dispositions naturelles, au risque de présenter leur propre sagesse ou leur propre niaiserie comme la sagesse du Créateur, il était bon de couper court à ces interprétations arbitraires. Cette réaction devint indispensable, lorsqu'on vit les spéculations sur la fin se substituer à la recherche du mode ; le *pourquoi*, qui se pressent ou qui se devine, prendre la place du *comment*, lequel seul se constate. Mais on a exagéré ce mouvement dans un intérêt systématique. De ce que la cause finale n'est pas, ou plus exactement n'est pas toujours du ressort de la science, il ne s'ensuit pas que la cause finale ne soit point. Les négations de l'athéisme sur ce sujet dépassent la mesure accordée au paradoxe, et ses explications entortillées n'aboutissent pas. Son raisonnement général revient à dire : lorsqu'on sait qu'une chose s'est produite naturellement de telle et telle manière, on doit conclure de cela seul qu'elle s'est faite sans motifs et sans dessein. La connaissance du *comment* dispense non-seulement le naturaliste, mais le penseur de réfléchir au *pourquoi*. Le *comment* exclut le *pourquoi*.

Évidemment c'est ce qu'on appelle résoudre la

question par la question. Comme tous les faits se sont nécessairement produits d'une certaine manière, qu'on la connaisse ou non ; comme les faits naturels se sont nécessairement produits d'une manière naturelle, c'est-à-dire par une conséquence nécessaire des phénomènes antérieurs ; comme en d'autres termes il y a forcément un *comment* quelconque, il s'ensuivrait qu'il ne peut jamais y avoir de *pourquoi*, et la question se trouverait emportée ainsi de haute lutte une fois pour toutes, sans qu'il fût nécessaire d'aller au détail. C'est réellement à ces termes que se ramène la célèbre polémique contre les causes finales, depuis François Bacon de Vérulam jusqu'à MM. Moleschott et Littré.

Dans ces questions de finalité, il faut distinguer. Certains problèmes de finalité n'appartiennent pas à la science, d'autres y rentrent très-certainement ; mais la frontière n'est pas bien dessinée et peut varier. Que la lune, par exemple, soit placée aux cieux pour nous servir de luminaire, on peut le croire encore aujourd'hui : cette opinion ne cesserait point d'être raisonnable parce que la science aurait à peu près démontré que cet astre est un lambeau arraché à notre planète, quelques millions de siècles avant qu'un être capable de vision l'eût habitée. Mais sensée ou non, cette opinion n'appartient point à la science.

Il n'en est pas de même du rapport entre l'organe et la fonction dans un être vivant. Ce rapport, qui est précisément la cause finale, est essentiel à l'intelligence de l'organisme ; prétendre en faire abstraction serait se résoudre à n'y rien comprendre. Ainsi l'on est loin de savoir avec précision quelle est la fonction de tous les corps glandulaires ; mais on la cherche, on sait qu'ils sécrètent et que leur sécrétion ne saurait être indifférente à la composition du sang, des humeurs et des tissus. Ici le but est dans la chose même, le résultat est poursuivi par la nature ; le reconnaître, tout en niant que ce résultat soit voulu, c'est le paradoxe, qu'on déguise mal. L'organe se produit et s'entretient d'une certaine manière, par certains moyens. La cause immédiate de sa forme et de sa structure réside dans la nature des matériaux qui entrent dans sa composition, cela ne fait l'objet d'aucun doute possible ; mais cela ne prouve en aucune façon ce qu'on voudrait établir, savoir que les choses n'aient pas été disposées dès l'origine de manière à procurer le résultat le plus convenable à la fonction. Bacon traitait d'ignorants ceux qui se figurent que les cils sont faits pour protéger l'œil contre l'excès de la lumière. Ils ne savent pas, disait-il, que les cils sont la concrétion d'une humeur fort abondante à cette place. — Sans doute, mais pourquoi cette humeur, si c'est une humeur, se trouve-t-elle précisément là ? — Ce sont des glandes. — Mais pourquoi ces glandes ? Le procédé de discussion ne s'est pas beaucoup amélioré depuis le temps de Bacon.

Ce qui est intéressant, c'est de voir par quel chemin très-logique on arrive à ces négations absurdes. Je néglige la passion et le parti pris; la passion ne vient souvent qu'après coup, l'essentiel c'est la méthode. Aucune nation n'est arrivée à la pleine indépendance et n'a pris rang dans le monde sans y exercer la prépondérance, durant un temps dont la longueur se mesure à ses ressources, et à son importance réelle. Eh bien, chaque science a de même sa période ou ses périodes héroïques, dans lesquelles elle réussit plus ou moins à tout dominer, à tout absorber. Ainsi la métaphysique, la philologie, les mathématiques ont tour à tour imprimé leur cachet à la pensée. Notre siècle industriel appartient aux sciences naturelles, et plus spécialement à la chimie.

La chimie est la clef des sciences naturelles, qui semblent à nos contemporains former le tout de la science : à leurs yeux, par conséquent, la méthode des sciences naturelles est la seule méthode, les faits perceptibles par la méthode des sciences naturelles sont les seuls faits. On peut établir directement qu'il existe d'autres sources d'information, que l'observation directe de soi-même, la conscience, nous fournit des séries de faits inaccessibles aux procédés de l'amphithéâtre et du laboratoire. Cette réflexion de l'esprit sur lui-même lui fait trouver des propositions universelles et nécessaires qui régissent tout notre travail intellectuel. — Peine perdue! On refuse aux axiomes leur caractère d'universalité et de nécessité, sans se priver pour si peu d'en faire un emploi qui n'est justifié que par les qualités qu'on leur dénie. On conteste jusqu'à la possibilité de l'observation psychologique. Les moins hardis se bornent à l'exclure de la science; ils la réduisent aux proportions d'un problème d'anatomie, comme si le mécanisme de la pensée, les mobiles de la volonté n'offraient par eux-mêmes aucun intérêt ; comme si l'on pouvait se flatter de savoir tout ce qu'il importe de savoir sur l'intelligence, lorsqu'on aura constaté qu'elle a son siége dans la substance grise des lobes antérieurs du cerveau, et que sa clarté s'élève et s'abaisse avec la quantité de la graisse phosphorée qu'ils renferment. Il y a plusieurs sources de connaissance entre lesquelles nul échange n'est possible, mais dont on pourrait combiner les données. On bouche de parti pris toutes ces sources, à l'exception d'une seule; et l'on dit : « Ce qui ne se constate pas avec la balance, le microscope et le scalpel n'appartient pas à la science; donc la question de savoir si tel arrangement est un moyen pour atteindre tel but n'appartient pas à la science. Mais il n'y a de vérité que dans la science et par la science, donc les causes finales ne sont point. »

La négation de Dieu se recommande aux savants par un effet de la même cause : l'adoption d'une méthode exclusive. C'est toujours ce raisonnement si simple : « L'observation sensible est le seul procédé de démonstration. L'existence de Dieu ne ressort d'aucune observation sensible. Donc l'existence de Dieu n'est pas démontrable. Mais le savant ne doit tenir pour vrai que ce qui se prouve. Donc le savant doit nier l'existence de Dieu. »

Je suis obligé de m'interdire tout essai de réfutation directe; vous en comprenez la nécessité. La question des preuves de l'existence de Dieu n'est pas de celles qu'on peut aborder d'une manière incidente. Je l'ai déjà traitée ailleurs [1]. Aujourd'hui, je cherche simplement à me rendre compte d'un phénomène saillant dans l'état actuel des esprits, et à mesurer la portée de certaines attaques. Elle sont moins sérieuses qu'on ne l'imagine.

La génération spontanée est une hypothèse en faveur de laquelle on ne peut guère avancer que des considérations *a priori*. Les faits rassemblés par M. Darwin et son école sont loin d'établir tout ce qu'on en veut inférer; mais je ne veux point m'engager dans des questions où je n'ai pas qualité pour me prononcer. Cela n'est pas nécessaire.

Quels que soient en effet les changements que les progrès réels ou prétendus des sciences naturelles ont apportés et ceux qu'ils pourront apporter encore à notre manière de concevoir le *mode de la création*, c'est-à-dire de nous représenter comment les êtres

---

[1]. Dans mon *Précis de philosophie*, dans l'ouvrage intitulé *Raison et Christianisme*, dans la *Philosophie de la liberté*.

naturels ont apparu ; ces changements ne sauraient toucher en rien l'idée de la création, dont les fondements, bons ou mauvais, sont creusés dans un tout autre terrain. Cette croyance a régné trop longtemps pour qu'il ne soit pas permis de la conserver encore un moment, au moins par hypothèse. Supposons donc que les choses visibles ont réellement été créées, en d'autres termes, qu'elles trouvent leur raison d'être dans la volonté d'un esprit. Il n'en faut pas moins de toute nécessité que leur apparition ait eu lieu dans une forme quelconque. Mais pourvu que les marques de l'esprit soient empreintes à l'œuvre, qu'importe la forme de cette apparition ? Que la matière diffuse se soit concentrée par places en vertu de l'attraction des atomes ; que les organismes les plus rudimentaires soient sortis et sortent encore des combinaisons minérales ; que les différentes espèces d'animaux naissent les unes des autres, comme voulait Lamark, par l'effet des changements produits dans les individus par leurs efforts pour se plier à de nouvelles conditions d'existence, changements qui se transmettraient à leurs descendants, ou simplement, comme le propose Darwin, par la conservation de variétés purement accidentelles lorsqu'elles sont avantageuses à l'existence des individus ; que l'homme et le singe enfin possèdent un ancêtre commun dans la profondeur des temps écoulés ; qu'en faudra-t-il conclure ? Lorsque tout cela sera prouvé, qu'en résultera-t-il? — Il en résultera pour nous que telle est la manière dont il a plu à Dieu de créer le monde. Voilà tout, absolument tout.

Peu importe la façon dont se sont produites les choses qui ont commencé dans le temps. En effet, qu'elles soient ou non l'œuvre d'un esprit créateur, cela ne saurait rien changer au spectacle de leur apparition. De quelque façon qu'on s'y prenne, on ne saurait jamais se représenter autre chose qu'une série de changements lents ou brusques, l'apparition successive d'êtres nouveaux. Mais que ces êtres surgissent à des intervalles plus ou moins rapprochés, que le second venu ressemble plus ou moins au premier, cela ne touche en rien la question. Pour faire admettre la création, faut-il que Dieu s'y montre visiblement, comme au frontispice de nos vieilles Bibles? Mais lui donner une forme sensible serait placer la création avant la création? D'ailleurs avant que l'œil existât, qui l'aurait vu?

Après avoir exposé dans un passage déjà cité comment l'organisme se produit par une élimination graduelle de l'oxygène dans les combinaisons élémentaires, et se détruit en s'oxygénant, M. Moleschott ajoute :

« Celui qui a peur de pousser jusqu'aux dernières conséquences, ne doit pas chercher; il faut qu'il croie. Que celui qui n'est pas satisfait par la foi cherche hardiment, il trouvera l'assurance que donne la science. Quand on a conscience de la séparation de la science et de la foi, on sent qu'il ne peut y avoir entre elles de conciliation, et par conséquent qu'il ne peut y avoir d'hostilité... Entre l'homme qui croit et l'homme qui cherche il n'y a aucun choc possible; ils suivent tous deux sciemment des voies opposées[1]. »

L'illustre physiologue s'abuse du tout au tout sur la portée des faits qu'il expose, et la tolérance qu'il prêche sans la pratiquer a de meilleurs fondements que son ironie. La conception des faits qu'il adopte et qu'il donne prématurément pour démontrée n'est pas inconciliable avec la croyance en Dieu, ainsi qu'il se le figure; elle lui est parfaitement indifférente.

L'athéisme se donne comme la conséquence d'une induction générale fondée sur l'expérience des sens. La prétention est illégitime et l'induction illusoire. Elle ne saurait faire impression que sur des esprits sans réflexion et sans portée. L'échelle est trop courte; il n'y a pas de proportion. L'athéisme est une religion, tout simplement; c'est une foi, et qu'il me soit permis de le dire, une foi aveugle.

Si le spectacle du monde s'expliquait par lui-même, on aurait certainement tort d'aller chercher quelque chose au delà; mais il n'en va pas ainsi. La pensée a ses lois précises, auxquelles chacun se conforme dans le détail. Celui qui les accepte en détail

1. *La Circulation de la vie.* T. II, p. 57.

pour les contredire dans l'ensemble se contredit lui-même. Telle est la destinée de l'athéisme; c'est la conséquence inévitable du principe sensualiste, d'après lequel la réalité se confond avec l'apparence, et qui n'accorde l'être qu'à ce qui se voit. Il nous conduit à suggérer à la pensée ce qui ne peut absolument pas être pensé. Oui, sans doute, le phénomène, à le prendre dans sa généralité, parle pour vous. Le développement des formes de la nature nous présente une série progressive dans le temps. Et s'il n'y a de réel que le phénomène, s'il n'y a d'ordre effectif que l'ordre du temps, il faut reconnaître avec vous que le pire est cause du meilleur, que l'inférieur produit le supérieur, que le faible est la raison du fort, et par conséquent, en prolongeant les lignes, il faut convenir que tout vient de rien. Mais cela, c'est impossible. Et voilà précisément pourquoi nous refusons de prolonger ces lignes indéfiniment, voilà pourquoi nous limitons la série, voilà pourquoi nous ne voulons pas donner au progrès un sens absolu, voilà pourquoi nous y voyons une chose qui a commencé et qui doit finir, tout en confessant que nous ne saurions ni remonter à son origine ni dépeindre sa consommation ; voilà pourquoi nous statuons un Créateur, lors même que nous ne pouvons ni constater directement la création, ni sonder la nature du Créateur.

V

Nous ne déraisonnons pas en confessant la nécessité d'un principe que nous ne comprenons qu'imparfaitement ; mais nous déraisonnerions, si nous affirmions ce dont nous n'avons aucune idée. L'athéisme ne recule pas devant cette dernière extrémité. Qu'on en juge plutôt par le passage suivant du livre de M. Büchner, *Force et Matière*, dont les éditions ne se comptent plus.

« Nous ne sommes pas capables de nous faire une idée, même approximativement, d'*éternel*, d'infini, parce que notre esprit renfermé dans les limites des sens par rapport à l'espace et au temps, ne saurait franchir ces bornes pour s'élever à la hauteur de cette idée. Partout où nous voyons un effet dans le monde sensible, nous avons l'habitude d'en rechercher la cause, et c'est à tort que nous avons conclu à l'existence d'une cause première, quoique cette idée soit au-dessus de la portée de notre esprit et qu'elle soit *en contradiction avec l'expérience de la science* (!!!) Il n'y a point de doute, dit Czolbe, qu'une infinité de phénomènes de la nature ne prennent naissance, ou ne soient des effets provenant de causes. Pour cette raison on a conclu par une induction incomplète que la nature ou que le tout avait aussi une cause. Mais non-seulement toute raison expérimentale nous manque pour admettre que la matière et l'espace ont eu un commencement et qu'ils peuvent être changés ou détruits ; on ne peut non plus s'en faire aucune idée. C'est pourquoi il faut que la matière et l'espace *soient éternels* [1]. »

A l'éternité de l'espace et de la matière répond l'infini du temps et du mouvement, que la philosophie soi-disant expérimentale affirme également, quoiqu'elle n'en sache rien par l'expérience, et que de son propre aveu, que nous venons de recueillir, elle ne puisse s'en former aucune idée.

« La matière éternelle doit avoir en partage le mouvement éternel. Le repos absolu ne se conçoit pas plus *dans la nature* que le néant absolu. Des substances ne peuvent exister sans l'action réciproque des forces qui leur sont immanentes, et ces forces ne sont autre chose que les différentes manières du mouvement matériel. C'est pour cette raison que le mouvement de la matière existe de toute éternité comme la matière elle-même. Sans doute il n'est pas donné encore à notre intelligence de découvrir *pourquoi la matière prit justement à un temps déterminé ce mouvement déterminé* (qui a produit le monde), mais la science n'a pas encore prononcé son dernier mot, etc. [2] »

1. *Force et matière*, p. 181 de la traduction française.
2. *Force et matière*, p. 52.

Mais cet infini de la matière et du mouvement, c'est l'absurde. La place de l'infini se trouve ailleurs. Il n'y a d'infini que dans l'ordre moral : l'infini c'est la perfection, c'est la liberté, c'est l'esprit. Et c'est précisément pour cela que le fond des choses doit être cherché dans l'esprit; c'est pour cela que le matérialisme est impossible. L'infini mathématique est une pure abstraction, dont on se sert avantageusement comme artifice de méthode, mais qu'on n'essaye pas de réaliser lorsqu'on s'entend soi-même. Malheureusement beaucoup de gens ne comprennent pas les mots qu'ils emploient. Ils désignent sous le nom de grandeur infinie toute étendue qui surpasse les prises de leur imagination, tout nombre d'unités dont ils ne peuvent pas achever l'addition, même avec le secours des méthodes les plus abrégées. Mais cet infini-là, c'est encore le fini. Le nombre infini, c'est un nombre plus grand que tout nombre quelconque. Dire que le nombre des astres est infini, c'est dire qu'il existe actuellement un nombre d'astres tel qu'une étoile de plus ne serait pas une étoile de plus. Dire que le temps est éternel, c'est dire qu'il ne se sera pas écoulé demain plus de minutes qu'il ne s'en est écoulé aujourd'hui. Bref, statuer comme existant un nombre infini d'unités quelconques, c'est dire qu'un certain nombre n'est pas un certain nombre. L'infinité de la matière ou du nombre des atomes, l'éternité du mouvement sont donc fausses, nous devons les réputer fausses, ou tenir la contradiction pour vérité, et rendre ainsi toute distinction du vrai et du faux impossible. Ce qui est vrai, c'est que le nombre des réalités et la durée du monde surpassent notre entendement, et que nous n'en atteindrons jamais les bornes. Les athées confondent ces choses, on l'a vu par le passage que je viens de citer. Ils posent en même temps l'éternité et le progrès, dont l'un détruit l'autre. Ils croient s'en tirer en nous accablant ; ils entassent les milliards d'années. Les milliards ne leur coûtent rien ; mais ici comme ailleurs, les choses valent assez exactement ce qu'elles coûtent.

Si l'on reconnaît, et il le faut bien, l'impossibilité qu'il existe simultanément un nombre infini d'atomes, d'êtres réels, de telle sorte que ce nombre effectif augmenté d'une unité reste le même nombre ; si l'on convient que ce nombre soi-disant infini n'est qu'un nombre très-grand ; et si néanmoins, pour ne pas être obligé de sortir du monde, pour éviter la création, pour échapper à Dieu, l'on persiste à dire que les atomes ont toujours existé, la contradiction n'en sera que plus apparente. Si les atomes sont éternels, si leurs propriétés leur sont essentielles, si le mouvement qui résulte nécessairement de ces propriétés est éternel comme sa cause, toutes les combinaisons que ce mouvement peut amener ont été réalisées de toute éternité, le monde fut éternellement tout ce qu'il peut devenir. Dès lors, la terre, l'humanité, la science ont existé de tout temps, comme le voulaient Aristote et Averroës, ce qui contredit absolument les apparences. Si la matière est infinie et le mouvement éternel, le progrès n'est qu'illusion. Cependant l'athéisme moderne affirme le progrès, il se considère lui-même comme l'expression et l'instrument du progrès. Et quand, s'avisant de son inconséquence, il essayerait de nier le progrès, celui-ci n'en résumérait pas moins l'ensemble des phénomènes, il n'en serait pas moins le problème, le fait qui veut être expliqué. L'athéisme a parfaitement raison de décrier la logique, car la logique fait toucher du doigt l'inanité de ses prétentions.

VI

Pour terminer, disons un mot de la question morale, que l'athéisme contemporain traite assez légèrement. La conséquence du matérialisme, c'est le fatalisme. M. Moleschott le sait et le dit franc et net, M. Büchner le sait également et n'ose pas l'avouer; il se borne à rétrécir le champ du libre arbitre. En vérité cela n'a point de sens, mais le fatalisme pur est impopulaire; la négation du libre arbitre contredit les apparences, et dans ce sens elle imposerait à l'empirisme une contradiction de plus. Mais enfin, si la pensée et la volonté ne sont que des mouvements résultant des propriétés de la matière, il n'y a pas à hésiter. Le fatalisme, on le comprend, est incompatible avec la réalité d'une loi morale. On ne répond guère à cette objection, sinon par des accusations d'hypocrisie fondées peut être, cela va sans dire, mais sans rapport avec la question. Lorsque enfin l'on se résout à l'envisager en face, c'est pour l'écarter sans vergogne. Tel est bien le procédé le plus conséquent, peut-être n'en est-il pas plus raisonnable.

Voici comment se terminent les deux derniers chapitres du livre de M. Louis Büchner que j'ai déjà cité :

« Lors même qu'on ne pourrait défaire la partie éclairée de la société de ses préjugés sans porter quelque dommage à la société tout entière, il ne resterait à la science et à la philosophie empirique d'autre alternative sinon de dire que la vérité est au-dessus de toutes les choses divines et humaines, et qu'il n'y a pas de raisons assez fortes pour s'en défaire [1]...

» Qu'il nous soit permis de faire abstraction de toutes ces questions de morale et d'utilité. L'unique et principal point de vue qui nous dirige dans cet examen, c'est la vérité. La nature n'existe ni pour la religion, ni pour la morale, ni pour les hommes; mais elle existe par elle-même. Que faire, sinon de la prendre telle qu'elle est. Ne serions-nous pas ridicules

1. *Force et matière*, p. 255.

si nous voulions pleurer comme des enfants parce que nos tartines ne sont pas assez beurrées ? L'étude empirique de la nature, dit Cotta, n'a pas d'autre but que la recherche de la vérité, que celle-ci soit consolante ou désolante selon les idées humaines, qu'elle soit esthétique ou non, logique ou absurde, qu'elle soit conforme ou contraire à la raison, nécessaire ou extraordinaire [1]. »

Ce n'est pas du tout ce dont il s'agit : il n'est affaire ni d'agréable ni de désagréable, ni de tartines ni de coloquinte ; nous accordons pleinement que la science n'a d'autre objet et d'autre souci que la vérité.

Mais la vérité morale repose sur sa propre évidence ; la question est de savoir si la vérité peut contredire la vérité. Le problème n'est pas résolu parce qu'on le tranche ; ou plutôt cette conclusion manifeste clairement la fausseté du calcul qui donne un pareil produit. Le matérialisme, considéré comme explication générale, est un système faux, démontré faux.

Et nous connaissons l'origine de son erreur ; nous l'avons rendue sensible. L'erreur du matérialisme, qui éclate à tous les yeux dans cet aveu final, provient de ce qu'au départ il a fait choix arbitrairement d'un ordre de faits, pour tirer de cette étude exclusive des conclusions d'une portée universelle et absolue, tandis qu'à sa connaissance il existe d'autres ordres, d'autres séries, d'autres faits. Une philosophie sé-

1. *Force et matière* p. 263.

rieuse ne choisit pas dans les faits. Son devoir est de les embrasser tous impartialement. Elle ne peut considérer sa tâche comme achevée que lorsqu'elle réussit à les concilier tous dans une même pensée. Sacrifier les uns aux autres est un procédé arbitraire. Après les lignes que je viens de citer, il n'est pas difficile de caractériser ce procédé; il n'est plus permis d'hésiter sur le nom qui convient à la façon dont il est manié par les naturalistes de l'athéisme : c'est la parfaite brutalité.

ÉTUDES MORALES

LE BONHEUR
1874

On m'a demandé de vous parler ce soir du bonheur. Pourquoi ce mot rend-il un son si triste? Est-ce le désespoir de l'atteindre, la crainte qu'il ne s'enfuie, le regret de l'avoir perdu? Je ne sais, mais quelle que soit votre situation, vous répéterez cette expérience, vous verrez qu'à parler bonheur, la gaieté s'en va. Ce mot réveille un sens complet et nous n'avons que des morceaux, le complet n'est pas d'ici-bas; le bonheur est un idéal qui tranche avec la réalité des existences les plus favorisées.

Le bonheur est un idéal. L'idéal de quoi? D'une vie sans chagrin, d'une vie au moins où le plaisir l'emporterait sur la souffrance. Le bonheur est un état dans lequel nous nous sommes trouvés quelquefois peut-être et que nous aurions voulu retenir, le bonheur est plutôt encore un état que nous rêvons.

Sortons de l'abstraction, laissons un moment le bonheur pour le mieux retrouver, et parlons des plaisirs, des joies particulières dont on essaye de le composer.

Il semble que nous puissions ranger sous trois chefs la totalité des plaisirs et des peines; je veux dire les sens, l'esprit et le cœur. Parcourons successivement ces trois domaines, pour voir à quelles conditions la jouissance y paraît attachée. Je ne sais pas grand chose sur tout cela, et je ne pourrai pas même en dire tout ce que j'en sais; cependant j'entrevois quelques traits de nature à préparer une solution générale.

I

Et d'abord la sensation, dans laquelle il y a deux ordres à distinguer : la vue et l'ouïe forment un groupe et se détachent nettement de tout le reste. Ce sont les fenêtres de l'intelligence, l'une ouverte sur la nature, l'autre sur l'humanité. Le trait commun à ces deux sens, auxquels nous devons et le plus grand nombre de nos plaisirs et presque toutes nos informations, c'est de nous sortir de nous-mêmes pour nous transporter dans l'objet qu'ils révèlent.

Les autres sens me paraissent plus concentrés, plus réfléchis, plus égoïstes. La vivacité des impressions qu'ils nous procurent entraîne une assez prompte lassitude, qui ne laisse pas beaucoup de place entre la jouissance et la douleur. C'est la seule particularité que je relèverai dans ce champ d'observation, car je ne songe pas à comparer les contingents que chaque ordre de sensations apporte au trésor de notre existence. L'idée d'une semblable enquête peut sourire un instant, mais les mesures nous manquent, et l'arbitraire y serait inévitable.

Ainsi, les sens qui nous replient sur nous-mêmes se lassent bientôt, tandis que les sens supérieurs, qui nous sortent de nous-mêmes, paraissent presque infatigables. Ceci n'est peut-être qu'un premier exemple de la loi générale qui associe invariablement la fatigue à la réflexion. C'est pourquoi le métier que je pratique trouve si peu d'amateurs, et c'est ce qui rend si méritoire l'attention momentanée que vous voulez bien m'accorder. Sans sortir de notre présent chapitre, le mouvement musculaire, la promenade, si vous voulez, nous offre un cas bien palpable de la loi que je viens d'énoncer. Chacun sait quelles sont dans un régiment d'infanterie les fonctions du fifre et celles du loustic. Tant que l'attention du marcheur est fixée sur autre chose que sur la marche elle-même, sur la distance de l'étape et sur le désir d'arriver, la fatigue ne dépasse pas un degré tolérable. Quand toutes les distractions échouent, quand le dos, les jambes et les pieds s'imposent à la conscience, les dernières limites sont atteintes et le but hygiénique depuis longtemps dépassé. Si vous voulez ne jamais vous fatiguer en cheminant dans la montagne, choisissez un compagnon de voyage plus faible que vous, consacrez-vous à lui, ne pensez qu'à lui faciliter sa route, vos jambes ne se lasseront jamais. Une dame remplirait bien cet office, quoique les dames marchent souvent mieux que les messieurs.

Il est dangereux d'appuyer une conclusion générale sur quelques exemples, mais ce n'est pas une démonstration scientifique proprement dite que je puis songer à produire ici : un seul fait doit y tenir lieu d'un grand nombre de faits analogues, dont plusieurs se présentent d'eux-mêmes au souvenir. Je crois énoncer une vérité acquise en disant que dans l'ordre sensible et physiologique la sensation réfléchie, le retour sur soi-même engendre promptement la fatigue et le dégoût. Et cette fatigue résulte aussi bien de la répétition des sensations d'abord agréables que de celles qui nous déplaisaient à l'origine.

Le palais nous suggère une autre observation, qui va dans le même sens ou à peu près. Tant par l'effet de leur énergie propre que par les associations qui s'y rattachent, les saveurs tiennent quelque place dans toutes nos vies, et quoique le lieu ne soit peut-être pas tout à fait bien choisi pour cette épreuve, je serais surpris si tel de mes auditeurs n'était pas obligé de s'avouer à lui-même..., il en gémit, je le sais bien, mais enfin il s'avoue que les plaisirs de la table ne lui sont pas absolument indifférents. Sans l'extrême pudeur de notre langue provinciale, je dirais qu'ils contribuent en quelque sorte à son bonheur. Aimer et ne pas aimer quelque chose sont des termes de salle à manger.

Dans cette matière, les goûts semblent d'abord très-opiniâtres et très-tranchés. Cependant un simple changement de frontières, et moins que cela, suffira pour nous convaincre que la vivacité des préférences culinaires ne forme point simplement la contre-partie de la diversité des organisations, mais qu'elle est pour les quatre-vingt-dix-neuf centièmes un effet de l'habitude. Un homme peut acquérir en peu de temps une inclination prononcée pour l'aliment qui lui répugnait le plus dans l'origine. Dans des circonstances favorables et moyennant une suffisante préparation, tout ce qui est susceptible d'être digéré pourra sembler délicieux.

En dépit des écarts, des excès qui font le désespoir et l'opulence de la Faculté, le régulateur du palais se trouve dans l'estomac. Dans cet ordre, quelle que soit la vivacité des sensations momentanées, le représentant du bonheur, c'est uniquement la santé. Et la santé n'est pas seulement ce qui dans le corps correspond au bonheur de l'âme, elle forme un élément considérable du bonheur tout entier. La santé s'harmonise à l'ensemble de la vie heureuse, tandis que la sensualité proprement dite, paralysant les fonctions du cœur, alourdissant l'esprit aussi bien que les membres, fait payer beaucoup trop cher le plaisir passager qu'elle procure et ne peut figurer qu'au passif de notre compte, quelles que soient à ce sujet les illusions des calculateurs.

La santé donc est un bien, oui, sans doute, mais s'il est une chose incompatible avec le bonheur, avec le bien-être même le plus élémentaire, c'est la constante préoccupation de notre santé. Vous me permettrez d'ajouter, en invoquant à l'appui de mon assertion l'autorité de la médecine, qu'il y a peu de préoccupations plus nuisibles au corps lui-même. Le nécessaire, de bonnes habitudes hygiéniques prises dès l'enfance, tellement qu'on n'y pense plus, une manière de comprendre notre dignité personnelle qui nous tienne à distance de tous les excès, la gaieté, la sérénité du moins, le contentement d'esprit, quelle qu'en soit la source — avec cela le moins d'attention possible aux choses du corps, tant au point de vue des sensations immédiates qu'à celui des conséquences ultérieures, telles sont donc, en somme, les conditions les plus favorables à ce bonheur infime et pourtant très-positif qu'on appelle le bien-être. En fait de plaisir des sens, tout ce qui est voulu, tout ce qui est cherché se traduit manifestement par une perte. Pour la santé, le problème est plus délicat sans doute, nous risquerions beaucoup en la compromettant, mais c'est déjà la compromettre que d'en être inquiet, et c'est se priver de toute liberté d'esprit, paralyser son énergie, altérer son humeur, mettre le bonheur à la porte que d'y penser constamment. La difficulté se résout par l'habitude. Relativement au corps, il faut que le soin du nécessaire et du convenable devienne lui-même une fonction corporelle ; il faut que ce soit une chose acquise, à laquelle on ne songe plus.

La matière est compliquée, nous courons risque de nous y attarder. Concluons donc en disant d'une manière générale : pour autant qu'il peut résider dans les sensations, le bonheur ne se trouve qu'à condition de ne l'y point chercher et de ne s'y point chercher soi-même. La nature même, après tout, n'a-t-elle pas mis la suprême volupté dans l'abandon de notre individualité particulière ?

II

Les sens supérieurs suggèrent des remarques analogues, qui nous conduisent à l'examen des plaisirs de l'intelligence. En effet, les plaisirs et les peines auxquels ces organes servent d'intermédiaires relèvent essentiellement de l'intelligence, surtout les plaisirs. Les distinctions qu'il faudrait établir ici appartiennent à l'analyse scientifique et ne nous sont pas nécessaires. Toutes les jouissances, toutes les souffrances, toutes les occupations de l'esprit sont mêlées aux sensations extérieures, excepté peut-être la méditation pure, qui est plutôt pénible qu'agréable, lorsqu'elle ne roule pas sur les objets de nos affections. Pensez seulement au rôle de la conversation et de la lecture dans notre vie, et vous verrez que je ne dis rien de trop sur l'importance de cette association.

Le mélange dont nous parlons n'est jamais plus étroit que dans l'ordre de la beauté, dans l'impression produite sur nous par les beautés naturelles et par les œuvres de l'art. La beauté! Voilà qui va bien avec le bonheur; ils sont faits l'un pour l'autre, en vérité; ils s'appellent, quoiqu'ils ne se rencontrent pas toujours. Ils ont certainement un fond commun, car ils sont tour à tour cause et effet l'un de l'autre.

Le bonheur produit la beauté. Voyez jouer ces enfants, observez la mère qui leur sourit, et vous n'en douterez pas. La beauté produit aussi le bonheur, sans doute, lorsque le désir qu'elle inspire est satisfait : plus souvent peut-être elle apporte le malheur à qui la poursuit, le malheur, hélas! à qui la possède.

Mais ce n'est pas au hasard que le mot goût, sortant du souterrain culinaire, a gravi les marches du musée et de l'académie. Les observations que nous avons faites à propos de la pure sensation s'appliquent aisément à ce nouveau domaine. Pour trouver le bonheur dans la beauté, c'est la beauté qu'il faut aimer et non la sensation qui l'accompagne. Le trait saillant de la contemplation esthétique c'est qu'elle est désintéressée. Ici encore le retour sur soi-même, la recherche de soi-même produisent la fatigue et l'ennui. Voyez plutôt les habitants du premier étage, ceux que dans la rue on appelle les heureux, ceux qui vivent pour s'amuser. La peinture, les arts, la musique, l'opéra qui les associe, parfois les chevaux, plus rarement les paysages, bref la jouissance et la possession du beau, son étude et son analyse, voilà ce qui charme les loisirs des plus intelligents dans cette classe favorisée par les moyens d'action dont elle dispose. L'opinion a consacré une hiérarchie de plaisirs dont la base est absolument étrangère à la notion du plaisir lui-même : les uns sont réputés grossiers, d'autres délicats; les uns bas, d'autres relevés. Dans cette échelle, le dilettantisme se place immédiatement au-dessus de la gastronomie, avec laquelle il s'associe du reste très-bien. Le dilettantisme a ses débauches comme la table, car la débauche n'est autre chose que la recherche de la sensation. Dans l'un et l'autre cas, les suites de la débauche sont pareilles : la migraine et la nausée. Interrogez-les, ces oisifs qui passent leur vie à la recherche des plaisirs de l'esprit et du corps; ils sont spirituels, je le veux, ils sont instruits, ils possèdent des choses magnifiques, ils ont vu cent fois les lieux que vous brûlez de visiter, leur mémoire est pleine d'images agréables, mais ils s'ennuient. Tellement que la vanité s'en est mêlée, comme elle se mêle à

tout ici-bas, et que l'attitude de l'homme blasé est devenue la pose à la mode, le dégoût et l'ennui paraissant les signes les plus irrécusables de la culture, de la richesse et de la distinction. Tel est l'amateur.
— Voyez l'artiste, au contraire, l'artiste véritable, comme celui dont nous portons le deuil [1], quels sacrifices ne s'impose-t-il pas pour arriver à bien faire. Il essaie, il étudie, il recommence, il se fatigue, il est pauvre, et cependant il est heureux.

L'intelligence des belles choses procure une intime et profonde satisfaction, la création est la joie suprême. Le bonheur est donc bien dans la beauté, seulement pour l'y trouver, il ne faut pas en avoir souci, dans les belles choses il faut chercher la beauté, non soi-même.

III

L'art prend sa source dans des vérités pressenties : c'est en les réalisant suivant son instinct dans une forme extérieure que l'esprit travaille à les éclaircir. La première révélation de ces vérités nous vient du spectacle de la nature. La nature fournit les modèles auxquels l'artiste reste assujetti jusque dans l'effort qu'il fait pour la corriger.

La nature est un symbole universel, c'est une

---

[1]. Charles Gleyre, citoyen du canton de Vaud, où cette conférence fut d'abord prononcée.

langue, mais qu'il faut apprendre, comme il faut apprendre toutes les langues pour les entendre, sans en excepter assurément notre langue maternelle. Chaque objet, chaque forme, chaque mouvement est significatif dans la nature, mais le sens de chaque signe n'y saurait s'expliquer qu'avec l'ensemble, qui reste voilé. Déchiffrer la nature, tel est l'objet du désir enfantin qui a fait naître les mythologies; déchiffrer la nature, tel est l'objet du mâle désir qui produit la science.

Il n'en est pas de la science comme de l'art : les oisifs ne font pas profession d'y trouver du charme, et cependant la science n'est pas étrangère à notre discours. Que dirons-nous donc de la science dans ses rapports avec le bonheur? — Ce que nous dirons de la science? Nous dirons que c'est le plus triste des métiers quand c'est un métier, mais que c'est une douce et glorieuse chose, un intérêt puissant et qui remplit la vie, quand c'est un amour. J'appelle la science un métier toutes les fois qu'elle est cultivée dans un autre intérêt que celui de découvrir la vérité; que ce but soit le pain quotidien, la fortune et les honneurs, l'influence et la domination, la satisfaction privée de notre amour-propre dans la contemplation de notre propre talent, ou simplement le besoin naturel d'activité mentale et le désir de remplir sa journée.

A la prendre comme un métier, la science nourrit

mal son homme, elle est malsaine, elle est fatigante à l'excès. Pour en juger, il ne suffit pas de regarder à ceux qui sont parvenus, pas plus qu'il ne faut s'en tenir à la liste des bons numéros pour apprécier les effets de la loterie. Le plus distingué sans contredit de tous les savants que j'ai connus est mort tristement dans la misère, contre laquelle il avait à peine essayé de lutter durant sa vie. Son nom n'est plus prononcé que rarement[1], sa pensée a défrayé au moins deux des célébrités des deux mondes, sans parler des plus petits disciples, parmi lesquels j'ai le triste plaisir de me compter. Je ne dis pas qu'il ait été malheureux, quoiqu'il ait beaucoup souffert. Je ne crois pas qu'il l'ait été, parce qu'il aimait la science; mais il l'aimait trop pour savoir en faire un métier.

Laissons ceux qui sombrent, voyons ceux qui surnagent, ceux qui arrivent et qui sont couronnés. Que de vanité, que de sottise, que d'intrigues, que d'efforts pour s'éclipser mutuellement et pour s'écraser, que d'envie, que de haine! Le monde ne sait pas quels puits de bassesse il trouverait en creusant un grand homme. Je doute fort qu'à la prendre dans son ensemble, la classe des savants et des lettrés soit moralement plus respectable qu'aucune autre.

Je ne dis pas cela pour nous consoler de notre ignorance, qui est une cause de faiblesse, et d'autant

---

1. Celui de Ch. Schimper, que M. E. Haeckel appelle noblement *genial*, homme de génie. Le traducteur français, fidèle aux habitudes de sa confrérie, a rendu *genial* par ingénieux.

plus grande que, loin de la sentir, nous prenons peine à l'aggraver; je le dis comme l'amer résultat de l'expérience.

Pour me faire entendre il faudrait entrer dans le détail des coteries dont se compose un ménage universitaire, analyser la politique des journaux savants, recueillir les échos de l'Institut. Je n'en ai pas le temps, et je ne veux pas citer des exemples, qui ne prouvent rien. Mettons, si cela vous plaît, que j'exagère et que je calomnie.

Il se pourrait : dans ce monde, rien n'est pur, tout est mêlé, le mal comme le bien. Et la science, la découverte ont tant d'attraits par elles-mêmes, le sentiment de la force est si joyeux que les cœurs les plus desséchés eux-mêmes participent encore aux plaisirs de l'intelligence et que la science est rarement, j'imagine, un pur métier, quoique souvent, le plus souvent peut-être, elle soit surtout un métier.

Mais ne savons-nous pas que l'amour-propre n'est jamais content? Ignorez-vous qu'il n'y a qu'une cime? Ignorez-vous qu'il y a bien peu de places où l'on puisse se faire l'illusion d'être le premier, et que l'ambition consume l'ambitieux aussi longtemps qu'il lui reste un degré à monter? Nos premiers succès nous enivrent, parce qu'ils ouvrent à nos regards les champs infinis de l'espérance. Plus tard ces succès eux-mêmes se rangent au nombre de nos ennemis, parce que nous ne trouvons pas que l'opinion les mette assez haut, ou que les récompenses positives, matérielles, officielles de nos travaux se proportionnent à ce que nous estimons être le jugement du public ou des connaisseurs. Bref, dans la règle, le savant est jaloux, le savant est envieux, le savant est mécontent de sa position sociale, tout autant de sentiments qui ne s'allient guère au bonheur.

L'inspiration habituelle de l'artiste et du savant c'est l'amour de la gloire. Un préjugé très-répandu range cet amour au rang des passions les plus nobles. On en comprend la raison; l'opinion se dirige d'après l'intérêt présumé du grand nombre, et dans l'ordre de la science et de l'art du moins (je ne parle ni de la guerre ni de la politique) l'amour de la gloire rend des services, il sollicite l'esprit d'invention dans les arts, comme l'amour de l'argent excite les perfectionnements de l'industrie. C'est sur l'amour de la gloire qu'Helvétius et Bentham, son disciple, qui considèrent le désir du bonheur comme l'unique mobile de nos actions, comptent pour faire accomplir aux individus des œuvres d'utilité publique. Helvétius, qui a de l'esprit, en attend des efforts intellectuels; Bentham, qui n'en a pas, pense obtenir de l'intérêt un équivalent des actions généreuses; il n'en obtiendra jamais que d'informes et stériles caricatures. Néanmoins l'amour de la gloire est incontestablement un moyen d'action très-puissant sur la nature humaine, dans les conditions les plus humbles aussi bien que dans les plus élevées. Il agit même sur les animaux : nos compagnons, le chien, le cheval, la vache même goûtent les parfums de l'encens et le miel de la louange,

> Lé sénaillire
> Van lé prémire [1].

et malheur à la génisse imprudente qui s'aviserait de leur prendre le pas. Mais s'ensuit-il que la gloire fasse quelque chose pour le bonheur, non de quelques-uns, mais de l'humanité ? Je n'en sais rien, vous le comprenez, et je parle en imprudent, mais j'en doute fort. Je crains qu'il n'en soit de ce joyau comme du trésor de la fable, de ce trésor dont un père de famille assez dégagé pour en conter sur son lit de mort entretenait les laboureurs ses enfants :

> D'argent point de caché,
> Mais le père fut sage
> De leur montrer avant sa mort
> Que le travail est un trésor.

La nature, il faut en convenir, la nature, éminemment utilitaire à sa façon, n'est point bégueule, elle a beaucoup de ces mensonges-là.

La gloire est une viande savoureuse, mais peu nourrissante, on n'en prend jamais assez, on n'est jamais content lorsqu'on la poursuit, on la poursuit

---

1. Les vaches qui *portent les cloches marchent en avant du troupeau*, ce sont les premiers vers du refrain du fameux *Rans des vaches de la Gruyère*, qu'il était interdit de jouer dans les régiments suisses parce qu'il occasionnait la nostalgie et des désertions.

encore lorsqu'on la possède. J'en dirais volontiers comme le poëte dont la grâce féminine inspira mon adolescence[1] :

> Qui moi, moi l'envier, la chercher ou l'attendre ?
> Moi d'un immense écho flatter ma faible voix ?
> Non, je n'y prétends point, mais je crois la comprendre
>   Et je m'applaudis de mon choix...
>
> Cherchez-là, poursuivez l'éclat qui l'environne,
> Remportez sur ses pas un immortel honneur,
> Vous qui l'aimez assez pour payer sa couronne
>   Du prix de tout votre bonheur.

Il nous reste à considérer ceux qui étudient en raison du plaisir qu'ils espèrent trouver dans l'enrichissement de leur esprit et dans le travail lui-même. C'est une condition qu'on pourrait appeler le dilettantisme scientifique. Les échantillons purs en sont probablement assez rares, cette disposition se compliquera le plus souvent ou de vanité ou d'un certain amour de la science pour elle-même, probablement des deux à la fois. Néanmoins le cas ne doit pas échapper à notre examen, parce qu'il est élémentaire, et c'est du simple qu'il faut partir pour arriver à comprendre le composé, quoique la simplicité soit presque toujours un résultat de l'abstraction. Eh bien, nous dirons à celui qui poursuit la science pour la sensation, que la peine y passe le plaisir, et de beaucoup. En ceci nous sommes d'accord avec le sentiment général. Dans ce pays-ci du moins[2], ceux à

---

1. Madame Amable Tastu.
2. Le canton de Vaud.

qui leur position permet l'oisiveté n'ont garde de se créer des fatigues artificielles. Ailleurs, non loin de nous [1], cela s'est vu sans doute et se voit peut-être encore, mais seulement sous la pression de l'opinion publique. L'étude n'a du charme que pour le petit nombre. On le comprend : il est très-agréable de découvrir, il est encore agréable d'apprendre ce qu'on voudrait savoir, mais il ne l'est pas d'être acculé devant des problèmes qui nous obligent à constater combien notre intelligence est bornée. Il est délicieux d'inventer, mais il est ennuyeux d'être écolier et de s'approprier une foule de faits sans importance appréciable, que d'autres ont précédemment mis en lumière ; or il faut en entasser un très-grand nombre, et l'on n'invente pas tous les jours. Souvent les vérités qu'on a cru découvrir se trouvent être des erreurs ou des inepties, ce qui ne diminue point le plaisir de l'inventeur tant qu'il l'ignore, mais ce qui devient désagréable lorsqu'on s'en aperçoit, et tout à fait déplaisant lorsque c'est un voisin qui vous le montre.

Je ne veux pas insister sur des considérations trop évidentes. Ceux qui étudient par agrément le font dans le but de se créer une occupation, de sortir d'eux-mêmes. Ils y parviennent, on le comprend, dans l'exacte mesure où ils sont capables de prendre intérêt à l'objet même de leur étude : ils y réussiront complétement dès qu'ils sauront s'oublier, dès qu'ils

---

[1]. Entre autres à Genève, à Bâle, à Zurich.

aimeront la vérité pour la vérité, au point de lui faire tous les sacrifices qu'elle impose sans se demander seulement s'ils y trouvent plaisir ou peine : ils goûteront le charme de l'étude, dès qu'ils auront cessé d'étudier pour leur agrément.

Les plaisirs que nous devons à l'intelligence sont de deux sortes. D'un côté, le plaisir direct, l'abandon, l'oubli de soi-même, l'absorption de la pensée et de la volonté dans l'objet qui nous occupe, le dévouement de notre activité personnelle à la vérité. C'est ce qui nous fait trouver le temps court. Ensuite, le plaisir indirect, le retour sur soi-même, le sentiment que notre importance relative a gagné, que notre personnalité s'est augmentée, en un mot l'orgueil. Eh bien, sans méconnaître l'orgueil, je crois que dans le dévouement à la science, dans la subordination de notre petite personne à quelque intérêt plus général et plus large, en un mot dans la science prise pour elle-même, à titre de but et non pas comme instrument de notre plaisir et de notre gloire, il y a plus de réelle satisfaction que dans l'orgueil. Je ne dis pas que ces deux états s'excluent dans la vie réelle : l'abandon et le retour égoïste, le mouvement centrifuge et le mouvement centripète peuvent alterner dans la même âme. Généralement ils y alternent, mais ils ne s'y font pas équilibre, l'orgueil s'oppose à l'abandon de la recherche, à la puissance de l'attention : plus on se mire en soi-même, moins on peut regarder hors de soi, dans le fond des choses. L'orgueil nuit donc à l'étude elle-même, et la satisfaction orgueilleuse ne vaut pas le plaisir de sortir de soi, de se donner. L'amour de la gloire fait trouver le temps long, parce qu'elle est lente à venir ; elle fait payer ses joies si désirées par des amertumes inconnues à celui qui sait s'oublier. Le dévouement à la science, au contraire, ne nous trompe jamais ; c'est un bien absolument solide, s'il est pur. Quand les gens se moqueraient de nous, quand notre recherche nous conduirait de labyrinthe en labyrinthe et de déception en déception, nous serions encore heureux de nous consacrer à la tâche que nous nous sommes librement donnée parce que nous aimons la vérité et que nous trouvons bien de l'aimer. L'intelligence est donc une source de bonheur, à la simple condition qu'on ne lui en demande pas, mais qu'on se consacre au but qu'elle nous propose.

IV

La science n'a d'autre objet que les lois. Le but de la pensée en général est plus riche, la pensée porte sur les lois et sur les êtres tout ensemble, et ce sont les êtres eux-mêmes qui sont l'objet propre de nos affections. C'est en eux que nous trouvons la plus abondante source de douleur et de félicité. Parmi ceux que nous percevons directement, les plus importants de beaucoup sont nos semblables. Je suis même forcé de négliger les autres, car plus la matière s'élargit, plus le temps m'oblige à me resserrer. S'il est quelqu'un ici dont le chat ou le chien fasse les délices, je lui laisse le soin de voir d'après quelle analogie il pourra s'appliquer mon discours. Il est d'autres objets avec lesquels nous ne nous mettons en rapport que par la pensée, et que nous ne saurions négliger sans nous exposer aux plus graves erreurs de compte, mais le moment de nous en occuper n'est pas encore arrivé.

Nos affections sont des pulsations, le cœur déborde et reflue. Nous avons besoin les uns des autres pour le cœur aussi bien que pour le corps. De tous les supplices, le confinement solitaire est le plus terrible. Ceux même qui, par une erreur de système ou par l'effet de quelque illusion résultant des ambiguïtés du langage se figureraient que notre intérêt personnel est l'unique mobile de nos actions, reconnaissent pourtant le fait de la sympathie qui nous fait jouir du bonheur d'autrui, souffrir de ses peines. L'égoïsme est la négation du cœur, c'est la vie de l'huître, non de l'homme. L'égoïste parfait est un phénomène, une anomalie, plus exactement une fiction. L'homme vit par ses semblables et dans ses semblables.

Mais toute affection n'est pas sympathique, tous les cœurs ne sont pas tendres, et la tendresse n'est pas tout le cœur. Il y a des enfants, il y a des hommes qu'on appelle méchants et cruels, parce qu'ils trouvent du plaisir au mal d'autrui, et que son bonheur leur fait de la peine. Certaines gens ont l'épiderme beaucoup plus tendre que le cœur. Ils ne pourraient pas voir couler le sang, ils souffriraient à l'ouïe d'un cri douloureux, mais ils ordonneraient bien le supplice, ils sont bien aises d'humilier et de nuire. Et qui ne leur ressemble pas un peu, qui n'est pas cruel, qui n'est pas méchant? Qui ne sait ce que c'est que de se réjouir du mal qui arrive à d'autres? Qui n'a souffert des succès d'un rival? Qui n'a jamais connu l'envie? Nous condamnons ces sentiments, nous les refoulons dans un combat douloureux; nous n'y trouvons presque que des peines. Indépendamment du blâme dont nous les frappons suivant les règles de la morale consacrée ils nous font souffrir, parce que la sympathie universelle agissant toujours en dépit d'eux, ils introduisent dans la conscience une contradiction qui la déchire. Le même être que nous haïssons comme individu, nous l'aimons comme notre semblable. On ne supporte pas longtemps cet état moral. La vengeance est le plaisir des dieux; pour en goûter la saveur sans mélange, il faudrait cesser d'être homme.

Les sentiments auxquels je viens de toucher sont l'envers de la sympathie, ils nous font encore vivre dans nos semblables. Il en est un autre qui tient plus profondément aux racines de la personnalité, un sentiment plus fondamental, plus normal, par lequel nous vivons des autres, en les absorbant en nous, et dans les autres aussi, en les pénétrant de notre substance. C'est la passion qui nous fait centre : chez les uns nous l'appelons ambition, chez les autres, coquetterie. La haine n'est que la maladie de l'amour, ce n'est pas la haine, c'est l'ambition qui forme avec l'amour une opposition véritable. On conçoit pourtant une haine constitutionnelle, pour ainsi dire, paroxysme de l'ambition qui voudrait absorber autrui jusqu'à l'anéantir. Voir un tort qui nous est fait dans toute existence, tout écraser pour rester seul debout, c'est l'ambition parfaite. Elle se consume elle-même en nous dévorant.

Dans la question du bonheur je puis négliger ces extrêmes, je me borne aux centres vitaux, aux lignes maîtresses de l'existence. Que vaut l'ambition pour le bonheur? L'ambition veut dominer par la crainte ou par l'amour, mieux encore par tous deux ensemble. Satisfaite, elle augmente notre existence, même avant le triomphe, elle nous dilate par l'espérance. Mais l'espoir se lasse : n'en déplaise à Molière, le vers que son Alceste critiquait si fort est un bien joli vers. Les souffrances de l'ambition déçue reproduisent avec une amertume plus intense les souffrances de la vanité. L'ambition satisfaite est chose rare. L'autorité sur le public n'appartient qu'au très-petit nombre, la domination sur quelques serviteurs seulement ne saurait contenter qu'un esprit borné dans ses plaisirs comme dans son horizon, et cause d'ailleurs inévitablement des déboires, surtout quand la cruauté ne l'assaisonne pas. Laissons cette imparfaite ambition qui se termine à l'obéissance extérieure sans soumettre la volonté. Le pouvoir est l'objet d'infiniment plus de convoitises qu'il n'en peut assouvir. Au surplus, l'ambition politique elle-même ne se contente pas d'un pouvoir tout matériel, elle se complique le plus souvent de coquetterie et de vanité, quand ce n'est pas d'avarice et de haine. Il est beau d'être ministre, il est encore plus beau d'être populaire, c'est-à-dire d'être admiré, d'être aimé. On veut être aimé quand on aime, on veut encore être aimé quand on n'aime pas.

Nous avons atteint le cœur du sujet. Ceux qui vivent de sensations vivent peu, quoi qu'ils nous racontent de leurs jeunesses orageuses. Le nombre de ceux qui vivent par la pensée est fort petit ; mais l'homme naît sociable, nous vivons tous par nos affections.

Ici la pauvreté de la langue va nous créer des embarras. Le mot amour enveloppe ces deux conceptions opposées : l'ambition et le dévouement. Auquel des deux demander le bonheur ?

J'entends bien qu'on me dit : « Ne choisissez point ! Prenez conseil de la langue elle-même ! L'ambiguïté dont vous parlez n'est pas une difficulté, c'est la solution. Aimer, être aimé, voilà l'amour et voilà le bonheur avec lui; les deux termes sont inséparables. »

La réponse est claire, elle est nette, et si je réplique un mot, on va m'accuser de pédanterie. Eh bien, soit! Un homme d'État suisse s'écriait, il y aura trente ans tout à l'heure : « J'ai fait mon deuil de la bonne façon. » Hélas! il avait fait son deuil de bien d'autres choses. Pour moi, j'ai fait mon deuil du succès, j'empoche donc le compliment et j'analyse, c'est mon métier.

S'il était vrai qu'au verbe aimer l'actif et le passif soient inséparables, encore faudrait-il se demander où est le but et la prépondérance, et l'on se partagerait suivant les écoles. Le sensualisme, toujours prêt à déballer ses axiomes, nous dira : « c'est évident, le bonheur, c'est d'être secouru, c'est d'être choyé, c'est d'être servi, c'est d'être aimé; nous aimons afin qu'on nous aime, dans notre intérêt bien entendu. » Celui qui pense au contraire que le fond de l'être est la volonté, l'activité, la force, répondra « non; nous aimons qui nous aime, mais notre bien c'est d'aimer. Être aimé n'est que la condition, l'objet c'est l'action. Nous ne pouvons nous transporter que très-imparfaitement dans un autre être, nous ne connaissons ses sentiments à notre égard que par des signes souvent

1. H. Druey.

obscurs, souvent trompeurs, le bonheur réside en nous-même, dans le sentiment de notre propre activité. » J'ai parlé d'écoles et j'entends encore : « Laissez donc là vos écoles, c'est l'expérience qu'il faut consulter. » — Assurément ! mais l'opposition des écoles s'explique par la diversité des expériences, et la diversité des expériences a sa source dans la diversité des caractères. Chacun s'imagine que tout le monde est fait comme lui ; il n'en est rien. Le plaisir d'être aimé, c'est le principal pour l'ambitieux, pour le sensuel, pour le calculateur. Aimer soi-même est le plaisir des âmes tendres, et c'est aussi celui des âmes fortes. L'un enseigne que la charité consiste à placer à gros intérêts, l'autre assure qu'il y a plus de bonheur à donner qu'à recevoir, le troisième ajoute : « chacun a son goût. »

Mais le terrain sur lequel nous marchons me semble osciller : notre base est fausse, il n'est pas vrai que les deux points, aimer, être aimé soient inséparables. Ils cherchent à s'unir certainement, et dans l'idéal ils sont unis. Celui qui aime veut être aimé, il souffre aussi longtemps qu'il croit ne pas l'être, mais il ne cesse pas d'aimer pour cela. En revanche le cœur capable d'aimer ne supporte pas d'être l'objet d'un sentiment qu'il ne saurait partager. C'est la coquetterie et l'égoïsme calculateur qui veulent être aimés sans aimer. Ils n'aiment jamais. Les philosophes bienveillants qui nous pressent d'aimer afin qu'on nous aime oublient qu'aimer par calcul est chose impossible. Souvent, je l'avoue, les êtres capables d'aimer y sont portés par l'attachement qu'on leur témoigne, à condition toutefois que la place demandée ne soit pas déjà prise dans leurs affections. Mais on parle de ces choses comme l'aveugle des couleurs, lorsque, sur la foi d'une logique tout apparente et de surface, on prétend que le seul moyen d'être aimé soit d'aimer soi-même. L'apôtre Paul, ce grand docteur des tendresses, craint plutôt « qu'aimant davantage, il ne soit moins aimé. » Comme l'essentiel pour être cru, c'est de croire en soi-même, l'essentiel pour être aimé, c'est de s'aimer fortement soi-même. Voyez plutôt Bonaparte! Il était bon pour ses serviteurs, il plaçait sa famille et laissait voler ses généraux; mais au fond quel mortel a moins aimé, quel mortel fut plus exclusivement préoccupé de son propre succès et de sa propre gloire : sacrifiant ses soldats dès le début de sa carrière à la méchante curiosité d'une petite femme, répudiant l'épouse de sa jeunesse et l'auteur de ses premiers succès, écrasant l'Europe sous ses fourgons, épuisant de sang-froid, pour réaliser le rêve d'un orgueil prétendu sublime, les générations du pays qu'il avait dérobé. Quelle exaltation de l'égoïsme! Et pourtant, hier encore nos vétérans de la Bérésina[1], ces débris

---

1. Quelques régiments suisses formant l'arrière-garde, soutinrent le choc de l'armée russe au passage de la Bérésina.

héroïques, auraient pu vous dire s'il fut au monde un mortel plus adoré.

Le bonheur serait-il là? — Non. S'il est doux d'être aimé quand on aime, la passion d'être aimé sans aimer est une passion dévorante, qui veut toujours davantage et qui n'aboutit qu'à nous torturer. Pour un être en équilibre, être aimé sans aimer ne saurait être qu'un moyen : nous retomberions dans la volupté, dans la sensation, dans la nausée. Ce n'est pas avec les aveugles qu'il faut parler couleur, c'est avec les peintres, la question du bonheur doit être traitée entre gens capables de le goûter. Pour ceux-ci l'expérience est toute faite, la question tranchée; à leurs yeux la récompense de l'amour est l'amour. « Il y a plus de bonheur à donner qu'à recevoir, » la chose est certaine. Seulement, qu'il s'agisse d'âme ou d'argent, si pour donner il n'est pas besoin d'être riche, il faut pourtant avoir quelque chose à soi.

Plaçons notre trésor dans le cœur d'un autre, aimons pour qu'on nous aime, et nous aurons contre nous toutes les chances de la vie, nous ne serons jamais sûrs de rien. Nous serons heureux quelques jours, heureux peut-être au prix d'éternels regrets, d'un remords impérissable. Nous ne resterons pas heureux longtemps; notre affection même causera otre perte : dévorés par le doute et par la jalousie, ous serons importuns, nous serons injustes, et ceux ui nous sont chers s'éloigneront; ou bien vous les gâterez par vos faiblesses; on abusera de vous, on vous blessera et c'est vous qui partirez, froissés pour jamais. Au cas le plus favorable, votre sort sera toujours précaire et ne dépendra point de vous. Craintifs esclaves, comment seriez-vous heureux?

Mais si notre cœur est assez fort pour la charité, si nous savons aimer pour eux-mêmes nos enfants, nos compagnons, nos concitoyens, l'espèce humaine, si nous savons mettre notre joie à travailler pour leur bonheur sans en attendre autre chose que le plaisir d'avoir travaillé, si nous savons détourner notre esprit de ce plaisir même et n'avoir plus souci que de notre tâche; alors nous aurons mis la source du bonheur en nous-mêmes, alors nous serons affranchis de la servitude, notre joie et notre liberté seront la même chose : nous serons heureux aussi longtemps que nous nous sentirons dans notre ligne, et nous comprendrons enfin qu'il faut retourner la formule utilitaire et que l'intérêt est fonction du devoir, c'est-à-dire que notre seul intérêt véritable consiste à faire notre devoir. Cette pensée, qui est de Socrate, n'a pas perdu toute actualité.

Le bonheur du devoir accompli se goûte au fond de l'âme. Soit que nous tournions le front vers les étoiles, soit que, immobiles, nous cherchions à voir au dedans de nous, nous nous sentons enveloppés d'un regard. Nous ne voyons qu'en étant vus, nos racines ne plongent pas dans le néant, elles plongent dans l'être, nous voulons parce qu'on nous veut, la liberté qui frémit en nous atteste une liberté souveraine : Dieu se montre à notre intelligence, et la satisfaction de l'homme de bien s'attendrit à la pensée qu'il est dans l'ordre éternel, et que son Dieu l'approuve.

Mais s'il insiste, si son œil ose soutenir le regard divin, son contentement fera bientôt place à l'épouvante : il tremblera, il se sentira comme anéanti, il comprendra qu'il n'est rien qu'une note, une ondulation dans l'immense concert des siècles et des mondes ; il reconnaîtra que sa force ne vient pas de lui, mais que lorsqu'il agit bien, c'est Dieu qui agit en lui, parce qu'il vit en lui. A travers cette terreur et ce tremblement il passera de la joie d'être à la joie de n'être point, laquelle est incomparablement plus grande : il se perdra, il se dissoudra dans l'amour de Dieu. Ne vous y trompez point, la souffrance du désespoir, comme au fond toute souffrance, provient de la contradiction, du partage. Celui qui se tue tient à la vie, il la laisserait couler s'il n'y tenait pas. Celui qui souffre, c'est celui qui se réveille et qui se ressaisit. La volonté d'être est la souffrance : l'abandon de soi-même, le dépouillement, la volonté de ne point être, voilà le bonheur. Le bonheur c'est l'amour, l'amour qui se donne, l'amour qui s'immole. Je ne sais d'où vient ce mot, mais celui qui l'a dit l'avait éprouvé : l'amour est une plante divine dont le parfum ne s'exhale que lorsqu'elle est foulée aux pieds. Ce parfum, c'est le bonheur.

V

Il semble que nous soyons arrivés au terme. Nous avons parcouru tous les domaines. De degré en degré, nous nous sommes élevés jusqu'au faîte, et partout nous avons constaté la même loi. Les sens et l'hygiène, l'art et le beau, la science, la vie sociale à tous ses degrés, la contemplation de tous les champs de l'existence nous suggèrent la même pensée, nous répètent la même leçon, qui peut être véritablement considérée comme une juste induction et comme un résultat légitime de la méthode expérimentale. Et voici ce résultat : Le bonheur exige l'application de la volonté à quelque objet distinct d'elle-même. Le bonheur consiste dans l'abandon de soi-même. La sensation s'altère dès qu'on l'analyse, et l'on ne peut la poursuivre comme but sans l'analyser. Se proposer pour but la jouissance est un moyen très-sûr de ne la point atteindre. La poursuite du bonheur est illusoire : il ne faut pas le chercher.

Tel est notre résultat, mais à l'examiner, nous reconnaîtrons qu'il n'est pas satisfaisant du tout, et qu'il ne saurait être exact. Nous ne sommes pas plus avancés que l'année dernière[1], et vous avez lieu

---

1. Voyez plus loin la fin du discours sur *la Conscience*.

d'attendre que je ne vous aie pas convoqués uniquement pour avoir le plaisir de me répéter. Cependant nous sommes arrivés au nœud du problème, et nous aurons vraiment appris quelque chose, si nous parvenons à le détacher. Le nœud, le voici : On ne peut pas trouver le bonheur lorsqu'on le cherche, tel est le résultat de l'induction. Mais d'autre part le nom de bonheur signifie l'objet du désir : il est impossible et contradictoire que le bonheur ne soit pas cherché, toutes les voix de l'humanité réclament contre une semblable prétention. Le bonheur, disions-nous, n'est que le sentiment dont un état déterminé s'accompagne ; le bonheur est la conscience du bien, il ne faut pas chercher le bonheur, il faut chercher le bien, et lorsqu'on l'aura trouvé, le bonheur se produira de lui-même, on obtiendra le bien et le bonheur du même coup. » Oui, sans doute, et pourtant cette explication ne fait pas encore disparaître la difficulté, la correction s'arrêtant là semblerait porter sur les mots, en laissant subsister la difficulté dans les choses. Ce n'est pas le bonheur qu'on demande, ce sont des parfums et des mets exquis, de beaux meubles et de beaux animaux, de belles peintures ; c'est la force, la santé, la science, la réputation, le pouvoir, des amis et des amies, voilà les biens qu'on poursuit et dont le prix consiste dans le bonheur qu'on y croit résider. Et ce que nous avons trouvé, c'est qu'aucune de ces choses ne nous procure le bonheur, c'est-à-dire un plaisir durable et vrai, lorsqu'on les recherche dans cette vue. Ainsi le bonheur ou le bien, l'état de l'être ou le sentiment qui le suit et qui le révèle, c'est presque tout un pour notre objet. Tout au plus, notre analyse prouverait-elle qu'il n'est pas bon de trop s'analyser. Le bonheur n'est que la conscience du bien, c'est donc le bien qu'il faut chercher : oui sans doute, mais qu'est-ce que le bien ? Jusqu'ici nous n'en connaissons qu'un symptôme, qui est le bonheur, et nous restons arrêté devant cette contradiction : le bonheur est l'unique objet possible de la volonté, le bonheur s'enfuit dès qu'on le cherche. La serrure est fermée, cherchons une clef. Essayons, tournons, poussons, mais sans rien forcer.

Le bonheur est l'unique objet de la volonté. Le bonheur de qui ? — Le nôtre ; chacun veut le sien, c'est évident. — Oui, c'est évident, mais que chacun veuille et comprenne le bonheur pour soi tout seul, en faisant abstraction des autres, cela n'est pas aussi évident, et cela n'est pas même absolument exact. Quand on le dit, on s'abuse, on n'énonce pas le résultat de l'observation, mais plutôt la conclusion d'une théorie, le produit d'un calcul. Est-il juste ce calcul, est-il faux ? c'est ce qu'il importe maintenant d'examiner.

Nulle question n'est susceptible de recevoir une solution isolée. Toutes les questions nous ramènent à la grande question. Nous ne pouvons pas savoir où où est notre bien si nous ne savons pas ce que nous sommes. Que sommes-nous? voilà la véritable énigme. Mais il n'est pas vrai que, réduits à vivre d'apparences, nous ne puissions pas suivre le bien au-delà des formes sensibles du plaisir et de la douleur; si nous avons une tête, c'est pour en faire usage, et l'objet de la pensée c'est la vérité.

Que sommes-nous donc? Chacun de nous est-il cet être indépendant, isolé, complet, que nous supposons d'habitude? Pouvons-nous nous en tenir sur ce point à la grande distinction légale du tien et du mien? L'expérience n'autorise point cette séparation absolue. Dans dans la nature, l'individualité semble une notion fluide, insaisissable, et qui change de degré en degré. L'individualité humaine est un de ces degrés-là, pas davantage. L'observation nous apprend à considérer ce corps de mort et de vie comme une grande confédération d'individus plus rudimentaires; elle nous enseigne de même à voir dans ce corps un élément d'un plus grand corps, un membre d'une confédération supérieure, d'un organisme supérieur. L'espace qui nous sépare les uns des autres, la liberté que nous possédons de nous mouvoir dans cet espace, la circonstance que je me sens et me sais *moi*, tandis que vous vous sentez *vous*, c'est-à-dire un moi distinct de moi, le fait même que nous pouvons nous battre et que de manière ou d'autre nous nous battons toujours, tout cela n'y change rien. Nous ne nous battrions pas si nous n'étions pas fondamentalement et nécessairement en rapport les uns avec les autres, en d'autres termes si nous n'étions pas parties d'un tout. Et quant à la conscience que nous avons de nous-mêmes, veuillez observer que nous nous apercevons toujours dans un milieu, dans des rapports. Ce milieu, ces rapports font partie aussi de notre conscience. Nous ne sommes donc pas des touts isolés, des mondes à part, mais des parties; et la conscience même en témoigne, lorsqu'on reçoit son dire en entier. La conception populaire du monde comme d'une simple collection d'êtres séparés n'a pas la moindre valeur, attendu qu'elle n'explique absolument rien. Elle ne permet pas de comprendre l'action que ces êtres exercent les uns sur les autres d'après des lois qui leur sont communes et qui, sans être la propriété d'aucun d'eux en particulier, doivent pourtant avoir un siége. Bref, elle ne supporte pas l'examen. Tout ce qu'on peut dire en sa faveur, c'est qu'elle vaut autant, mieux si vous voulez, que l'extrême opposé d'une substance unique absorbant tout dans l'abstraction de son unité. L'unité abstraite, la pluralité abstraite, tels sont les écueils entre lesquels la pensée doit savoir se frayer sa route, soit pour comprendre le monde tel qu'il nous est donné, soit pour organiser notre propre activité dans ce monde. Il est assez évident que notre devoir, s'il est un devoir, notre bonheur, si le bonheur est possible, dépendent l'un et l'autre de ce que nous sommes en réalité. Eh bien, en réalité nous sommes des unités tout ensemble complexes et relatives, nous procédons les uns des autres, nous vivons les uns par les autres et, quoi qu'en puissent dire les esprits superficiels qui choisissent parmi les faits ou qui s'en détournent, nous vivons les uns dans les autres.

Dès l'abord, nous constatons la solidarité dans le fait que pour représenter l'espèce aussi bien que pour la maintenir, il ne suffit pas d'un individu, mais qu'il en faut deux, essentiellement différents l'un de l'autre. La solidarité s'impose à nous dans l'entretien du corps par l'industrie, dans la formation de l'esprit par le langage et par l'éducation. La solidarité qui s'atteste partout dans la nature et dans l'histoire ne saurait être l'effet d'une loi capricieuse, étrangère à notre essence. Comprenons enfin qu'elle est l'expression de cette essence elle-même. Il faut néanmoins réagir contre sa forme première dans la mesure nécessaire pour dégager notre individualité personnelle, pour réaliser notre liberté. Si nous devons donner notre note dans le concert, faire notre tâche dans l'œuvre commune, il importe que nos forces soient exercées et que nous les possédions, il importe que nous soyons nous. Il faut donc réagir contre la solidarité naturelle, il faut l'assouplir et l'étendre, mais il ne faut pas songer à la briser, à nous en affranchir. Ce serait une tentative insensée ; nous nous tournerions par là contre nous-mêmes. Nous sommes les membres d'un tout, les fractions d'une unité, nous n'existons que dans l'ensemble et par l'ensemble. Tous les hommes ne forment ensemble qu'un être. Sans négliger les profondes différences qu'apportent ici l'ordre moral et la liberté, on peut dire, en se fondant sur la loi morale elle-même aussi bien et plus encore que sur l'observation naturelle, que le rapport de l'homme individuel et de l'humanité répond essentiellement au rapport de la cellule et de l'organisme. Il n'y a point d'idéal pour nous, point de progrès possible, point de but, point de bien, et par conséquent point de bonheur, sinon de servir au progrès, au bien, au bonheur de l'organisme supérieur dont nous faisons partie.

VI

Ou je me trompe fort, ou nous avons mis la main sur la clef, et la serrure est ouverte. Les difficultés que nous opposait la conception du bonheur n'existent plus : elles s'expliquent d'elles-mêmes. Nous avions trouvé dans le bonheur cette particularité désespérante, qu'il est impossible de ne pas le chercher et qu'il s'enfuit dès qu'on le cherche. Mais de quel bonheur s'agissait-il? Du bonheur de l'individu détaché, du bonheur égoïste. A le prendre ainsi, le résultat auquel nous sommes arrivés pouvait être prévu d'avance par quiconque a la notion de l'homme. Oui, sans doute, il est impossible de ne pas vouloir le bonheur. Le bonheur n'est que le sentiment d'exister. Or l'être veut être, être et vouloir être ne sont au fond qu'une seule et même chose. Le bien-être, le bonheur ne sont, dis-je, que le sentiment d'exister, inséparable de l'existence libre et franche; tandis que le malaise et la douleur consistent dans le même sentiment de l'existence, mais gêné, contredit, contrarié. Voulant être, nous voulons aussi sentir notre être, nous voulons donc le bonheur nécessairement, constitutionnellement, c'est inévitable. Mais si le véritable être n'est pas le moi séparé, lorsque celui-ci cherche son bien particulier, lorsque, en d'autres termes, il se veut lui seul, il ne veut pas être tel qu'il est, il veut être tel qu'il n'est pas : il se détache de l'être intérieurement, par sa pensée et par son vouloir, pour se dessécher et pour mourir. Ne m'objectez pas ce que j'ai dit tantôt que la joie de n'être point l'emporte sur le plaisir de se sentir vivre ; par n'être point j'entendais précisément n'être point pour soi, ne point se séparer, tandis qu'il s'agit ici de vivre pour le tout et de se sentir dans le tout.

Rechercher son bonheur exclusif, c'est s'exclure, c'est faire effort pour sortir des conditions du possible, c'est vouloir la contradiction, principe de toute souffrance et de toute ruine; voilà pourquoi la poursuite du bonheur égoïste nous fait souffrir et nous détruit. La nature même, qui tout en contrariant l'ordre moral semble se plaire à le symboliser, exprime la vérité de ces rapports dans un langage trop énergique et trop naïf pour qu'il convienne de le commenter.

Il me semble que ce qui vient d'être dit pourra suffire. Nous n'avons pas seulement caractérisé la difficulté, nous en avons trouvé la solution positive. Nous saurons désormais où chercher le bonheur. Nous en possédons le signalement, si nous n'avons pas encore le bonheur lui-même, lequel ne réside ni dans la sensation, ni dans la connaissance, mais dans la volonté normale et dans la conscience qui l'accompagne. Vouloir la vérité de notre être, vouloir l'humanité, qui est l'être vrai, se consacrer avec toute l'énergie de ses forces particulières au bien du tout par lequel et dans lequel nous existons, hors duquel nous ne sommes point et dans lequel nous nous retrouvons, le dévouement, en un mot, voilà le bonheur : n'en cherchez point d'autre, il n'y en a point d'autre.

Ce qui nous réconcilie avec la solidarité, qu'il faut bon gré mal gré toujours subir, ce qui nous la fait comprendre, c'est la charité, qui la réclame et qui l'accomplit. La charité produit l'unité; si la charité est notre volonté normale, notre idéal, notre loi, c'est que l'unité est notre essence, car nous ne saurions avoir d'autre loi que de réaliser notre essence, et la charité est bien notre loi, puisque le bonheur l'accompagne. L'amour est le plus ancien des dieux, disait la Grèce, et parce qu'il est le plus ancien il est aussi le plus savant, quoique l'art l'offre à nos regards sous les traits d'un adolescent, paré quelquefois du charme de l'ignorance.

L'amour est un grand dieu, disait la Grèce, nous disons, nous, l'amour est Dieu. Les réflexions que nous venons de présenter contiennent le germe de la vérité morale et sociale, elles renferment également le principe de la vérité religieuse, où mon discours a touché tantôt en rappelant que le bonheur suprême consiste à vouloir n'être rien, pour que Dieu soit tout. Dans cette parole, qui est de l'apôtre Paul, quelques-uns de mes auditeurs croiront flairer, je m'en doute bien, quelque arome de quiétisme, de panthéisme, de ce Nirwana qui groupe de nos jours un nombre croissant d'admirateurs. Rien n'était pourtant plus éloigné de ma pensée que le panthéisme, le quétisme et le Nirwana ; mais, voyez-vous, si la contradiction produit la mort, la richesse, la vie et la vérité se forment par les contraires. S'anéantir en Dieu, c'est se trouver, c'est s'affirmer ; mourir, c'est vivre. Il n'est pas réellement question de cesser d'être, car Dieu nous veut : il ne s'agit que de devenir lumineux, transparents, et vous savez que le corps vraiment transparent ne s'aperçoit point. Il nous faut devenir des foyers, des lentilles, rien que des lentilles, où les rayons du divin amour se concentrent, pour brûler le monde ! Il ne s'agit donc point de s'anéantir, mais de se donner. Il n'est pas question d'inertie, mais d'énergie ; ce que nous voulons, c'est l'oubli de soi, la charité, l'activité dans le repos, dans la vérité, dans la paix. Nous voulons puiser la vie à la source de la vie et la répandre en ruisseaux, afin que le désert fleurisse. Quand nous verrons poindre au désert le premier brin vert nourri par nos larmes, alors nous serons heureux ! Et même, sans résultats apparents, au sein de l'aridité complète, on peut se trouver heureux lorsque la tête est dans le ciel.

Cherchons le bonheur, oui, cherchons-le ! mais cherchons-le dans la condition du possible. Ne nous séparons jamais du corps dont nous sommes les membres et dont nous tirons la vie. Voulons ce corps, travaillons pour ce corps, bien qu'il soit malade : tel organe d'un corps malade peut rester sain, ou du moins à peu près sain, mais si l'imprudence du chirurgien le séparait du corps malade sous prétexte de sa maladie, l'organe sain, ayant cessé d'être un organe, tomberait immédiatement en putréfaction. Tel est le sort du quiétiste, tel est le sort de l'épicurien et de tous ceux qui cherchent un salut égoïste.

Vivre pour l'humanité, qui vit de Dieu, s'il est un Dieu, vivre de Dieu soi-même et vivre en Dieu, réaliser par sa pensée et par son activité, par la prière, qui est la vie et la force de la vie, la communion entre le monde et Dieu, voilà le bonheur. L'être est toujours volonté d'être ; nous voulons être ; dans ce sens, l'égoïsme est notre racine, nous chercherions en vain à nous en défendre. Mais précisément parce qu'il est racine, il doit rester enfoui, sans jamais paraître ni dans nos actes extérieurs, ni dans notre propre conscience. Pour arriver à l'existence, il faut qu'il se transforme, il ne saurait se satisfaire ailleurs que dans la charité. Nous ne tenons pas notre être de nous-mêmes : vouloir être pour soi, c'est donc vouloir s'évider, c'est vouloir s'anéantir. La volonté d'être véritable remonte à Dieu, elle puise la vie en Dieu. Et cet être qui vient de Dieu n'est pas un être séparé, c'est le tout, c'est l'humanité. Hors d'elle, nous ne sommes rien ; vouloir être, c'est vouloir qu'elle soit [1]. Aimer Dieu de tout son cœur, aimer son prochain comme soi-même, c'est ainsi que l'égoïsme radical doit s'épanouir pour porter le fruit qu'il désire.

[1]. Le lien organique peut être rompu de trois manières : par la réflexion égoïste, où l'individu s'isole volontairement ; par la dévotion égoïste, où l'individu, cherchant comme tel à s'unir à Dieu, fait abstraction de l'humanité ; enfin par une philanthropie toute mondaine, où l'individu se rattache à son milieu, mais en se séparant de sa racine. Cette dernière forme de séparation est manifestement la moins complète, car le bienfaisant est encore uni à Dieu par l'intermédiaire de l'humanité ; seulement il ne contribue pas à resserrer par son acte propre le rapport de Dieu et de l'humanité.

VII

J'ai placé l'idéal sous vos yeux. Peut-être devrais-je m'arrêter ici. L'unité de mon discours y gagnerait. En revanche il perdrait quelque chose du plein sérieux que je lui voudrais imprimer. Il soulèverait de justes défiances chez plusieurs d'entre vous; il tromperait ceux qui s'aviseraient de le prendre à la lettre.

L'idéal n'est pas la réalité des choses : l'idéal et la réalité diffèrent comme la santé de la maladie. Dans un monde malade, la charité ne saurait procurer cette satisfaction durable et sans mélange qui seule mérite le nom de bonheur. Notre charité n'est jamais sans retours personnels, et même une charité parfaite ne nous donnerait pas un bonheur parfait, bien loin de là. La raison de ce mécompte, vous la devinez, vous la connaissez sûrement par votre propre expérience, c'est que la charité nous fait souffrir du mal d'autrui, et que le mal surabonde. La charité souffre des douleurs du prochain, elle souffre de son impuissance à les guérir; peut-être les peines de l'amour surpassent-elles même en intensité tous les chagrins de l'égoïsme, car celui qui aime, vivant davantage, doit souffrir aussi davantage, lorsqu'il souffre. Mais sa peine a des compensations. L'amour ne nous garantit pas le bonheur comme il le semblait ; toutefois la différence est grande entre l'égoïste et celui qui s'oublie parce qu'il s'est donné. C'est par la nature même des choses que le premier ne saurait être heureux. Le but qu'il poursuit recule devant ses pas. Son entreprise est insensée, il veut être hors des conditions de l'être, nous l'avons démontré. Au contraire, celui qui se propose le bien du tout dont il fait partie est absolument dans l'ordre. Il est placé dans les conditions de la santé morale, il peut être heureux, il l'est quelquefois, et si d'autres fois le bonheur lui manque, c'est par accident. Son lot est toujours le meilleur. Il vivra par le peu de bien qu'il pourra faire, il jouira de celui qu'il voit accomplir par d'autres, et pour le reste, il se résignera.

Il peut se résigner, lui seul le peut. Son activité tout entière appartient à ceux qu'il veut soulager, mais non son âme tout entière. Au-delà de la peine et du trouble, il a des trésors. Celui qui aime se sait aimé, il sait que son propre amour ne vient point de lui, mais de Dieu. Il se sait aimé de Dieu, il sait que Dieu l'a cherché, qu'il l'a pris, qu'il ne l'abandonnera point et qu'il ne laissera pas aller les choses plus loin qu'il ne faut. Tel est le secret de sa sérénité, telle est la source intarissable de sa joie. Son bonheur est imparfait sans doute, il ne saurait en être autrement tant que l'humanité restera malade ;

mais il se repose en Dieu, et dans le monde il fait quelque bien. Il est un anneau de la chaîne qui fait remonter le monde à Dieu, chaîne vivante, dont tous les anneaux travaillent. Aimer Dieu le mieux qu'il sait, aider quelques-uns, concourir, pour une part imperceptible peut-être, à l'œuvre commune, à la rédemption du genre humain, voilà tout son désir; mais ce désir est satisfait. Son lot est humble; mais il s'en contente.

La devise d'ici-bas n'est pas bonheur, c'est travail : consolation et travail, consolation par le travail. Le travail suppose quelque chose qui n'existe point encore et qui doit se faire, quelque chose qui est et qui doit disparaître. Telle est la vie. Ainsi n'y cherchez pas le bonheur complet; le bonheur durable; le bonheur n'est fixé nulle part, mais partout il s'allie en quelque mesure au labeur des bras, de la pensée et de l'amour.

> Il est semblable au feu dont la douce chaleur
> Dans chaque autre élément en secret s'insinue,
> Descend dans les rochers, s'élève dans la nue,
> Va rougir le corail dans le sable des mers
> Et vit dans les glaçons qu'ont durci les hivers.

Pourquoi la loi du travail nous est-elle imposée ? Pourquoi le monde où nous vivons renferme-t-il tant de choses qui ne devraient pas être ? Pourquoi manque-t-il de tant de choses dont nous aurions besoin ? Pourquoi tant d'inégalités, tant d'injustices, tant de bêtise et tant de haine? Ce n'est pas le moment de le rechercher. Le fait est là, nul ne l'ignore. Dans une condition pareille, l'idéal c'est le progrès; le bonheur est le sentiment du devoir accompli, de l'œuvre utile.

Notre vie est un voyage, à ce que l'on assure. En voyage, celui qui se promène pour son plaisir verra plus de belles choses que celui qui s'est chargé d'un message et qui doit le délivrer au temps marqué. Mais le second a pourtant sur le premier un avantage considérable : il est beaucoup moins sujet à s'ennuyer; l'affaire dont il est occupé le sort de lui-même et le soutient. Il n'en admire pas moins les beaux sites et les monuments qu'il trouve sur son chemin, il n'en observe pas moins les costumes, les figures, les mœurs des différents pays. Il en est ainsi du travailleur, qu'il ait pour objet immédiat son entretien personnel, celui de sa famille, l'avantage de sa patrie ou la liberté du genre humain. Son cœur est à son ouvrage, mais il n'en goûte pas moins, lorsqu'il peut les cueillir sans se détourner, les plaisirs de la sensation, les plaisirs de la pensée, les plaisirs de l'amitié. Les moindres de ces choses ont un très-grand prix pour un être faible, qui a besoin de se reposer fréquemment, mais qui marche.

Cependant son vrai bonheur n'est pas là; son vrai bonheur consiste à se savoir dans l'ordre.

Ce serait une illusion profonde de penser qu'on

peut composer le bonheur en additionnant les plaisirs. Si nous nous sommes engagé dans cette voie, qui s'offre la première à l'esprit, c'était pour en montrer finalement la complète inanité. Nous voyons que loin de pouvoir nous passer de l'idéal et déterminer les notions morales par la considération empirique du plaisir et de la douleur, nous ne saurions comprendre le plaisir et la douleur dans leur réalité véritable qu'après nous être élevés à l'idée morale.

La joie est passagère et le rire trompeur,

dit Voltaire, au lieu même où j'ai déjà pris quelques vers tout à l'heure,

> Hélas! où donc chercher, où trouver le bonheur?
> En tous lieux, en tous temps, dans toute la nature,
> Nulle part tout entier, partout avec mesure,
> Et partout passager, hors de son seul auteur.

LA CONSCIENCE

1873

La conscience ! Dans la langue populaire ce mot signifie la faculté réelle ou supposée qui nous commande certaines actions, qui nous en interdit d'autres indépendamment de notre intérêt ou de nos désirs, et qui nous suggère ainsi les notions de devoir, de vertu, de moralité. Existe-t-il une telle faculté, oui ou non ? Dans le cas où l'examen de l'histoire et de nous-mêmes nous conduirait à la constater comme un fait réel, quelle en est proprement la nature ? La conscience est-elle une donnée primitive, irréductible de l'esprit humain, ou n'y devons-nous voir qu'une apparence, le résultat du jeu d'autres facultés ? Enfin la conscience renferme-t-elle une législation, ou du moins le principe d'une législation, nous indique-t-elle immédiatement quel est notre devoir, ou son rôle se borne-t-il à revêtir d'un caractère obligatoire des préceptes qu'elle-même ne fournit pas? est-elle une loi, ou n'est-elle que la sanction d'une loi quelconque? Telles sont les questions qui s'imposent à notre examen. Je les aborde d'une manière absolument indépendante, sans prétendre rien dire de bien nouveau sur ce sujet débattu depuis si longtemps, et qui récemment encore a provoqué plusieurs travaux remarquables.

A mes yeux la conscience morale est réellement un fait à part, irréductible, absolu. C'est une voix intérieure qui nous dit : *tu dois;* et ce jugement : tu dois, n'est en aucune façon synonyme de ceux-ci : *tu veux, tu désires,* pas plus que de cet autre : *il t'est profitable,* car successivement nos vœux les plus chers, nos décisions les plus arrêtées, nos intérêts les plus sentis se trouvent en conflit avec les déclarations de la conscience, qui se font obéir quelquefois, et qui persistent sous la forme de remords quand nous n'en avons pas tenu compte.

D'un autre côté, la conscience individuelle ne promulgue pas à elle seule une législation détaillée, applicable à tous les actes de la vie morale, ni même les principes généraux d'une telle législation. Elle ne tient pas le même langage à tout le monde : les hommes de la même classe, les citoyens de la même patrie, les disciples de la même religion se feront bien la même idée les uns que les autres de ce qui est juste et de ce qui est coupable; mais changez de climats, changez d'époque, changez de culte, ou simplement de milieu social, et vous constaterez les divergences les plus prononcées.

La conscience consiste donc simplement en ceci que nous nous savons obligés, quel que soit l'objet de cette obligation, lequel paraît variable. Tel est mon premier point; il le fallait marquer d'avance pour faire entendre notre marche ultérieure.

Dans une seconde partie, nous rechercherons ce que peut nous apprendre relativement à la position de l'homme dans l'univers cette particularité de sa nature qu'il est un être affecté d'obligation, soumis à la loi du devoir, quel qu'en soit l'objet.

Enfin le devoir lui-même est un problème, précisément parce que la nature ne l'a pas écrit en caractères lisibles dans l'esprit de chacun de nous. Dans une troisième partie, après avoir constaté l'existence universelle de la conscience dans l'humanité, après avoir étudié les lois de son développement, nous essayerons d'en inférer l'objet même de la loi morale, son contenu, la formule génératrice d'où sortirait, en l'appliquant aux données immuables de la nature, conditions de notre activité, le système entier des obligations, des vertus et des biens moraux.

I

Reprenons les questions que nous avons préjugées.

Et d'abord j'affirme que la conscience du bien et du mal est un attribut de l'humanité.

Cette proposition dans son universalité est-elle un enseignement de l'expérience? — Pas absolument; il faut s'entendre. Je trouve en moi-même les idées de bien et de mal, j'y trouve un juge qui les applique à ma propre conduite et à celle d'autrui. Ceux qui m'entourent parlent et agissent comme s'ils connaissaient le même juge. Je rencontre des notions morales dans les premiers documents de la pensée humaine, dans les vers d'Homère et d'Hésiode, dans les Védas, dans les plus anciens livres hébreux, puis durant tout le cours des siècles éclairés par l'histoire. Les voyageurs parlent également de conscience et de moralité chez quelques populations sauvages. Mais tout cela n'établit pas l'universalité de la conscience. Je ne connais directement les sentiments de personne sinon les miens; je sais trop bien qu'on peut entendre la conscience sans obéir à ses prescriptions, de sorte que nul genre et nul degré de corruption morale, pour ainsi parler, ne sauraient établir que la conscience n'existe pas dans un être humain. Mais ce n'est pas encore la preuve de l'affirmative, et cette preuve manquera toujours; nous voyons au milieu de nous un assez grand nombre d'individus parler et se conduire comme s'ils ne connaissaient absolument d'autre règle que leur intérêt ou leurs passions. En tout temps, en tout pays, c'est la même chose. Aussi mon affirmation ne se fonde pas sur la statistique; elle ne signifie pas que la conscience fonctionne chez tous les êtres vulgairement appelés du nom d'hommes. Seulement il me semble évident que l'état social, la civilisation sont impossibles sans elle, et que la vie sociale et la civilisation sont naturelles à l'humanité. Par-dessus tout je la trouve en moi, cette conscience, avec un caractère d'autorité absolue, lors même que trop souvent je lui désobéis. La conscience est un élément essentiel de ma propre nature, et je ne saurais reconnaître mon semblable chez un être intelligent auquel la distinction du bien et du mal serait étrangère. Voilà ma plus forte raison pour voir dans la conscience un attribut de l'humanité.

N'exagérons pourtant rien, respectons les habitudes du langage : un tel être, s'il est né de femme et s'il porte une face humaine, je veux bien l'appeler un homme, mais c'est un homme incomplet. La conscience est essentielle à l'humanité sans apparaître chez tous les individus, comme l'ouïe et la vue sont essentielles à l'humanité quoiqu'il y ait des sourds et des aveugles; car sans la vue, sans l'ouïe et sans la conscience, l'humanité ne serait plus l'humanité.

Nous posons donc en fait l'existence de la conscience. L'homme reconnaît une obligation, quel qu'en soit l'objet ; c'est un point réglé. Maintenant, qu'est-ce que cette conscience ? Est-ce un fait primitif, d'une espèce à part, ou devons-nous y voir un simple phénomène, résultant du jeu de quelques autres facultés ? Des observateurs philosophes, cherchant à simplifier, à réduire le nombre des facultés de l'esprit et des mobiles d'action, se sont prononcés pour la seconde alternative. Suivant eux, l'*intérêt* serait au fond notre unique mobile : nous approuverions ou nous blâmerions un acte, une disposition suivant qu'elle nous paraît favorable ou contraire à notre avantage. La morale serait un ensemble de préjugés originairement fondés sur l'intérêt.

Ce point de vue général est commun à des systèmes qui diffèrent en raison de la variété de plaisirs, des passions et des intérêts auxquels ils s'attachent. La morale de l'intérêt change de physionomie, sans que le principe en soit changé, suivant qu'elle a borné son horizon à la présente existence, ou qu'elle admet une vie à venir, et peut-être un jugement à venir. Elle est autre chez les matérialistes, qui ramènent tout au bien corporel, et chez ceux qui placent le bonheur dans les émotions et dans les affections de l'âme.

Un observateur anglais du plus rare mérite, Adam Smith, a concentré son attention sur le besoin de *sympathie* inhérent à l'homme ; il a vu dans ce besoin de sympathie le principe générateur de la conscience. Nous avons besoin, dit-il, de la sympathie de nos semblables, nous cherchons naturellement à l'obtenir et nous nous félicitons de l'avoir gagnée, nous sommes fâchés de n'y point réussir quand nous l'espérions, et quand nous la sacrifions à quelque autre désir plus pressant, il nous reste un vœu non satisfait, il nous reste un malaise : ce malaise, c'est le remords, ce besoin de sympathie, c'est la conscience. L'approbation que nous recevons de notre propre conscience exprime la confiance que nous serons approuvés, ou que nous le serions si notre conduite était bien connue. Le jugement de la conscience est dans son principe une anticipation sur le jugement de l'opinion. Dans son principe, disons-nous, car ce jugement devient machinal, l'habitude associe indissolublement la louange ou le blâme, la joie ou la douleur morales à telles façons d'agir déterminées, de sorte qu'on en vient à s'aliéner sciemment les sympathies, à braver l'opinion par motif de conscience, c'est-à-dire par besoin de sympathie, par respect instinctif de l'opinion; comme le courant d'un fleuve fait aller telles roues ou telles pompes au moyen desquelles il élève une partie de sa propre eau par la force même de sa descente.

Les Anglais possèdent un certain nombre de systèmes du même style. Momentanément du moins le problème de la philosophie morale s'est posé chez eux dans cette forme : déterminer les penchants naturels dont la conscience morale est dérivée. Ces systèmes, et particulièrement celui d'Adam Smith, renferment une foule d'observations justes, intéressantes, fécondes même et très-fécondes à mon jugement. Quant au principe, il faut distinguer. Si les moralistes qui expliquent ainsi la conscience comme un phénomène dérivé se reconnaissent franchement utilitaires, s'ils avouent qu'en décomposant la conscience, ils ont démontré l'illégitimité de ses prétentions à nous commander, je n'ai rien à leur répondre ici, sinon que je ne puis ni ne veux les écouter, parce que je suis soumis à l'autorité qu'ils répudient. Mais s'ils se figurent (et c'est le cas de plusieurs d'entre eux) qu'ils conservent et consacrent cette autorité par leurs déductions, alors nous les accusons de ne point s'entendre. Il n'est pas possible que des instincts et des penchants dépourvus de valeur morale produisent naturellement des jugements qui possèdent une telle valeur. De la combinaison d'éléments dont aucun n'a droit sur nous, il ne saurait sortir une autorité légitime : $0 \times 0 = 0$.

La conscience est donc une fonction spéciale, primitive, qui nous atteste le devoir; c'est un second point établi.

Mais dans cette attestation nous distinguons aisément deux choses, le jugement porté par l'intelligence et le plaisir ou la peine qui l'accompagnent. Ces deux éléments, il n'est pas malaisé de les séparer. Un ami particulier m'a confessé que dans sa jeunesse il ne trouvait jamais plus de charme à perdre son temps que lorsqu'il avait beaucoup d'ouvrage. Le sentiment et le jugement ne marchent donc pas toujours du même pas dans les choses de l'ordre moral. Maintenant où est la conscience? La conscience est-elle un acte de pensée, ou bien faut-il y voir un sentiment d'une espèce particulière? La dernière opinion compte un assez grand nombre de partisans; elle a même laissé une trace dans notre langue : on parle assez souvent du *sens moral*, sans attacher toujours à ce mot une signification bien précise. Ceux qui l'emploient avec une intention réfléchie entendent par là que notre unique raison pour réputer telle action bonne ou mauvaise est le plaisir ou la peine, inexplicables d'ailleurs, que l'idée de cette action nous fait éprouver. Il est assez naturel d'en juger ainsi : nous sentons tous que le dévouement est excellent, la cruauté détestable : l'un nous remplit de joie; l'autre de douleur; mais nous ne savons pas tous pourquoi le dévouement est bon, ni ce qui rend la cruauté criminelle. Nous ne le savons pas toujours, et nous ne parvenons pas à le discerner, sans que l'impression en soit moins vive. Dès lors il est assez naturel de prendre l'impression même pour le motif du jugement que nous portons.

Cependant cette manière de voir est mal fondée.

Le moyen le plus court de nous en convaincre sera de considérer où elle aboutit.

Si nos sentiments étaient le fondement et la mesure de nos jugements moraux, il ne serait jamais permis d'en discuter la valeur; il y aurait autant de règles morales que d'individus : « Chacun a son goût; il ne faut pas discuter des goûts; » ces maximes devront être reçues en morale comme en cuisine. Ce n'est pas tout, car nos goûts changent, et l'habitude en fait la meilleure part. Si la sensation dicte le jugement dans l'ordre moral, l'acte que nous réputions criminel en vertu de la répulsion qu'il nous inspirait, cessera de l'être du moment où il ne nous répugnera plus; il deviendra vertueux quand nous nous y sentirons poussés par un désir sans partage. La morale du sentiment aboutit par une conséquence irrésistible à la morale des passions, c'est-à-dire à la négation de toute morale. En effet, si le plaisir ou la douleur que nous procure le spectacle d'une action était notre véritable raison pour estimer cette action bonne ou mauvaise, comment pourrions-nous refuser d'appliquer cette mesure à notre propre conduite? L'acte vertueux serait donc celui qui nous plaît; l'acte coupable celui qui nous déplaît. Ce serait bien commode assurément, mais, hélas, qui pourrait ignorer qu'au témoignage universel, c'est l'inverse qui est la vérité neuf fois sur dix? La vertu consiste à nous vaincre, c'est-à-dire à contrarier nos sentiments. Et qu'on ne me dise pas que ce plaisir et cette peine où je dois trouver l'indice et la mesure de la moralité des actions sont un plaisir et une peine d'une espèce toute particulière. Du côté pratique, le discernement en serait bien difficile, et sans doute impossible à l'heure où l'on en aurait besoin. Puis comment trouver dans la saveur particulière d'un certain plaisir *l'obligation* de le préférer à d'autres que nous estimons plus vifs? Cela ne saurait s'entendre. La conscience n'est donc point un fait de sensibilité. Ce n'est pas la sensation qui guide et précède le jugement dans les choses morales, c'est l'inverse. Nous trouvons du plaisir à l'action que l'intelligence a jugée bonne, et c'est parce que nous la jugeons bonne que nous y prenons plaisir. Nous nous expliquerons les faits qui semblent au premier aspect contredire cette conclusion en réfléchissant que le jugement moral et le sentiment qui l'accompagne se produisant au même instant, le second, s'il est vif, peut fort bien nous cacher le premier, s'il est obscur. Et le jugement moral est toujours obscur lorsqu'il est immédiat et ne porte que sur l'acte particulier, sans se rattacher à une idée du bien moral en général distinctement conçue par l'esprit, ce qui semble être presque toujours le cas. Cette idée générale du bien agit pourtant, quoique inaperçue. Si elle n'existait pas, il serait bien inutile de chercher à l'éclaircir; et c'est un besoin impérieux de l'humanité que celui d'éclaircir et de préciser l'idée du bien. En effet, les vices et les vertus ne forment deux familles qu'en raison de traits communs qu'il faudrait démêler. La définition du bien moral est le sujet d'une recherche légitime, car il nous importe très-fort de savoir pourquoi nous louons, pourquoi nous blâmons, et surtout de savoir comment et pourquoi nous devons agir.

Si nous devons rechercher en quoi consiste le bien, c'est que naturellement et sans travail nous ne le savons pas. Non-seulement nous ignorons les raisons de la morale, ce qui rend un acte obligatoire, un autre illicite, la nature du bien et du mal; mais nous ne savons pas mieux, de science innée, ce qui est bien et ce qui est mal. Et la preuve, nous l'avons déjà donnée, c'est que les jugements des hommes sur ce sujet diffèrent entre eux du tout au tout. La conscience est une faculté, elle n'est pas un code et ne renferme pas naturellement un code; il ne suffit pas d'interroger un individu représentant plus ou moins bien la moyenne de l'espèce pour écrire la loi morale sous sa dictée. On n'en saurait juger d'après la pratique, qui nous induirait à des conclusions exagérées dans le sens de la diversité. La pratique ne représente pas fidèlement l'état réel de la conscience; partout où les idées morales sont plus ou moins développées, l'écart entre la pratique et le système est très-grand. La pratique diffère beaucoup d'un homme à l'autre dans le même temps et dans le même lieu, tandis que les opinions avouées n'y diffèrent point sensiblement. Tout en partant des vues théoriques et des principes abstraits les plus opposés, les systèmes de morale produits dans le milieu d'une civilisation déterminée se rapprochent beaucoup par leurs conclusions pratiques, qui ne sauraient s'écarter de la morale populaire au-delà d'un certain rayon. Dans toute civilisation et probablement dans tout groupe humain, il existe en effet une morale populaire, qui est tout ensemble l'effet et la cause des lois et des institutions, et qui forme pour ainsi dire l'âme de la société. Mais cette morale se nuance singulièrement en passant d'une couche sociale à l'autre. Si nous changeons d'époque, de continent, de système religieux, nous voyons la morale publique varier du tout au tout. Quelle distance entre celle des Grecs, par exemple, et celle des chrétiens modernes; et pourtant les modèles grecs ont été constamment proposés à notre admiration dans les écoles, c'est des Grecs que nous avons reçu la tradition de la morale scientifique, et l'influence de leur philosophie est très-sensible dans la doctrine de nos Églises. Nous ne parlerons pas des musulmans, qui sont d'hier et qui ont puisé aux mêmes sources que nous; mais prenons l'Inde, qui doit pourtant ses idées morales à des peuples de notre race : l'appréciation des actes humains y repose sur des bases absolument différentes des nôtres. Ici, la morale se concentre dans les rapports des hommes entre eux; là-bas, elle semble aujourd'hui rouler presque exclusivement sur les rapports des hommes avec la nature : les macérations, le respect de la vie animale y sont considérés comme l'essence de la vertu, le reste est sans conséquence. Cependant les Indous connaissent bien la conscience. Je n'en veux d'autre preuve que cette page d'un de leurs poëmes sacrés, *le Mahabharata :*

« Pourquoi (dit Sacountala au roi Douchmanta qui refusait de la reconnaître pour son épouse), pourquoi, ô grand roi, semblable à l'être méprisable et voué à l'impudence, t'abaisser à forger un odieux mensonge?... Ton cœur doit savoir distinguer ce qui est vrai de ce qui est faux. Consulte-le ; ne suis que l'inspiration de la justice, et garde-toi d'avilir ton âme, cette pure étincelle émanée de Brahma. N'imite point l'hypocrite qui ne craint pas d'agir contre la voix sainte de sa conscience. De quel crime ne se rendrait pas coupable ce misérable qui se fait un jeu de la perte de son âme?... Peut-être crois-tu être seul quand tu fais le mal; mais en dedans de toi un juge est caché, et c'est en son inévitable présence que tu agis! Le soleil et la lune, le feu et l'air, la terre, le firmament et la vaste étendue des eaux, le jour et la nuit, les deux crépuscules du matin et du soir, Dharma, Yama, tous sont les témoins des actions les plus secrètes de l'homme.. S'il n'a point agi contre la voix intérieure de sa conscience, Yama, ce juge incorruptible, le fait jouir d'un bonheur éternel. Mais si, en l'étouffant, il s'abandonne au crime, il le condamne aux plus rudes tourments. »

On veut que la pensée morale ait partout certains traits communs : qu'il faut tenir la parole donnée, par exemple. Notre citation irait dans ce sens. Cependant l'opinion publique est loin d'attacher partout la même importance à ce devoir; que d'exceptions n'autorise-t-elle pas, lorsqu'elle ne va pas jusqu'à les prescrire! Ne demande-t-on pas si la foi se doit aux infidèles, et n'agite-t-on pas à Rome la question de savoir si le juge infaillible de la morale est lié par les concordats qu'il a passés? Mais s'il était vrai que certains points très-généraux de morale sont communs à toutes les sociétés humaines, faudrait-il y voir pour cela des vérités innées à la conscience? — Nullement; ce qui résulterait d'un tel fait, c'est que l'observation de ces règles est nécessaire à l'existence des sociétés, et que les familles ou les tribus qui ne l'ont pas compris assez tôt n'ont pas pu se maintenir. Sans un certain degré de bonne foi dans le cours de la vie ordinaire, il est clair qu'en effet nulle société ne pourrait subsister. Cette règle d'ailleurs et les autres qu'on serait tenté d'alléguer ici sont essentiellement formelles. Dès qu'on sort de là, tout est coutume. Ainsi l'organisation de la famille et tout ce qu'au sens le plus étroit on appelle *mœurs* diffère du tout au tout suivant la coutume.

Le mot français mœurs, d'où vient morale, ne signifie autre chose que coutume. Cependant il ne peut y avoir qu'une bonne morale : c'est la conscience elle-même qui le déclare, en nous imposant le devoir de la chercher.

La conscience, en effet, ne prétend pas savoir tout immédiatement dans son ordre même : s'il en était ainsi, l'instruction morale serait superflue, opinion manifestement condamnée par la pratique universelle. La conscience individuelle ne suffit point à nous instruire sur ce que nous devons faire et sur ce que nous devons éviter.

Ce résultat n'est pas aussi décourageant qu'il le semble. Il ne faut pas se laisser duper par les mots et par les apparences sensibles au point de considérer d'un côté les fonctions intellectuelles comme autant de forces distinctes, de l'autre, l'homme individuel comme un tout indépendant qui se suffit à lui-même et qui s'explique par lui-même. On évite cette double illusion lorsqu'on s'habitue à considérer les faits dans leur ensemble. Alors on comprend, d'abord que la conscience n'est pas une faculté particulière, mais un aspect, un côté, une application d'une faculté, qui est la raison. La bonne conscience n'est autre chose que le rapport normal de la raison à la volonté, la conscience est le caractère obligatoire de la raison. Le devoir le plus général, le fondement de tous les devoirs s'exprimerait ainsi : « Obéis à la raison de préférence à tes passions et à tes appétits » ; ce qui revient à dire : « obéis à des maximes, à des règles que tu juges valables pour tout le monde et non pas à des mobiles purement personnels, » attendu que la raison n'est la propriété de personne en particulier; elle est la même pour tout le monde. Ce n'est pas que la raison soit une puissance impersonnelle placée hors de nous. Chacun de nous a sa raison, mais la raison de l'un ne diffère pas de la raison de l'autre, ou plutôt elle n'en diffère que par la direction et par le degré de son développement; je n'en veux d'autres preuves que les tentatives que nous faisons pour nous convertir mutuellement à nos opinions et la possibilité même de s'entendre sur quelque sujet que ce soit. Chacun ne sait pas, mais chacun peut apprendre que les trois angles d'un triangle sont égaux à deux angles droits, lorsqu'il a compris ce que c'est qu'un triangle. De même chacun comprend l'obligation de tenir sa parole lorsqu'il sait ce que c'est que donner sa parole : le devoir est impliqué dans l'idée même de l'engagement. Ceci résulte immédiatement du caractère obligatoire de la raison, ceci résulte de la conscience. Mais quelle distance n'y a-t-il pas entre ces évidences morales et une loi qui embrasse l'ensemble des rapports de la vie!

Du moment où l'on a vu que la connaissance du bien que la conscience nous prescrit de faire est l'ouvrage de la raison, l'on ne s'étonne plus de trouver cette raison soumise à la loi du développement comme toutes nos facultés, et l'on n'aperçoit plus de contradiction dans la double thèse que l'autorité de la conscience est absolue et que la conscience n'est point infaillible. Si vous voulez écarter toute apparence de contradiction dans les mots, vous direz que c'est la raison qui n'est pas infaillible et que la conscience n'ordonne rien autre sinon d'obéir à la raison. En d'autres termes, la conscience nous impose l'obligation de faire le bien et de rechercher en quoi consiste ce bien qui doit être fait.

La conscience est soumise à la loi du développement comme toutes les facultés humaines. Eh bien, la raison se développe dans l'histoire : la conscience arrive à sa loi, forme sa loi dans l'histoire. C'est le propre de l'être humain de se développer, ou, pour parler plus fortement, de se réaliser lui-même. L'être vivant se fait lui-même : à plus forte raison l'être moral. La plante, l'animal se font eux-mêmes en vertu de lois nécessaires; l'être moral se fait ce qu'il est par l'emploi de sa liberté. Mais l'individu ne se fait pas tout seul, il est un produit déterminé de son père et de sa mère, qui sont eux-mêmes des produits déterminés; en se réalisant lui-même, l'organisme individuel ne fait que suivre l'impulsion qu'il a reçue. Il n'en va pas autrement de la personnalité morale, malgré la différence qu'introduit ici la liberté [1]. La

---

1. La définition de la liberté, la démonstration de son existence

conscience, même au sens purement formel, n'apparaît pas d'abord dans sa force et dans sa clarté. Elle a ses commencements dans l'individu. De jeunes enfants peuvent avoir une conscience fort délicate, mais vous ne la constatez pas chez tous les enfants, il s'en faut bien; et même chez les plus précoces à cet égard, on signalerait le moment de son éclosion. Puis, on le sait : la conscience morale s'aiguise lorsqu'on la cultive et qu'on la respecte; elle s'émousse, elle s'atrophie lorsqu'on la foule, comme un gazon trop piétiné ne repousse plus.

La conscience ne préexiste pas à la raison; elle se forme avec la raison, elle se développe avec la raison, dont elle n'est qu'un aspect.

Mais le développement de la raison n'est pas une affaire purement individuelle; l'individu ne s'y trouve pas plus indépendant qu'il n'est isolé, l'influence de ses parents et du milieu moral qui l'entoure en détermine presque entièrement la direction.

L'esprit d'imitation et la confiance instinctive sont deux traits dominants du premier âge : sans eux toute éducation serait impossible, tandis que par leur moyen nous voyons les âmes se transfuser comme le sang. Par leur moyen l'humanité vit réellement d'une vie morale collective. L'enfant imite les gestes

---

ne rentrent pas dans le plan de ce travail. Je ne connais d'autre preuve de la liberté humaine que l'*autorité* de la conscience morale et la nécessité de la liberté pour la morale.

de ses parents, puis il s'inspire de leurs motifs, il épouse leurs passions. Il deviendra consciencieux par le bon exemple, et l'exemple contraire étouffera ses scrupules instinctifs, car on ne saurait douter qu'il n'y en ait de tels en songeant aux différences morales souvent si frappantes entre des enfants du même lit, nourris des mêmes spectacles et de la même doctrine. Ces différences montrent clairement que la conscience n'est pas une chose artificielle et qu'elle a ses racines dans les profondeurs de notre nature. Mais la nature et l'art s'associent et se confondent dans tout ce qui est véritablement humain.

Si la conscience individuelle est soumise à l'éducation pour la vivacité, la clarté, la promptitude de ses jugements, pour l'énergie de sa fonction, à plus forte raison en dépendra-t-elle quant aux objets de son approbation et de son blâme. L'enfant ne fait pas volontiers ce qu'on lui commande, mais il croit ce qu'on lui dit, tout comme il suit l'exemple qu'on lui donne. Les maximes que vous lui suggérez, et bien mieux encore celles qu'il extrait lui-même de vos discours accidentels et de votre pratique journalière remplissent une intelligence qui n'est guère au début qu'une avide interrogation : elles pénétreront peu à peu dans l'intimité de sa conscience, elles composeront *sa loi*, qui lui semblera s'identifier avec la conscience même. Ainsi deux hommes pareillement doués porteront avec une égale bonne foi, avec une égale énergie de sentiment, des jugements diamétralement opposés sur les mêmes faits, suivant l'éducation qu'ils auront reçue.

Allons-nous conclure de ceci que la conscience ne soit pas une lumière, et que son unique rôle soit d'accepter en esclave un commandement étranger? Nullement; ce que nous voulons en inférer, c'est simplement ceci : que la connaissance du bien ou du mal résulte de l'emploi de nos facultés. Suivant la loi de toutes les facultés humaines, elle se développera, d'un côté dans l'humanité, de l'autre dans l'individu par le moyen de l'humanité. Sous le regard de la providence, l'espèce fait sa propre éducation, comme l'individu fait la sienne sous la direction de l'humanité. Pas plus au moral qu'au physique la vie individuelle ne saurait se séparer de la vie de l'espèce. La conscience publique est un fait réel. Quelques différences qu'offrent les nations contemporaines au sujet des mœurs, il est vrai de dire que la connaissance du bien et du mal s'élabore au sein de la société civilisée.

Ainsi les consciences individuelles puisent leur aliment dans la conscience publique, dont elles subissent les variations. Mais si l'espèce, si la généralité fournit aux individus la substance de leur vie et de leur pensée morale, en revanche cette pensée, cette vie collective ne se modifient que par les réactions des individus. Les individus sont des produits de l'histoire, et l'histoire à son tour est l'œuvre des individus. Cette solidarité, cette réciprocité fait tout le secret de notre existence corporelle. Rien n'est plus essentiel pour penser juste que de bien entendre ce rapport entre l'espèce et l'individu : l'un des termes ne saurait subsister sans l'autre; l'individu n'existe que dans l'espèce et par l'espèce, l'espèce n'est rien que dans les individus et par les individus. L'espèce n'est point une conception de l'esprit, une simple relation des individus entre eux, elle est leur substance commune. Les individus seuls sont libres et responsables, cela est certain, mais aussi les individus seuls se nourrissent et respirent, et pourtant l'espèce est la condition de leur existence physique. Elle n'est pas moins la condition de leur existence morale; on ne saurait trop insister sur cette immense vérité, dont l'esprit de système fait beaucoup trop abstraction, car pour la nier directement, il ne l'oserait.

L'état où l'espèce est arrivée aujourd'hui par le travail des générations, c'est-à-dire par l'emploi des libertés individuelles, forme le point de départ de l'individu qui naît aujourd'hui sur la terre, et la limite nécessaire au dedans de laquelle se manifestera sa liberté. La conscience de l'humanité forme le sol et l'horizon de la conscience individuelle. Planté dans ce terrain, puisant à cette source, se mouvant dans cette sphère, l'individu se façonne librement lui-même, en même temps qu'il est façonné. Incapable de se soustraire aux influences de son milieu, il réagit pourtant contre ces influences, il s'assimile la pensée commune d'une manière plus ou moins originale, dans le domaine moral comme en tout autre.

Maintenant, comprenons-le bien, lorsqu'il se constitue ainsi par son activité personnelle, l'individu n'agit pas sur lui seul et pour lui seul, il travaille bien ou mal pour l'humanité, il tend à modifier la condition générale de l'humanité, il concourt à former par ses écrits et par ses paroles, par ses œuvres et par son exemple la conscience de l'humanité. « Le genre humain, dit Pascal, est un homme qui apprend toujours. » Cette observation ne s'applique pas seulement à la physique et à la géométrie, elle s'applique également à l'économie, aux rapports juridiques, à la connaissance du bien et du mal. Les personnalités influentes sont celles qui reproduisent en elles la pensée de leur époque avec le plus de fidélité tout ensemble et d'originalité. Dans l'ordre intellectuel, ce sont les génies; dans l'ordre moral, ce sont les saints. Les fautes et les erreurs de ceux que l'humanité d'une époque appelle ses saints et ses génies empoisonnent l'avenir; leurs découvertes, leurs efforts sincères l'enrichissent et l'épurent. La vérité morale se dévoile progressivement à ceux qui pratiquent fidèlement le devoir tel qu'ils l'ont compris. En d'autres termes, la vérité morale est à l'état de formation constante dans la conscience de l'humanité, par les efforts des individus. L'obligation de chercher quel est le bien pour l'accomplir n'est pas imposée aux seuls individus, pris dans un isolement impossible, elle est imposée aux individus pour le compte du genre humain, elle est imposée au genre humain lui-même, et le genre humain ne peut s'en acquitter que par le travail des individus. Ainsi s'explique tout naturellement cette apparente contradiction que la conscience soit un tribunal sans appel pour chacun de nous, sans que toutefois cette conscience soit infaillible. La diversité, les contradictions des systèmes et des opinions en morale ne prouvent donc point que la vérité morale n'existe pas, ou qu'elle soit inaccessible à nos efforts. Elles prouvent simplement que la vérité morale se découvre progressivement, et que la liberté s'élabore. A travers la foule des erreurs, des crimes et des folies, l'humanité, cédant à l'impulsion des hommes de bonne volonté, s'avance lentement vers la vérité, qui est unique.

Mais ces hommes-là, d'où reçoivent-ils à leur tour l'impulsion? — Nous le dirons dans notre seconde partie.

II

Les résultats que nous avons obtenus jusqu'ici ne font que poser les termes du problème : La conscience est une voix intérieure qui commande à l'homme de faire certaines choses et d'en éviter d'autres, indépendamment de son désir et de son intérêt, tel qu'il le comprend. — La conscience est un attribut essentiel de l'humanité. — Elle ne s'explique point comme la combinaison ou le résultat indirect des penchants : la résoudre ainsi serait anéantir sa puissance obligatoire, ce qui nous est interdit par la conscience elle-même. — La conscience n'est pas un sens, un sentiment, quoique les déclarations en soient accompagnées d'un sentiment parfois très-vif : si la conscience était un sens, les appréciations morales n'auraient de valeur que pour l'individu qui les émettrait, elles ne pourraient pas être discutées et se ramener à des principes, tandis qu'en réalité nous attribuons à nos jugements moraux une portée universelle, et que nous éprouvons le besoin d'en connaître le fondement. La conscience elle-même nous enseigne que nous devons nous rendre compte des motifs de notre conduite et de la valeur de ces motifs; la conscience est donc une fonction de l'intelligence ou de la raison. — La conscience morale approuve et désapprouve, interdit et commande aux divers hommes des actions très-différentes, opposées même, suivant la manière dont ils ont été instruits et la coutume des lieux qu'ils habitent. La conscience considérée au point de vue des choses qu'elle ordonne, en termes plus exacts peut-être, *la loi morale* que la conscience de chaque individu lui prescrit de suivre, n'est guère autre chose que la coutume du pays reproduite à l'intérieur, tantôt dans son intégrité, tantôt plus ou moins idéalisée et corrigée par la réflexion; tellement que si l'on veut distinguer ce qui dans le jugement consciencieux appartient réellement à l'individu, l'on reconnaîtra que la conscience de l'individu ne produit pas la loi qu'il s'efforce de formuler et de suivre, mais qu'elle se borne à sanctionner les prescriptions de cette loi, quelle qu'en soit d'ailleurs l'origine. Voilà ce que nous avons trouvé jusqu'ici.

Enfin la conscience du bien et du mal se détermine progressivement dans l'histoire. On ne peut donc pas demander ce que prescrit et défend la conscience en général, mais seulement ce qu'ordonnent et ce qu'interdisent la conscience personnelle et la conscience publique d'un milieu déterminé. S'il est des devoirs proclamés identiquement par la conscience en tous pays et à toutes les époques, ces devoirs sont bien malaisés à formuler. Le seul fait donné par l'expérience comme universel, en dépit des exceptions qui semblent le restreindre aussi, c'est le fait formel d'une obligation intérieure, quel que soit l'objet de cette obligation. Nous avons vu la raison de cet état des choses. Nous nous expliquons maintenant pourquoi la conscience n'est pas un code écrit en articles formels en toute âme humaine, comme le prétend une déclamation sans vérité : la conscience n'est pas un code, parce que l'humanité a une histoire. La conscience morale implique la liberté, chacun le comprend; mais par sa liberté l'être libre se réalise lui-même, il se construit lui-même, il se fait lui-même ce qu'il est. L'humanité se fait sa condition dans l'histoire par la liberté des individus. En dépit des fatalistes de toute couleur qui se sont essayés à la philosophie de l'histoire, histoire et liberté sont deux idées corrélatives. Mais si la plus haute fonction de l'intelligence, si la conscience était là déployée, développée dans sa forme et dans son objet, qui est la loi morale, antérieurement à tout exercice, il en serait évidemment et forcément de même de toutes les autres facultés, sans lesquelles la conscience ne saurait à quoi s'appliquer; ainsi l'homme ne serait plus l'auteur de sa condition intérieure, et l'humanité n'aurait plus d'histoire.

Nous nous en tiendrons donc au fait formel, la conscience d'une obligation, quel qu'en soit l'objet.

L'homme se croit et se sent libre de ses actions; mais sa liberté est affectée d'une loi. Une voix parle au dedans de lui : il peut en suivre les directions ou les négliger, mais ce qu'il ne peut pas faire (au moins directement), c'est de s'approuver lui-même lorsqu'il les néglige. De ce point jaillit une grande lumière sur la nature de l'homme et sur sa position dans l'univers. A la clarté de la conscience j'aperçois distinctement que l'homme n'est pas le résultat de forces aveugles, mais qu'il est, au sens précis, une créature; je constate le mystère de la création et je comprends le dessein du Créateur. Le pouvoir créateur est une volonté morale : telle est la conviction qui s'exprime sous le nom de Dieu. Il n'y a d'obligation qu'envers quelqu'un. Ainsi la volonté de Dieu se manifeste en nous par la conscience; la conscience proclame l'existence de Dieu.

Cette conclusion s'offre si naturellement à l'esprit qu'elle en paraît un peu banale. Je ne la crois pas moins solide pour cela. Malgré les objections qu'y font quelques penseurs de mérite dans un intérêt élevé, il est toujours plus évident à mes yeux qu'elle s'impose à quiconque admet la réalité, j'entends l'inviolabilité, la sainteté de l'obligation morale. La conscience est la voix de Dieu, qui atteste Dieu. Nous nous sentons obligés : si nous le sommes réellement, c'est envers quelqu'un.

Mais notre créancier, dit-on; c'est nous-même. Je l'entends bien ainsi, et c'est pourquoi j'ai dit tout à l'heure que la conscience nous instruit du mystère de la création! Je ne crois pas que Dieu soit éloigné de chacun de nous : son amour nous est toujours présent, lors même qu'il se manifesterait par le déchirement intérieur et par les châtiments les plus sévères.— La conscience m'oblige envers moi-même.— A la bonne heure ! Il y a donc en moi des fonctions d'inégale dignité. Il y a une partie de moi-même envers laquelle une autre est obligée, et cette partie obligée, c'est le vrai *moi*, l'être libre, l'être responsable, la volonté. Qu'est-ce à dire, sinon qu'il y a en moi quelqu'un de plus grand que moi, sinon que Dieu est en moi? Et nous n'avons pas chacun notre Dieu particulier : le principe supérieur envers lequel je me sens lié n'est pas différent de celui qui vous oblige, puisqu'en dépit de nos divergences d'opinion, nous savons pourtant qu'il n'y a qu'un bien moral, le même pour tous. Si la conscience nous astreint véritablement, elle est donc la révélation de l'ordre éternel, et c'est bien là ce que veut exprimer toute âme droite lorsqu'elle prononce : « ceci est bien, cela est mal. » Mais s'il existe un tel ordre éternel, et si cet ordre éternel pose le bien moral comme objet suprême, de quel nom l'appellerons-nous, si nous ne l'adorons pas sous celui de Dieu? Dès qu'on admet l'autorité absolue de la conscience, dès qu'on accorde une portée générale à l'ordre moral, ne fût-ce même qu'à titre de moyen pour procurer la félicité commune, on croit en Dieu. Pour échapper à la religion, il faut ne voir dans la conscience morale qu'un pur phénomène psychologique. Dans ce cas, la souffrance du remords ne serait pas le signe et la punition du mal commis, elle constituerait le mal lui-même. Je ne serais obligé que dans la mesure où l'obligation affecterait ma sensibilité, et quelles que soient les précautions adoptées à mon égard par la société civile, je serais en règle avec moi-même et avec la loi universelle du moment où j'aurais fait taire un reproche importun. Vous m'appelleriez un scélérat, mais si je perce vos prisons, qu'importe? votre appréciation ne répondrait à rien dans l'ordre des choses et n'aurait de valeur que pour vous. Ce que je disais des systèmes qui essayent d'expliquer la conscience comme une sensation particulière ou comme un effet dérivé de quelques penchants naturels, porte également contre la théorie qui ne sait y voir qu'une particularité psychologique du genre humain. Celle-ci suffit peut-être à rendre compte du fait de la conscience envisagé comme l'un des phénomènes moraux qui s'offrent à l'observation, mais elle ne saurait justifier l'autorité absolue que nous devons et que nous voulons attribuer aux ordres de la conscience. Elle ne suffit donc pas.

Je n'examinerai pas maintenant la secte peu nombreuse qui reconnaît bien dans l'ordre moral un principe universel et absolu, mais qui n'y voit qu'une loi pure, sans une volonté pour l'édicter et pour la soutenir, une pure pensée, qui n'est pas la pensée d'un esprit. Je tiens cette opinion pour une théologie incomplète et impossible, j'y vois un tour de force intellectuel, mais je n'y vois pas l'athéisme.

L'obligation morale implique un sujet envers lequel l'agent moral est obligé. Ce sujet de l'obligation ne saurait se confondre avec l'agent obligé lui-même, autrement le devoir serait à bien plaire ; pour en être légitimement affranchi, il suffirait de le mépriser. Je ne sais qu'y faire, mais l'empirisme, le positivisme à la mode ne se concilient avec la morale que dans des esprits obtus. L'*obligation morale* n'est pas un fait au sens des sciences expérimentales, le seul fait c'est *la croyance* à l'obligation. Si vous confondez ces deux choses, si vous ne voyez dans l'obligation qu'un phénomène psychologique, le devoir a cessé dès qu'on a cessé d'y croire, et vous supprimez l'obligation, que vous l'entendiez ou non.

Ainsi la conscience morale, en dépit de ses variations, est une preuve de l'existence de Dieu, et la loi morale doit être envisagée comme le commandement de Dieu, qui s'écrit dans l'humanité à mesure que l'humanité se réalise. Les philosophes de nos jours éprouvent un grand dédain pour cette manière de voir simple et populaire, mais leurs raisons de l'écarter ne vont point au fond des choses. « Si vous voyez dans la loi morale le commandement d'un maître, l'expression d'une autre volonté que la vôtre, disent-ils, vous ne pourrez plus trouver en vous-mêmes le texte de cette loi, il vous faudra l'emprunter au dehors toute faite, puis chercher des garanties extérieures de son authenticité. Vous réclamerez une révélation matérielle, sans avoir aucun moyen sûr de discerner des impostures ou des vaines imaginations les révélations véritables, s'il y en a de telles. D'ailleurs, à supposer cette difficulté surmontée, ce qui est impossible, une loi dont la force résulterait de ce qu'elle exprime la volonté d'un être plus puissant que nous, ne saurait satisfaire aux besoins de notre nature morale et n'expliquerait point la conscience. L'obéissance à cette loi ne serait jamais qu'une servitude. Notre motif pour faire la volonté d'un autre ne peut être que l'intérêt : c'est la crainte d'un châtiment ou l'espoir d'une récompense. Mais poser l'intérêt comme seul mobile d'action, c'est nier le bien moral. L'accomplissement du bien, loin d'être un esclavage, doit être un affranchissement ; la loi morale doit exprimer l'idéal de notre activité, c'est-à-dire notre essence, la vraie nature de notre volonté, qui est nous-même. Cette manière de l'entendre est la seule qui corresponde aux propres indications de la conscience, en faisant comprendre comment le bien moral peut et doit être voulu pour l'amour du bien lui-même. » Voilà, je crois, le sens des objections qu'on élève contre la morale religieuse. Eh bien, je le reconnais, si nous étions obligés de subir l'alternative qu'on nous propose, si le devoir ne pouvait être qu'un commandement extérieur, et relativement à nous arbitraire, ou l'expression de notre nature particulière sans rien qui aille au delà, ces objections me sembleraient fortes. Mais aucune des deux alternatives n'est satisfaisante. L'obligation morale est tout ensemble un ordre péremptoire et l'expression de notre nature; voilà le fait complet, et voilà ce que la théorie doit expliquer. Poser la question comme on le fait, c'est la préjuger, c'est adopter l'athéisme comme évident par lui-même. N'y consentez pas; tenez la balance égale entre l'athéisme et le sentiment contraire, je n'en demande pas davantage et je n'accepterai rien de plus. Maintenant examinez. Supposez qu'il y ait réellement un Dieu, supposez que vous soyez une créature de Dieu, et voyez comment les choses se présenteront de ce point de vue : Dieu, qui est par supposition l'auteur de la loi morale, est aussi par supposition l'auteur de votre nature primitive, essentielle. Pourquoi différeraient-elles l'une de l'autre, et comment pourraient-elles se contredire? Et si, loin de se contredire, elles sont identiques dans leur essence aussi bien que dans leur origine, que devient l'arbitraire qu'on reproche à la morale religieuse? Demander que la volonté se donne sa loi elle-même est une exigence contradictoire, si l'on entend parler de la volonté individuelle. Le libre arbitre ne saurait prescrire la loi, il ne peut que la suivre, c'est la raison qui dicte des lois à la volonté, et cette raison, c'est la loi de Dieu en nous, cette raison, c'est, en dernière analyse, la volonté de Dieu qui nous constitue. Notre vraie nature morale est notre idéal moral; nous sommes tenus de la réaliser, parce que c'est de Dieu que nous l'avons reçue. Notre nature essentielle et le commandement de Dieu se confondent nécessairement dans le système du Dieu créateur, du moment où l'on consent à le prendre au sérieux. Ainsi la vertu consiste à vouloir le bien pour le bien; la vertu est la vérité de la vie, l'homme ne peut trouver de satisfaction réelle et complète que dans la pratique du devoir, parce que la pratique du devoir est la réalisation de sa vraie nature, oui, sans doute! Et il se sent *obligé* de la réaliser ainsi, parce que cette nature est l'expression de la volonté de Dieu qui le constitue. Le lien qui unit la créature au Créateur, c'est la conscience. Ainsi la conscience morale manifeste réellement ce qui fait le fond de notre être, précisément parce qu'elle est la voix de Dieu parlant en nous, l'intime révélation de Dieu, que les révélations extérieures, historiques de sa volonté ne sauraient avoir pour objet que de redresser et d'affermir. Raison pour nous, volonté en Dieu, la loi que la conscience révèle est l'acte même de Dieu qui constitue la substance et le fond de notre être.

La conscience morale et la conscience religieuse ont la même racine: l'une parle d'un être de qui nous dépendons entièrement, l'autre d'une loi qui nous oblige d'une manière absolue. Cet être et cette loi sont inséparables : la conscience est à la fois un commandement intime à nous et supérieur à nous, parce que nous sommes des créatures, et que la créature ne subsiste que par le Créateur et dans le Créateur. Le fait de la création s'atteste en nous par le fait de la conscience, attendu que hors de la création il est impossible d'expliquer le fait de la conscience sans le dénaturer d'une manière ou d'une autre. La véritable création de l'humanité dans la nature, c'est l'apparition de la conscience, qui impose à l'humanité l'obligation de chercher et de réaliser la loi morale. Les modernes objections contre une vue aussi naturelle n'ont pas leur source dans la raison; elles proviennent de l'incurable défiance que la corruption des idées et des institutions religieuses inspire à ce siècle-ci contre toute religion quelconque; elles naissent aussi de l'orgueil. Mais cette corruption, tout épouvantable qu'elle soit, n'empêche pas que la religion ne reste un besoin permanent de l'humanité. Et l'orgueil, lui, n'explique rien; l'orgueil n'est qu'une tentation, ce n'est pas une preuve; l'orgueil ne vaut pas l'amour.

Nous sommes donc rattachés par le devoir à la volonté qui nous donne l'être, et cette volonté est bonne, puisque le devoir a le bien pour objet. Cette conclusion, qui s'impose à l'esprit réfléchi, contient en elle ce qu'il faut pour dissiper les inquiétudes qu'a pu faire naître la diversité des opinions en morale. On n'a point exagéré cette diversité. On n'en saurait tracer la limite, pas plus qu'on ne saurait marquer où la nuit de l'animalité commence à s'éclairer aux rayons de la conscience. Les notions morales de chacun de nous sont le résultat d'une réaction plus ou moins puissante de notre raison sur la tradition dont nous avons été nourris; elles viennent certainement de l'éducation pour ce qui est de l'individu, mais elles n'en viennent pas moins du fond de la nature humaine. Il faut bien entendre en effet que toute éducation morale serait impossible, si la question morale n'était pas posée en nous par la nature même de notre esprit. Pour qu'on puisse nous inculquer une opinion sur ce qui est bien et sur ce qui est mal, il faut que les mots de bien et de mal puissent revêtir un sens pour notre intelligence. L'éducation dispose de nos facultés, elle ne saurait nous donner une faculté de plus, elle ne saurait créer un organe : la conscience est un organe, l'organe de l'obligation, et c'est cet organe qui nous atteste l'existence de la volonté parfaite à laquelle nous sommes liés, de la volonté par laquelle nous existons, de la volonté que nous sommes. Eh bien, si c'est Dieu qui appelle l'humanité à l'existence physique d'abord, puis à la vie morale dont la première est la condition, c'est aussi Dieu qui veille sur le développement de cette vie morale dans l'histoire.

Telle est la solution de la difficulté! La différence des goûts, des habitudes et des jugements dépend des circonstances dans lesquelles l'éducation des individus commence et s'achève, mais l'humanité tout entière est à l'école. L'humanité est un individu qui apprend toujours ; ce mot de Pascal que j'ai déjà cité exprime une vérité d'expérience, et cette expérience est une énigme dont nous trouvons le mot en Dieu. La diversité des jugements moraux s'explique par l'histoire, l'histoire elle-même s'explique par le progrès, et le progrès par la Providence. La différence des opinions en morale ne prouve donc rien contre la morale, elle prouve seulement qu'on peut se tromper sur ce sujet comme sur tout autre, et que l'humanité n'arrive au vrai qu'après avoir parcouru le cercle des erreurs. Toutes les opinions ne sont pas de valeur égale. L'époque supérieure juge l'inférieure et n'en est point jugée, parce qu'elle comprend l'inférieure et n'en est point comprise. Ainsi l'idée morale dans l'homme est une révélation divine et cependant soumise à la condition du progrès et de l'erreur qui en est inséparable. Ceci est merveilleux, mais c'est évident. C'est surnaturel, mais c'est la seule explication possible de toute notre nature morale. Nous sommes tous enfants de Dieu. L'humanité est fille de Dieu. Le progrès moral, qu'après tout nous constatons dans l'histoire, est le développement du germe divin qui subsiste dans l'humanité.

Oui, le Dieu éternel veut naître et grandir dans l'humanité. Les chrétiens, eux du moins, entendront ce langage. Ils ont déjà compris que le mystère de piété n'est pas un accident dans l'histoire, mais le sommet où se rejoignent toutes les lignes de l'histoire. Si Jésus-Christ résume en lui l'humanité pour la sauver, il résume aussi l'histoire et la rend seul intelligible. La sainteté de Jésus-Christ nous atteste la divinité de l'homme, et la divinité cachée dans l'homme nous fait comprendre la divinité manifestée en Jésus-Christ.

III

La conscience est divine, et néanmoins la détermination du bien moral reste un problème pour la pensée. Il n'en est certes pas de plus important, il n'en est point où je sois moins disposé à me contenter d'assertions sans preuves. Mais les termes en sont déjà bien rapprochés. Pour en découvrir la solution, il suffit de peser attentivement ce que nous savons déjà.

La conscience est une fonction de la raison. La conscience a droit sur nous. L'autorité absolue de la conscience témoigne d'une volonté parfaite et souveraine. La conscience enfin n'enseigne pas immédiatement l'individu, elle est mise en jeu par la parole et par l'exemple de nos semblables, elle s'assimile les éléments fournis par la tradition : tels sont les faits établis jusqu'ici. Nous les rassemblons tous en disant : « La conscience est une faculté divine, qui se réalise dans l'individu par le ministère de l'humanité. » La conscience est une parole divine adressée à l'humanité tout entière, l'individu ne peut l'entendre qu'à travers le milieu de l'humanité.

Ainsi la conscience, en vertu de sa forme même, affirme Dieu et l'humanité. La conscience est la loi de la volonté, qui doit se réaliser dans la volonté. Mais notre volonté ne peut avoir d'autre loi que de réaliser sa nature intime, elle ne doit affirmer que ce qui est. Elle doit donc affirmer Dieu, elle doit s'affirmer comme liée à Dieu : voulue de Dieu, elle doit vouloir Dieu, c'est-à-dire aimer Dieu. — Elle doit s'affirmer comme comprise dans l'humanité, inséparable de l'humanité : vivant de l'humanité et par l'humanité, elle doit vouloir l'humanité, c'est-à-dire aimer l'humanité.

Ce charpentier syrien dont la foule croit qu'il est un homme divin, plusieurs qu'il est homme et Dieu, des troisièmes enfin, cherchant à comprendre ceux-ci, qu'il est homme parce qu'il est Dieu et qu'il est Dieu parce qu'il est homme, Jésus a dit : « tu aimeras le Seigneur ton Dieu de tout ton cœur, de toute ton âme, de toute ta pensée, et ton prochain comme toi-même. » La conscience se reconnaît dans ces paroles, qui mettent au jour ce qu'elle renferme, et qui déploient à nos yeux toute la substance de la vérité morale. Qu'ajouterions-nous?

« Toute la loi et les prophètes, dit le Maître, se rapportent à ces commandements. » La loi des Hébreux, le fait est certain, mais aussi la loi naturelle, universelle. Les prophètes y sont résumés, soit qu'on l'entende, au sens prochain, de ces discours d'une éloquence inspirée où les poëtes sacrés des anciens jours rappelaient un peuple charnel à l'esprit de sa religion, soit que, par une extension permise, on comprenne sous le nom de prophètes toute doctrine, toute science, tout ce qui se révèle à nous de la vérité des choses et des conseils du Très-Haut. Aimer Dieu, c'est vivre, c'est nourrir son âme, c'est vouloir le bien, c'est vouloir la vérité, c'est rattacher à la source de toute-puissance et de tout être sa personne et sa volonté. Aimer Dieu, c'est puiser la force où est la force, ce n'est pas nous absorber en Dieu, car sans distinction, sans opposition l'amour est inconcevable, mais c'est nous enraciner en Dieu. C'est nous mettre à notre place, c'est observer l'ordre. Aimer Dieu, c'est être; ne pas l'aimer, c'est se séparer de l'être, c'est se dessécher, c'est renoncer à la réalité de l'être en en conservant l'apparence. L'esprit et le corps ne vivent que d'échange : se nourrir de sa propre substance n'est pas la santé, c'est la fièvre, c'est la mort. Notre aliment, notre sol, notre air respirable, c'est l'amour de Dieu.

« Tu aimeras ton prochain. » Ce commandement est semblable au premier, dit le Seigneur. En effet, ce sont nos parents, c'est notre famille, c'est notre peuple, c'est l'histoire qui nous appellent à la vie morale comme à l'existence physique, ce sont eux qui nous mènent à Dieu. Notre rapport avec lui devient bientôt direct et personnel sans aucun doute, et il faut qu'il le devienne pour nous rendre capables d'agir, mais notre foi prend naissance dans la parole de notre mère, mais c'est par l'amour du père et du frère que nous voyons, que nous commençons à aimer le Dieu invisible. Cet intermédiaire est donné par la nature, il le faut respecter. Le rameau tient au sol par la tige. Notre conscience morale trouve sa tige, sa racine et sa nourriture dans la conscience morale de l'humanité, dont elle subit les phases. Lorsqu'elle est parvenue à son plein développement, lorsqu'elle lit distinctement sa loi, elle affirme donc l'humanité, elle s'affirme dans l'humanité; et comme la conscience est le rapport de la raison et de la volonté, elle nous commande de vouloir l'humanité, d'aimer l'humanité, de nous aimer nous-mêmes dans l'humanité.

« Ce commandement est semblable au premier. » Il est renfermé dans le premier. Séparer l'amour de Dieu de l'amour de l'humanité, c'est rompre l'ordre établi par Dieu lui-même; c'est l'aimer sans aimer ce qu'il aime, ce qui impossible. Aussi bien la dévotion devient maladive dès qu'on la sépare d'une charité dévouée au prochain. Elle ne peut plus avoir qu'un motif intéressé, comme si nous voulions acheter le ciel par nos génuflexions; — ou bien nous cherchons dans l'attendrissement et dans l'extase une béatitude contemplative, nous nous cherchons dans l'acte même où nous nous efforçons de nous oublier : sensualité délicieuse, égoïsme sublime, si vous voulez, mais enfin c'est de la sensualité et de l'égoïsme, ce n'est pas l'amour. L'amour objet du commandement n'est point une sensation, car la sensation ne se commande pas. L'amour véritable est une volonté dirigée vers le bien de son objet. Nous ne pouvons pas, semble-t-il, faire du bien à Dieu, mais nous en pouvons faire à ce qu'il aime, nous pouvons lui servir d'instrument pour le faire, et c'est le seul moyen effectif que nous possédions de lui témoigner notre amour.

La conscience morale proprement dite a pour objet notre activité pratique, elle porte essentiellement sur nos rapports avec nos semblables, et nous voyons quelle est la teneur de son commandement. Comme elle procède de l'humanité, elle retourne à l'humanité.

« Tu aimeras ton prochain comme toi-même » : aucune autre formule, aucun autre nom n'exprimerait le devoir avec la même exactitude. Je n'ose l'appeler ni la charité, ni la justice, parce qu'on a pris l'habitude d'opposer l'une à l'autre la justice et la charité, tandis qu'à mes yeux ces deux vertus sont inséparables.

Que dit en effet la charité? — Dévouez-vous à l'ensemble. — Mais dans l'ensemble vous êtes compris; le respect de votre propre droit est renfermé dans le bien de l'ensemble à titre d'élément indispensable; la charité vous oblige donc à faire respecter votre droit.

Et que dit la justice? — Faites aux autres ce que vous avez le droit d'attendre d'eux. Respectez les conditions de leur liberté, de leur développement et de leur bien-être. — Mais pourquoi les respecter, si vous n'y trouvez quelque chose de bon, c'est-à-dire quelque chose qui doit être voulu, qui doit être aimé? Et d'ailleurs comment respecteriez-vous vos semblables sans les aimer, vous qui vous aimez vous-même? Votre égoïsme est une force naturelle, légitime à sa place assurément, mais qu'il faut balancer par une autre force, parce que, laissé sans contre-poids, il entraîne tout. Il ne se borne pas à dicter vos résolutions, il sollicite votre intelligence. L'homme ne saurait être juste qu'à la condition d'être impartial, parce qu'il ne peut pas isoler sa pensée de l'ensemble de ses fonctions. Mais pour être impartial il faut aimer les deux partis, ou n'en aimer aucun. Sans aimer votre prochain, vous ne sauriez donc ni pratiquer la justice à son égard, ni seulement la reconnaître. Ainsi la justice et la charité, loin de s'op-

18.

poser l'une à l'autre, sont nécessaires l'une à l'autre, tellement qu'on ne peut avoir l'une sans posséder l'autre.

Enfin la justice abstraite ne nous donnerait qu'une règle négative, et nous laisserait dans l'immobilité. L'impulsion qui nous fait agir est nécessairement un amour, dont je ne conçois que trois possibles : « Je veux être », « je veux que vous soyez », ou enfin, « je veux que nous soyons ». Le premier anéantit toute justice, le second n'est que la haine de soi-même, la contradiction et le suicide, s'il ne se confond avec le troisième. En effet, se donner à l'ensemble auquel on appartient, c'est se trouver, c'est atteindre à la vérité de son être.

Pour naviguer il faut du vent dans les voiles. L'amour est le vent, la justice est la boussole, dirons-nous, ou le gouvernail, la raison, le pilote; le vaisseau, c'est la vie; la mer, c'est le monde; Dieu, le port.

« Tu aimeras ton prochain *comme toi-même.* » C'est donc un devoir d'aimer le prochain, c'est un devoir de s'aimer soi-même, et ces deux amours, s'ils sont purs et bons, ne font qu'un amour. Je ne saurais penser avec Kant que l'amour de soi n'est pas un devoir, parce que nous y sommes suffisamment portés de nature. Cette raison ne me suffit pas : que l'office soit facile ou difficile à remplir, il n'importe, s'il est compris dans l'idéal, et l'amour de soi l'est incontestablement. Comment aimerions-nous l'humanité sans nous aimer nous-mêmes, nous qui en faisons partie? Comment aimerions-nous Dieu sans nous aimer aussi, puisqu'il nous aime? Ce sont des contradictions qui tendraient pratiquement à la destruction de l'individu, et par conséquent, si la morale ainsi comprise était généralement obéie, à l'anéantissement de l'humanité. Je ne dirai pas avec Kant que cette manière de sentir soit impossible, je crois au contraire qu'elle a sa part dans bien des folies : je dis qu'elle est contradictoire, et qu'elle nous présente une caricature du véritable idéal. Je m'aimerai donc moi-même dans l'humanité, je m'aimerai comme j'aime un autre homme, et par conséquent je défendrai mon propre droit comme étant celui qui a le mieux qualité pour le faire ; je ferai respecter mon droit à l'égal de celui d'un autre, ou plutôt je ferai respecter dans ma personne le droit de l'humanité. Ceci contient en principe tout ce côté de la justice qui consiste à refuser, à protéger l'indépendance individuelle, le principe de la défense personnelle et du droit.

Mais c'est dans l'amour de l'humanité que nous devons nous aimer nous-mêmes; nous ne saurions séparer ces deux intérêts sans tomber dans une contradiction bien plus fréquente assurément que l'erreur opposée, et bien plus riche en funestes conséquences. Se préférer à l'humanité, c'est s'en séparer par la volonté, c'est donc vouloir se placer dans une condition impossible ; s'aimer de la sorte, c'est se haïr.

Le maître qui a sanctionné de son autorité la loi résumée dans ce précepte mosaïque : « aimez votre prochain comme vous-mêmes », Jésus a dit aussi : « le plus grand amour est de donner sa vie pour ses amis. » Le commandement nouveau est pourtant renfermé dans l'ancien. Il ne s'aime point lui-même, n'ayant pas la force d'aimer, celui qui ne sait pas donner sa vie pour son honneur, pour la pureté de sa conscience. S'il s'aime en vérité, et s'il aime son prochain *comme lui-même,* il sera donc prêt à donner sa vie pour ses amis. Il ne sépare jamais son intérêt propre de l'intérêt de ses amis, c'est-à-dire de celui de l'humanité.

Cette réflexion nous amène à la théorie suivant laquelle le bonheur individuel serait le but idéal, ou plutôt, comme on l'entend le plus souvent, le seul but possible de notre activité morale. Ne pouvant entrer dans tous les chapitres qui s'ouvrent ici, nous dirons seulement sur ce grand sujet que si l'on définit le bonheur par la satisfaction de la volonté, le système du bonheur n'est pas un système, attendu qu'il va sans dire et qu'il se prête à tout. Quoi qu'on veuille, il est clair qu'on tend à la satisfaction de sa volonté. Mais si par bonheur on entend la jouissance, alors nous nous contenterons d'une seule remarque, absolument décisive lorsqu'on la comprend, et que l'expérience se chargera de vous inculquer vertement, si vous ne voulez pas l'admettre de bonne grâce. Cette observation la voici : Ceux qui prennent leur satisfaction personnelle pour but de leur existence n'atteignent jamais ce but et ne peuvent pas l'atteindre; leur but n'est qu'un mirage, une contradiction ridicule. Nous sommes heureux dans l'exacte mesure où nous savons nous oublier. Aussi notre siècle, qui n'entend point ce langage, a-t-il perdu jusqu'à l'emploi du mot bonheur. On ne parle que de s'amuser, de se distraire; ce qu'on poursuit, c'est le plaisir. Je ne veux point médire du plaisir, mais il ne vaut pas le bonheur. Vous connaissez des personnes qui ne s'accordent aucun plaisir : ne les plaignez pas, elles n'en ont pas besoin, elles sont heureuses, sachant s'employer. Les hommes qui vivent pour leurs plaisirs sont mécontents dès le commencement de leur carrière, et quelle que soit la nature des jouissances qu'ils recherchent, ils le deviennent toujours plus. Ce phénomène, si facile à constater lorsqu'on a sous les yeux les termes de comparaison convenables, s'explique aisément par l'analyse : la poursuite du bonheur est logiquement un non-sens. Autant vaudrait chercher à marcher sur son ombre. Le bonheur n'est qu'un reflet, la conscience de quelque chose, savoir du bien. Vous n'atteindrez pas le reflet en le poursuivant, vous l'aurez, si vous avez la lumière.

Vous n'obtiendrez pas la conscience du bien si vous la cherchez, vous ne l'obtiendrez qu'en trouvant le bien lui-même; or pour trouver le bien, c'est lui qu'il faut chercher. Ayez le bien, soyez dans le bien, et le bonheur viendra tout seul. Pour être heureux, il faut la santé du corps et de l'âme, dont le bien-être et le bonheur sont les symptômes. Mais pour nous trouver en santé, il faut que tout en nous soit à sa place, il nous faut être nous-mêmes à notre place. L'égoïsme, la recherche de soi-même nous en font sortir, ils nous isolent, ils nous dessèchent, ils nous rendent malades, ils nous rendent incapables de toute joie.

Ne prenez donc pas le bonheur pour but, sous quelque forme que ce puisse être. Ne cherchez pas la félicité dans les affections de votre choix, dans les tendresses du cœur, qui sont encore de l'égoïsme; ces feux follets ne vous conduiraient qu'au marécage; consacrez-vous à votre prochain pour l'amour de lui. N'ambitionnez pas les plaisirs de la bienfaisance, les délices même du dévouement, vous les atteindriez moins encore que toutes les autres. Dévouez-vous sans rien attendre, il n'y a pas d'autre dévouement. Quand vous aurez cessé de songer au bonheur, vous l'aurez trouvé.

UNE CONDITION
DE LA LIBERTÉ POLITIQUE
1875

« Le sceau du canton de Vaud aura pour empreinte un écusson coupé en deux bandes vert et blanc. Dans le champ blanc on lira : Liberté et patrie. » Ainsi l'a voulu le Grand Conseil du canton de Vaud, par décret de 16 avril 1803.

Un fils de roi [1] citait naguère avec admiration cette belle devise, mais les connaisseurs de l'art héraldique ne la voient pas sans étonnement inscrite au champ de l'écu. Il y a là certainement à *enquérir*, comme ils disent. C'est une faute de blason, c'est une faute de logique, car les armes sont des emblèmes ; leurs métaux, leurs émaux et leurs pièces forment un langage : mettre une devise dans un écu, c'est mêler deux langues.

Un tel oubli des règles imprime pour jamais sur

---

1. Le duc d'Aumale.

ce pays, aux lignes si nobles, un cachet plébéien bien prononcé. Nos pères étaient des bourgeois; héritiers de viles armes parlantes, la composition d'un blason correct passait leur savoir.

Et pourtant, leur faute n'est pas sans excuse. *Liberté et patrie*, cette devise n'est pas un accessoire, un ornement ingénieux; elle résume la courte histoire, elle exprime la substance même du canton de Vaud : c'est bien au cœur qu'il fallait l'écrire.

Pour l'entendre comme ceux qui l'ont faite, il convient de se reporter à la date de son origine. La patrie qu'elle nomme n'est pas la Suisse, à laquelle nous appartenions depuis trois siècles déjà, c'est « la patrie de Vaud », cette terre romande dont la nature et l'histoire avaient formé l'individualité bien distincte, et qui arrivait pour la première fois à l'indépendance, à la réalité de l'existence.

La liberté dont parle notre écusson ne présente pas une idée essentiellement différente. Ce n'est pas le suffrage universel, la participation de tout citoyen sans exception à la gestion des affaires publiques. Ce n'est pas non plus la liberté de l'individu vis-à-vis du gouvernement quel qu'il soit, l'élargissement de la compétence privée aux dépens de l'autorité. Sans avoir rien de bien rigoureux, la tendance de nos grands-pères était plutôt favorable au pouvoir, et nos institutions en ont gardé l'empreinte d'un gouvernementalisme assez prononcé. Non, la liberté du 14 avril 1803 était la liberté de la patrie[1]. Patrie, c'était la *sécession*; nous n'étions plus accouplés, subordonnés à une majorité de langue étrangère, nous n'étions plus bernois, nous étions vaudois. Liberté, c'était la *révolution;* nous n'étions plus soumis à l'oligarchie héréditaire d'une ville, et nous n'en voulions subir aucune autre à l'avenir : nulle classe, nulle commune ne pourrait plus obtenir de prérogative, et nos magistrats, quel que fût le mode de leur élection, sortiraient du milieu de nous pour y rentrer.

Cette patrie de Vaud, nous ne la possédons plus! Nous l'avons donnée[2], le cœur un peu gros, mais enfin, nous l'avons donnée. Nous sommes redevenus ce que nous étions, l'annexe d'une nation qui parle un autre langage, qui a, sur bien des choses, d'autres vues, d'autres habitudes, d'autres besoins que les nôtres. Nos lois se font de nouveau dans la ville de Berne, non sans notre concours, à la vérité, — nos représentants forment à peu près la quinzième partie des conseils législatifs, — mais notre indépendance est réduite à bien peu de chose : la patrie, au sens de 1803, n'existe plus. Néanmoins, nous avons toujours une patrie. Ce que plusieurs regrettent était

---

1. L'anniversaire de ce jour, où se réunit le premier conseil législatif du canton de Vaud, constitué par l'acte de médiation du Premier Consul, fut célébré comme une fête nationale jusqu'en 1815.
2. Par l'adoption de la constitution fédérale en 1874 qui, renchérissant sur l'acte de 1848, restreint considérablement la compétence des cantons jadis souverains dans la Suisse de l'ancien régime, et resque souverains sous le pacte de 1815.

peut-être en grande partie une illusion. Sous le premier Napoléon, notre souveraineté se réduisait à des proportions municipales. Elle n'a jamais eu de sens que dans la Confédération et par la Confédération ; or l'existence d'un tel lien fédéral deviendrait impossible s'il ne répondait pas aux besoins du plus grand nombre des associés, si l'un d'entre eux refusait absolument de les resserrer ou de les détendre conformément aux vœux des autres. La Suisse sera toujours l'objet de nos affections ; mais l'amour qui ne coûte rien ne vaut pas grand'chose. La Suisse nous deviendra chère dans la mesure de nos sacrifices. Nous avons donné la patrie du 14 avril, nous en trouverons l'équivalent, et plus que l'équivalent, sous une forme plus haute, dans une patrie plus large.

Et la liberté ! Nous l'avons aussi donnée, la liberté de 1803, s'il est vrai qu'elle signifiât, par-dessus toute autre chose, l'autonomie de notre petit peuple. Mais le sens plus général, plus élevé du mot de liberté n'était pas étranger à nos pères : cette liberté plus générale, plus élevée, nous l'attendons de la Suisse, non sans quelque appréhension, mais nous pouvons y travailler, quoique nous n'y travaillions pas seuls, ni pour nous seuls. C'est cette liberté qui peut rendre plein et complet l'amour que la Suisse nous inspire. Nous retrouverons la patrie, nous l'aurons conservée et fortifiée, si nous savons garder, si nous faisons prévaloir la liberté.

Qu'est-ce donc que cette liberté dont notre devise nous dit le peuple? Pour en découvrir les conditions morales, que nous devons chercher ensemble aujourd'hui, il est indispensable de savoir d'abord en quoi la liberté consiste. Je m'en expliquerai sans rougir du lieu commun : tout est lieu commun, rien n'est lieu commun dans cette matière; tout, parce que tout a été dit et redit mille fois; rien, parce que tout est contesté. Mais je n'ai pas le temps, ce n'est pas le lieu de discuter les opinions contradictoires sur la nature de la liberté politique. Je ne puis que me ranger sous ma bannière et faire entendre en quelques mots à quelle secte j'appartiens.

Nous commencerons donc par définir la liberté; les conditions morales nécessaires à sa conservation viendront ensuite et termineront notre discours.

I

La liberté se définit abstraitement la faculté de vouloir un acte et de l'exécuter, le pouvoir de faire et de s'abstenir. La liberté politique appartient à la personne dans ses rapports avec la société. En quoi consiste donc cette liberté? Est-ce la faculté qu'aurait l'individu de faire tout ce qu'il lui plait dans les limites de sa force intellectuelle et musculaire, le pouvoir de prendre ce qui lui convient où il le trouve, et de supprimer ce qui le gêne? — Non évidemment, une liberté pareille ne saurait être la liberté dans la société, car elle serait incompatible avec la société. Tout au plus pourrait-elle devenir le privilége d'un seul homme dans chaque peuplade ou dans chaque État, jusqu'au moment où les habitants des peuplades et des États se rencontreraient. A parler rigoureusement, cette liberté ne se conçoit que chez un seul homme sur toute la terre; si chacun se l'attribuait, le monde serait bientôt dépeuplé. Cependant, à ne prendre que la politique, le dehors des choses, les rapports des hommes entre eux, sans toucher à la nature même de leurs affections et de leurs volontés, dont il n'est pas encore temps de parler, ce serait bien la vraie, la complète liberté, la liberté que notre cœur désire; mais toutes les lois présentes et passées sont faites pour la supprimer, ou du moins pour la restreindre, toutes, même celles dont l'objet est de garantir la liberté, car on ne peut l'attribuer à l'un qu'en la supprimant chez les autres, on ne peut la reconnaître à tous qu'en la restreignant chez tous. La liberté du citoyen n'est donc pas le congé d'employer ses forces absolument comme bon lui semble. Tel est bien pourtant le premier sens du mot; c'est le seul que plusieurs comprennent : on l'entend invoquer assez souvent par des bouches avinées; mais leur sentiment n'a pas assez d'autorité pour nous arrêter.

Si la liberté du citoyen n'emporte pas le droit de tout faire, ne consisterait-elle pas à figurer comme partie intégrante et membre actif d'un État auquel le même pouvoir serait dévolu? Ne serait-ce pas de concourir directement ou indirectement à des résolutions souveraines, dont l'empire n'aurait d'autre limite que la puissance effective du corps social dont elles émaneraient? Serait-ce le pouvoir de prescrire à ses concitoyens, lorsqu'on se trouve en majorité, s'il leur est permis ou non de se réunir, en quel temps, en quels lieux, en quel nombre ils peuvent le faire, et sur quels sujets ils sont autorisés à parler ensemble, s'ils doivent prier et comment ils doivent s'y prendre à cet effet, ce qu'il leur est permis d'écrire et de publier, ce qu'il leur est loisible de lire, ce qu'ils peuvent apprendre, ce qu'ils devront ignorer, ce qu'ils doivent manger et boire, comment il leur faut s'habiller, comment ils sont autorisés à se divertir, combien de temps ils sont libres de travailler et quel sera le prix de leur travail? Bref, le droit de suffrage dans l'État et la toute-puissance de l'État, est-ce là ce qui constitue la liberté politique?

— Nous sommes obligé de prendre cette opinion-ci beaucoup plus au sérieux que la précédente. Elle s'est fait une large place dans l'histoire, nous l'avons vue consacrée, et plusieurs hommes d'État contemporains s'y rattachent évidemment dans la pratique, j'entends de ceux qui écrivent encore le nom de liberté dans leur programme, car le mot lui-même est démodé. C'était la doctrine des Jacobins, dont la tradition vit encore au milieu de nous : c'est celle que le maître des Jacobins, notre éloquent compatriote, J.-J. Rousseau, développe dans son *Contrat social* et qu'un fabuliste, homme puissant, rajeunit aujourd'hui dans la cité de Rousseau sous le nom de liberté générale.

Il faut tenir grand compte de cette manière d'entendre la liberté, parce que l'influence en est considérable, mais il servirait peu de la discuter longuement : elle emprunte beaucoup moins sa force à la raison qu'aux passions qu'elle favorise. La raison la repousse. Quelle que soit l'origine de l'État et la nécessité de son existence, nécessité qu'on ne songe point à contester, la raison nous dit clairement que l'existence de l'État repose sur la volonté des particuliers de le maintenir, qu'il subsiste donc par les individus et pour les individus. Elle nous dit également que cette liberté générale, l'omnipotence de l'État, est incompatible avec toute liberté quelconque des individus, lesquels n'existent plus qu'à bien plaire dès qu'elle règne. Il ne saurait s'entendre que les hommes fussent libres parce que chaque homme aurait fait gratuitement le sacrifice de toute sa liberté. Je dis gratuitement, car l'équivalent qu'on nous offre, le droit de suffrage, n'est qu'un équivalent dérisoire : il ne donne à l'individu qu'une chance à peu près nulle de faire prévaloir son sentiment personnel dans la marche des affaires, hors les cas où quelque passion collective, effaçant toutes les nuances, précipite une majorité contre une fraction de ses concitoyens. C'est au profit des instincts despotiques que l'omnipotence populaire écrase toute liberté.

Si l'indépendance absolue de l'individu est la négation de l'ordre social, si le pouvoir sans bornes de l'État est la négation de l'individu, il reste que la liberté politique, la liberté du citoyen dans l'État se trouvant incompatible avec l'une et l'autre, exige le sacrifice de l'une et de l'autre et repose ainsi sur leur limitation réciproque.

La liberté politique ne saurait être qu'une liberté mesurée; mais comment la limiter, d'après quelle règle? — Pour trouver le contenu de la liberté politique et la source des droits, il faut nous élever au-dessus de la sphère politique tout entière, il faut en chercher la raison d'être, et remonter à cet effet jusqu'à la destination de l'homme. Enfin, pour entendre la destination de l'homme, il faut interroger sa nature.

Eh bien, en consultant cette nature, nous reconnaissons d'abord que chaque homme est un tout, ou du moins qu'il est disposé pour devenir un tout, puisqu'il est libre, c'est-à-dire capable de se rendre libre. Je ne parle plus des actes extérieurs, mais de la direction de sa volonté.

Nous voyons également qu'il est une fraction, une partie d'un plus grand tout, puisqu'il ne trouve que dans la société de ses semblables les conditions de son bonheur, de son développement physique, intellectuel et moral, de sa conservation même, depuis son premier vagissement jusqu'à son dernier soupir.

L'homme étant partie intégrante d'un tout, son but, son bien, sa destination consiste nécessairement à réaliser le tout auquel il appartient et par lequel il subsiste. D'ailleurs, étant capable de liberté, il est son but à lui-même, il doit réaliser sa liberté. Sans se contredire, sans se déchirer, et par conséquent d'une même volonté, il doit poursuivre son bien personnel et le bien du tout dont il ressort. Ainsi le bien de ce tout est son bien propre. La construction du tout, qui est sa tâche, doit être l'accomplissement de sa liberté. Ce tout, préformé par la nature dans la famille, dans la tribu, dans la race humaine, cette société d'êtres libres doit être une libre association, la réalisation positive de la liberté. L'unité ne se concilie réellement avec la liberté que si l'unité résulte de la liberté même, de la liberté des individus, sinon ce que l'une gagne est autant de perdu pour l'autre. Mais pour que l'unité d'une société résulte de la liberté de ses membres, il faut que renonçant à se prendre eux-mêmes pour but exclusif, chacun d'eux prenne pour but le tout et les autres membres de ce tout. En d'autres termes il faut QU'ILS S'AIMENT. L'amour est l'unique solution possible du problème de notre destinée, de ce problème impliqué dans notre essence, savoir que nous sommes des touts et des parties, ensemble et simultanément.

Une difficulté se présente ici : Comment les hommes pourraient-ils s'entr'aimer, s'ils ne sont pas aimables? Et combien ne s'en faut-il pas qu'ils le soient toujours!

Il semble que la difficulté soit bien réelle, car s'il est imprudent d'affirmer qu'une société d'amour telle que nous la réclamons n'existe encore d'aucune manière, on ne se risque pas trop en disant qu'elle est à peu près invisible. Nous reviendrons sur cette objection, et peut-être réussirons-nous à la lever; pour le moment nous pouvons la négliger : que l'amour ait ou non commencé son œuvre, il est très-certain qu'il ne l'a point achevée; mais n'en existât-il aucun fruit apparent, nous ne proclamerions pas moins avec une incontestable évidence que l'humanité se composant d'éléments libres et cependant indispensables les uns aux autres, le but de l'espèce et de l'individu ne saurait être atteint en aucune manière sinon sous la forme sociale, dans une société résultant d'une activité purement volontaire et spontanée, dans une communauté qui réalise l'unité par la liberté, c'est-à-dire dans une société dont l'amour soit le principe.

Cette société véritable, où est-elle? Je ne sais trop, mais à coup sûr la société civile que nous connaissons, l'État, qui repose sur l'opposition du sujet et du prince, jusque dans la république démocratique, où le même Jacques endosse tour à tour la livrée du sujet et la pourpre du prince, — cette société qui permet, qui interdit et qui ordonne, cette société qui frappe ne sera jamais la communauté d'amour que nous cherchons. Elle ne réalise ni l'unité ni la liberté : elle ne réalise pas l'unité, car dans les limites de la loi chacun y poursuit son intérêt propre, sans égard aux autres ; — elle ne réalise pas la liberté, car elle procède par la contrainte à la limitation des libertés individuelles. La contrainte est son procédé distinctif et constant, son cachet, son essence même.

Il est dès lors impossible que notre destination positive, l'unité par la liberté, s'accomplisse dans l'État et par l'État ; il est impossible que l'État contienne et qu'il procure le bien positif de l'humanité. Amour et contrainte sont incompatibles. L'État use de contrainte parce qu'il le faut. Son fondement n'est pas la liberté, c'est la nécessité. L'État ne procure pas le bien, mais seulement quelques conditions indispensables pour pouvoir chercher le bien.

Il ressort de ces explications une conséquence très-importante pour la liberté politique, dont il s'agit de déterminer la notion. La liberté politique n'est pas seulement, comme on l'a dit à très-bonne intention, la liberté de faire son devoir ; l'État n'est pas juge du devoir ; s'il l'était, il en imposerait l'observation par la contrainte, or nulle action contrainte ne saurait être envisagée comme l'accomplissement d'un devoir. La liberté politique n'est pas la liberté du bien ; cette formule décevante et redoutable n'a de sens pratiquement que si l'on admet l'existence d'un juge infaillible du bien, juge incompatible avec une pluralité d'êtres moraux, car cette conscience unique se substituant aux autres, les supprime. Par la force des choses, par la manière même dont la question se pose, tout pouvoir qui prétend réaliser le bien d'autorité et le dicter à la conscience, ne peut aboutir qu'à l'abrutissement, c'est-à-dire à l'anéantissement de l'homme.

Non, la liberté politique est forcément la liberté du bien et du mal, la liberté de faire une chose ou de s'en abstenir. L'État ne peut accorder et garantir une liberté pareille que s'il n'a pas charge de réaliser le bien positif, mais seulement d'en procurer certaines conditions, en écartant les obstacles que peut opposer et qu'oppose en effet sans cesse à sa poursuite la volonté des individus.

La liberté politique est donc au fond du même genre que la liberté naturelle dont nous avons parlé d'abord pour l'écarter; c'est la liberté de faire ce qu'on veut, mais non pas tout ce qu'on veut, même quand on le peut. La liberté politique est donc une liberté limitée, limitée par le droit d'autrui, c'est-à-dire par l'égalité.

Que ce qui est loisible à l'un le soit à l'autre, que ce qui est puni chez l'un le soit chez l'autre, voilà l'égalité. — Que tout acte soit licite dès qu'il est compatible avec l'exercice de la même activité par tous les autres, voilà la liberté. Aussi n'est-il pas raisonnable d'opposer la liberté à l'égalité, comme on l'entend faire assez souvent. La liberté sans l'égalité n'est pas la liberté du peuple, c'est le privilége et la domination d'une classe. L'égalité sans la liberté n'est pas l'égalité, c'est la prérogative du maître, de ses fonctionnaires et de ses favoris.

Il ne faudrait plus dire, par exemple, que les Anglais possèdent la liberté sans l'égalité, et les Français l'égalité sans la liberté? Ce qui me paraît plus vrai, c'est que naguère la liberté n'existait et qu'à certains égards elle n'existe encore aujourd'hui chez les premiers que pour le *nobleman* et pour le *gentleman*, mais que les idées libérales répandues dans les classes dominantes par l'exercice même de leurs priviléges font avancer rapidement la nation britannique dans le sens de l'égalité; tandis que la France a remplacé les priviléges de la noblesse par ceux des fonctionnaires publics et des familles où ils se recrutent. Cette classe n'a-t-elle pas trouvé moyen jusqu'à ce jour, en dépit du suffrage universel, de rejeter le plus gros des contributions sur d'autres épaules, sans renoncer sincèrement, malgré des leçons terribles, à se décharger sur les pauvres de la défense du pays?

Liberté d'établissement et d'industrie, liberté de la parole et de la presse, droit d'association, inviolabilité du domicile, tel est le détail, le contenu positif de la liberté politique. Le contrôle du citoyen sur le gouvernement, le droit de suffrage est une garantie essentielle, quoique insuffisante, de cet ensemble de libertés; ce n'est point une fonction qu'il soit loisible au législateur de conférer ou de refuser lorsqu'elle est réclamée, car de qui le législateur tiendrait-il ses titres à cet effet? C'est bien un droit, mais c'est un droit qui n'importe à la liberté qu'en qualité de garantie d'autres droits ou d'instrument pour les revendiquer. C'est un moyen, ce n'est pas le but.

Telle est donc la liberté politique. C'est un bien difficile à conquérir, difficile à conserver, difficile même à comprendre. Elle impose des limites à tout le monde, au pouvoir des magistrats, au pouvoir des particuliers, au pouvoir des masses. Il faut donc s'attendre à la voir attaquée par toutes les passions, au nom de tous les intérêts qui ne peuvent se satisfaire sans l'entamer. Elle resserre dans les bornes les plus étroites la compétence des officiers publics, elle soumet leur gestion au plus rigoureux contrôle, elle observe la précaution d'en changer fréquemment. Elle décourage donc les ambitions personnelles en ôtant aux fonctions publiques leurs principaux attraits. Elle ne saurait subsister qu'avec des magistrats très-capables et très-dévoués. Ceux qui, sous un régime de liberté, auraient brigué leur charge par goût du pouvoir n'y trouvant pas ce qu'ils y cherchaient, seraient naturellement tentés de l'y mettre, s'ils n'étaient contenus par leurs collègues. Et l'infidélité des magistrats, leurs passions, leurs erreurs ne causent pas les seuls périls de la liberté. Elle en court de la part de ceux qui voudraient prendre les honneurs au moins autant que de ceux qui les occupent ; elle en court de la part des masses qui veulent être obéies et n'acceptent point de bornes à leurs volontés, ces bornes fussent-elles cent fois écrites dans les lois et dans les chartes ; elle en court de la part de tout le monde, car, pour la ménager, il faudrait d'abord la comprendre.

Des magistrats elle exige de grandes lumières, beaucoup d'adresse, un entier dévouement ; du peuple, de chacun de nous elle exige le renoncement. Pour se soumettre aux sacrifices qu'elle impose il faudrait l'aimer beaucoup ; mais comment l'aimer, puisqu'en réclamant tant de soins, elle semble ne donner rien à personne, et ne satisfait directement aucun de nos désirs ?

Certes, nous avons vu plus d'une fois la politique devenir le premier souci d'hommes capables et bien doués. Ce n'étaient pas seulement des ambitieux vulgaires, qui cherchaient dans le pouvoir ou dans le crédit la satisfaction de leur avarice, de leur soif de domination ou de leur vanité. C'étaient des patriotes ; l'État formait réellement le premier objet de leurs affections. Mais il est bien rare que cet État avec lequel se confond l'ambition des grands politiques soit l'État libre au sens que nous avons défini. Aimant l'État par-dessus tout, y voyant l'intérêt par excellence, naturellement, nécessairement, ils y cherchent la réalisation positive du but de l'humanité tel qu'ils le conçoivent : ils voudront donc procurer par les moyens dont l'État dispose, le bien économique, le bien intellectuel, le bien moral de leurs concitoyens, et failliront inévitablement dans leurs efforts.

Pour le bien moral, l'entreprise est contradictoire, puisqu'il tient aux dispositions volontaires des individus. Quant à la richesse publique, l'expérience a prononcé : elle a jugé les industries artificielles et les droits protecteurs. Dans les choses de la pensée, l'intervention du pouvoir n'est guère plus heureuse : l'art de commande, la science de commande prospèrent peu. Comme l'État poursuit un but toujours très-complexe, il court toujours le risque de mêler ses écheveaux, de mettre, dis-je, la science et l'art au service de sa politique et des opinions qu'il favorise. En les servant, il entend s'en servir, et de cette manière, il les affaiblit, il les altère, il les avilit.

La tentative de réaliser le bien positif sous la forme de l'État est donc illusoire. Si, du point de vue matériel, on peut conserver quelque doute à cet égard, au moins ne saurait-on méconnaître qu'une telle visée est inconciliable avec la liberté; cette vérité évidente et pourtant si souvent méconnue domine absolument le sujet qui nous occupe.

II

Les explications où nous sommes entré semblaient nécessaires pour déterminer le sujet soumis à vos réflexions, les conditions morales de la liberté politique : elles en font comprendre l'importance et mesurer la difficulté. La liberté ne saurait prévaloir et durer qu'à la condition d'être l'objet du dévouement des magistrats et du peuple. Pour qu'elle subsiste, il faut l'aimer ardemment, il faut la prendre pour but; mais il est malaisé de se passionner pour elle, parce qu'elle impose une gêne à toutes les passions; il est difficile de la prendre pour but, parce qu'elle n'est en réalité qu'un moyen. — Il est bien un État qu'on peut aisément aimer et prendre pour but lorsqu'on le dirige ou du moins lorsqu'il marche comme on l'entend, mais cet État n'est pas l'État libre, l'ordre qu'il établit n'est pas l'ordre de liberté, ses ressortissants ne sont point des hommes libres.

Où donc allons-nous poser la liberté? On peut dresser un monument d'airain, on peut faire tenir un château de cartes, mais cartes, granit ou bronze, il faut un équilibre. Chercherons-nous notre appui dans la politique elle-même? Vais-je démonter sous vos yeux la machine constitutionnelle pour vous en faire admirer les ressorts et les contre-poids? Non, les combinaisons en sont fort utiles, je le sais, mais elles ne suffisent pas à former des hommes, quoique sans doute elles y contribuent, et elles ne sauraient en tenir lieu. Les assemblages les plus ingénieux de ressorts et de contre-poids sont à la merci des complicités intéressées et des passions populaires.

Nous ne nous reposerons donc pas sur le mécanisme, qui veut lui-même un point d'appui. Nous ne nous fierons pas davantage à l'intérêt bien entendu des particuliers, dont l'assimilation à l'intérêt public n'est que l'illusion de bons cœurs et de cerveaux infatués. Quand nous pourrions oublier que les masses n'ont aucune idée précise de cet intérêt éloigné, quand nous oublierions que l'égoïsme, s'il veille toujours, ne peut raisonner juste que dans le calme, encore ne saurions-nous trouver dans l'intérêt personnel l'assiette de la liberté. Je puis comprendre aussi bien que Bentham comment, par son jeu sincère, le système libéral fait indirectement affluer à la société une plus grande somme de biens que tout autre et que la millionième partie de ces biens m'appartiendra. Un millionième, c'est admirable, mais le tout, fût-il énormément réduit, vaudrait pourtant mieux encore. Si je pouvais m'emparer du tout! Loin de m'arrêter dans cette entreprise, l'utilitarisme conséquent me ferait un devoir de la tenter dès qu'il m'en prendrait fantaisie et que l'affaire offrirait quelque chance.

Pour asseoir la liberté politique, ne comptons pas sur l'intérêt, conseiller des trahisons, ne comptons pas sur les passions, qui sont l'esclavage ; pour asseoir la liberté politique, invoquons la liberté morale, bâtissons sur le devoir. Voilà bien la solution, n'est-ce pas? Elle s'offre à l'esprit d'elle-même. La liberté politique sera parfaitement assurée partout où les citoyens, non pas tous, mais en assez grand nombre pour l'emporter toujours, se feront un devoir de la défendre, par des actes et non par de simples discours, contre leurs propres passions et contre les passions des autres. Avec de tels citoyens, des institutions grossières produiront la liberté ; sans eux, les mécanismes les plus fins ne donneront pas de travail ou se briseront.

Ayez donc un nombre suffisant de citoyens vertueux, impassionnés, incorruptibles, et comprenant parfaitement en quoi la liberté consiste. La recette est bien simple : je crains même qu'elle ne le soit trop ! Où sont-ils, ces citoyens, et si nous avons peine à les découvrir dans le présent, à quelle époque et dans quels lieux ont-ils vécu, ces hommes dont toutes les affections étaient soumises au pur devoir? Enfin, qu'ils aient ou qu'ils n'aient pas laissé mémoire d'eux à l'histoire authentique, comment faut-il s'y prendre pour en produire de tels aujourd'hui? Si nous n'en trouvons pas le moyen, tout ce qui précède reste inutile.

Notre problème reçoit donc la forme suivante :
« Trouver des citoyens qui, soumettant leurs passions au devoir, respectent et protégent, par devoir, la liberté de leurs concitoyens, pour laquelle ils ne sauraient se passionner. »

Le moment est venu de ressaisir quelques fils qui sont restés flottants dans ce discours, et de nouer, s'il se peut, notre gerbe.

Et d'abord, veuillez observer que, pour remplir sa tâche, le meilleur des hommes a besoin de considérer le but où tend son activité comme un but qui peut être atteint. Il travaille au bien, il croit donc au bien, au succès définitif du bien; les bras lui tomberaient s'il n'y croyait pas. Mais, pour qui voit un peu le train des choses (et comment travailler sans y voir), pour un tel homme, croire au triomphe du bien, de la vérité dans l'humanité, passez-moi le mot, c'est croire au surnaturel, si du moins le cours naturel des choses est bien celui que nous observons. Croire au succès final du bien, c'est affirmer une providence qui prévaut sur nos vices et sur nos folies, qui dispose des événements, qui incline les cœurs; croire à la providence, c'est croire en Dieu. La foi en Dieu, voilà un moyen, voilà le moyen de produire ces hommes de devoir que la liberté réclame. Je ne parle pas de la crainte des peines à venir, où les jésuites ne sont pas seuls à concentrer toute religion : la perspective des châtiments produit d'excellents résultats extérieurs, mais proprement elle ne s'élève pas jusqu'à faire accomplir le devoir, elle combat un intérêt par un autre : le présent par le futur, une passion par une autre : la convoitise par la terreur; mais une action suggérée par les mobiles de l'intérêt et de la passion ne saurait être en aucun cas l'accomplissement d'un devoir. La crainte ne saurait servir de support à la liberté. Non, je ne parle pas de crainte, je parle de foi : la foi en un Dieu qui inspire l'effort, qui le dirige et qui le bénit, l'assurance que notre travail ne sera pas stérile, bien qu'il en semble, avant tout la certitude que ce que la conscience nous ordonne est bien réellement le devoir, l'expression de la volonté suprême, et non quelque chimère de notre imagination.

La liberté politique véritable ne flatte pas nos passions, elle les contrarie à peu près toutes, le prix ne saurait en être estimé que par une raison cultivée. Elle est très-utile, mais les calculs de l'intérêt personnel ne suffisent point à la protéger, car s'ils conseillent au plus grand nombre de la soutenir, ils en induiront toujours quelques-uns à la dérober ou à la vendre. Elle ne saurait être effectivement maintenue que par devoir; elle ne saurait fleurir que chez un peuple appris aux sacrifices pour le devoir. Un tel peuple n'a jamais existé sans la foi.

Mais la foi n'est pas tout, la foi n'est pas assez.

Surmonter les passions par le devoir n'est pas impossible sans doute, autrement il ne faudrait parler ni de liberté morale, ni de quelque liberté que ce soit. Surmonter la passion par le devoir n'est pas impossible, mais la raison et la foi n'y suffisent point. Il faut encore une affection : il ne suffit pas de connaître la vérité, il s'agit de la vouloir, et vouloir, c'est aimer. Peut-on aimer son devoir? Oui, sans doute, mais à condition d'en aimer l'objet ou l'auteur, à condition d'aimer quelqu'un. Pour que le devoir s'exécute, il est nécessaire que nous placions la source du devoir ou son objet, ou tous les deux, dans un être réel qui puisse être aimé, qui possède un titre à notre amour, dont nous nous sachions aimés nous-mêmes. C'est ici la merveille de la religion. Dieu peut beaucoup sur les actes extérieurs par la crainte, il peut tout, lorsqu'il travaille les cœurs au dedans par son amour. Si la liberté politique, ce bien si précieux mais si froid, qui n'a de valeur qu'à titre de moyen, exige un peuple capable de tout sacrifier au devoir, n'attendez pas qu'elle prenne racine ailleurs que dans un peuple religieux. De grâce ne me parlez plus d'Athènes et de Rome, n'invoquons plus la révolution française, tout le sang qu'elle a répandu n'a pas pu cimenter la poussière de ses destructions. Adversaire attitré de toutes les fables, je ne trouve nulle part de liberté qui n'ait versé dans quelque omnipotence, monarchique ou démagogique, il n'importe — nulle part, dis-je, sinon chez les fils de ces Gueux et de ces Puritains qui voulaient servir Celui dont le nom flamboyait sur leurs épées, et qui cherchaient dans la liberté politique la garantie de leur liberté religieuse.

Tel est le fait. Après tout, il parle assez haut, il pourrait suffire à plusieurs; il ne nous suffit pas, nous voudrions le comprendre.

Reprenons l'énigme qui s'est dressée devant nous au commencement de cette étude et qu'alors nous n'avons pas pu déchiffrer. La liberté politique, la société des droits et des garanties, la sphère du tien et du mien, le règne de la contrainte, tout cela peut être apprécié, mais ne saurait être aimé, disions-nous; cela ne saurait être voulu pour soi-même, ce n'est pas notre fin, ce n'est pas une fin. Le but, la destination évidente d'un être libre qui ne subsiste qu'à titre d'élément d'un tout d'êtres libres, c'est la réalité du tout, c'est l'unité libre, c'est une société fraternelle et plus que fraternelle, fondée sur la pénétration réciproque de l'amour, seule forme de volonté qui ait pour objet l'unité. Mais comment faire, si les hommes ne sont pas aimables? Voilà l'obstacle que nous avons rencontré le premier et que nous n'avons pas pu franchir. Maintenant, il semble abaissé, parce que nous nous sommes élevés. Nous savons ce qui est aimable; ce qui est aimable, c'est le bien. « Pourquoi m'appelles-tu bon? disait Jésus de Nazareth; il n'y a qu'un seul bon, c'est Dieu » (et pourtant lui-même était bon). Nous pouvons aimer les hommes quoiqu'ils soient mauvais, pour l'amour du Dieu qui les rend bons lorsqu'il habite en eux, ou qui cherche à les rendre bons en pénétrant en eux. L'attachement pour une personne distinguée joint quelquefois ceux qui l'aiment dans une affection mutuelle, plus sûrement encore ceux qui l'ont aimée, car de son vivant il ne va guère sans quelques grains de jalousie, une haine commune forme peut-être un ciment plus solide. Mais l'amour de Dieu n'inspire point de jalousie, parce que sans se partager, il se donne à chacun, dans la mesure de sa foi. Les amis de Dieu s'aiment entre eux, les gentils en témoignaient autrefois; de nos jours encore il est aisé de s'en assurer. Ils s'aiment les uns les autres dans la mesure qu'ils aiment Dieu, et si quelque part cet amour fraternel n'était plus guère qu'une forme, soyez certains que dans ce lieu-là l'amour de Dieu ne possède pas beaucoup plus de réalité. Dieu, lui, nous aime tous; et ceux qui l'aiment s'appliquent à l'imiter. Ainsi l'amour de Dieu nous unit à l'humanité tout entière, aux infidèles comme aux fidèles. L'amour de Dieu, c'est l'esprit de l'église, qui enlace le monde entier dans ses réseaux pour y faire pénétrer et circuler l'amour. L'église, voilà la figure, voilà le nom de l'unité libre où nous trouvons les moyens et l'espace pour réaliser notre destinée, pour manifester notre liberté. L'église, telle que nous venons de la définir, et point une autre, cela va sans dire, l'église est le premier des biens, au sens technique du mot bien, qui désigne en morale un idéal, un but à poursuivre, un fruit de l'activité morale. Une telle église, on le voit assez, serait le parfait contrepied de l'Église au sens consacré du mot, laquelle s'impose aux individus, n'a jamais reculé devant l'emploi de la contrainte, s'applaudit aujourd'hui de l'avoir fait et réclame insolemment les moyens de le faire encore. L'église véritable serait la réalisation positive de la liberté de ses membres. Celle qui proclame un législateur moral infaillible implique la négation de tous les autres êtres moraux. L'une tend à l'unité par l'accord de tous, l'autre par l'élimination de tous moins un seul, et conduit forcément à l'anéantissement de toute liberté. Ce sont deux principes, deux conceptions rigoureusement contradictoires. L'église véritable, qui ne prétend point placer l'humanité sous la tutelle de quelques individus miraculeusement privilégiés, mais qui est l'union spontanée des hommes de bon vouloir, l'église véritable, qui ne connaît point l'opposition du laïque et du prêtre, qui n'use jamais de contrainte et qui ne saurait la subir, l'église véritable, seule puissance capable de briser le mensonge des hiérarchies usurpatrices et d'affranchir les cœurs en les remplissant, l'église véritable, qu'il s'agit de fonder, tel est l'objet légitime de notre première affection sur la terre. L'intelligence de cette vérité dissipera le nuage qui nous embarrassait, et nous fera comprendre pourquoi nous n'avons vu la liberté politique s'établir solidement que chez les peuples qui l'ont conquise en vue de la liberté religieuse. C'est la possession de ce bien qui forme l'indispensable condition morale de la liberté politique.

La principale difficulté qui nous arrêtait, la première dans l'ordre logique, quoique dans la suite de ces réflexions elle ne se soit pas offerte la première, c'est que la liberté politique ne peut ni s'établir ni se maintenir sans être aimée jusqu'au dévouement, tandis qu'elle semble ne pas pouvoir être aimée absolument et pour elle-même, parce qu'elle n'est qu'un moyen, une condition du but de la vie, mais qu'elle ne saurait devenir ce but. Et cela est vrai, la liberté ne peut pas être aimée à titre de but : ceux qui croient l'aimer de la sorte aiment autre chose, tout autre chose. Elle ne doit pas, elle ne peut pas occuper dans nos cœurs la première place, sa définition la met à la seconde, elle ne peut subsister qu'à la seconde. Vous l'avez bien compris : ceux qui font aller l'ordre politique avant tout, y voient nécessairement le but positif de la vie, nécessairement ils aspirent à réaliser le bien positif par les moyens politiques, par la contrainte. Dès lors, quoi qu'ils en pensent, ils ne peuvent être que des ennemis de la liberté. La démonstration m'en paraît rigoureuse.

Mais ceux chez qui la première place est occupée par un intérêt digne d'elle, ceux qui n'ont plus d'ambition, parce qu'ils sont satisfaits, ceux qui aiment Dieu et leur prochain, tous leurs prochains, dans l'église, par l'église, avec l'église au sens où nous avons pris ce mot, ceux-là peuvent aimer aussi, disons mieux, ils ne sauraient s'empêcher d'aimer l'ordre de paix et de liberté qui leur sert à bâtir l'église; ils aimeront la liberté politique, parce qu'ils savent qu'en faire, ils l'aimeront comme la condition qui leur permet de communiquer autour d'eux le bien intérieur qu'ils possèdent, comme le cadre et la garantie des biens positifs en général dans leur manifestation et dans leur développement. Ils la serviront activement s'ils ont l'étendue et la liberté d'esprit nécessaires pour en bien comprendre l'importance. Dans ce cas, ils la défendront sans hésiter jusqu'au sacrifice de leur vie, attendu que rien, pas même la mort, ne peut véritablement leur nuire.

Voici donc notre conclusion, qui se fonde également sur l'histoire et sur l'analyse. La liberté politique ne saurait prospérer que chez un peuple religieux, dont la religion soit une religion de lumière, chez un peuple qui, possédant en quelque mesure le premier des biens moraux, reconnaisse aussi le second, et comprenne également et leur opposition essentielle et le rapport qui les unit. La liberté veut un peuple qui trouve dans la vérité la place et la mesure de chaque chose. La liberté du corps ne va pas sans la liberté de l'esprit, que l'amour seul peut affranchir. Aussi bien trouverons-nous des théoriciens fort exacts de la liberté dépourvus de religion personnelle, mais, quoiqu'il ne manque assurément pas de piété sans libéralisme, il n'y a de libéralisme effectif que dans la piété. Le contraire est simplement impossible.

Ce qui est l'impossible par excellence, c'est que le libéralisme devienne lui-même un but, une religion, car c'est la contradiction parfaite. Dans les pays où la religion a succombé aux attaques de la superstition et de l'incrédulité, la foi politique en usurpe aisément la place et le nom, mais dans un tel pays la liberté devient irréalisable. Nous ne saurions trop le répéter, elle ne subsiste qu'au second rang, quand le premier est occupé; elle veut des hommes dont le besoin d'aimer soit satisfait. Eux seuls, ne réclamant plus rien pour eux-mêmes, pourront consacrer au bien de leurs concitoyens leur temps, leur intelligence et leur vie. Ils deviendront les champions de la liberté s'ils ont l'esprit assez éclairé pour comprendre que le vrai bien, le premier bien, ne pouvant être imposé, ni donné, il faut donner ce qu'on peut donner, et que tout ce qu'ils peuvent donner, c'est la liberté. Ils ont un but digne en soi de tous les sacrifices, parce qu'il est le but absolu, et ils savent que la liberté, la loi, la paix lui sont nécessaires.

En toutes choses, l'ordre est le grand point. Par sa définition même, l'État ne saurait occuper que la seconde place dans nos affections, du moment qu'on y veut la liberté. La deuxième, disons-nous, ou plus exactement la troisième ; la troisième au sens absolu, la deuxième ici-bas. Le premier amour appartient à Dieu, qui est le bien ; le second, à l'église, c'est-à-dire à l'humanité dans son unité positive, dans le libre concert des volontés. Cet amour-ci n'est qu'un reflet du premier ; nous n'aimons les hommes qu'en Dieu, pour l'amour de Dieu, cela est vrai même de ceux qui pensent ne pas croire en Dieu, du moment qu'ils aiment les hommes. Mais l'église est le lien de charité qui produit l'unité, l'image de Dieu. Nous aimerons l'église, l'humanité, pour l'amour de Dieu. Enfin nous aimerons l'État pour l'amour de l'humanité, pour l'amour de l'église, parce que l'État, sans valeur et sans beauté par lui-même, est indispensable au développement positif de l'humanité, à la formation comme à la conservation de l'église, de l'organisme de la charité, dont le droit, la liberté civile et politique, est la condition. Ainsi tout amour procède de Dieu.

Aujourd'hui, par l'effet d'une réaction parfaitement inintelligente contre les puissances ténébreuses qui ont usurpé le titre de la religion sans pouvoir en remplir la place, les opinions libérales affectent souvent de se considérer comme solidaires de l'athéisme. Sous l'empire d'un malentendu si profond, dans un si complet renversement des choses, on comprend sans peine que la condition de la liberté soit très-misérable. Dans les sociétés sans religion, la politique en tient lieu, oui, sans doute, mais pour quelques jours seulement, jusqu'à l'heure, prompte à venir, où comprenant la vanité de leurs efforts, les individus dont elles se composent se détachent de tout intérêt général et ne poursuivent plus que leurs jouissances personnelles, ou tout au plus l'avantage de leurs familles.

Ceux qui, dans l'entre-deux, se donnent tout entiers à la politique, sont nécessairement des ennemis de la liberté. Nous en avons vu la raison. Ils le sont plus sûrement encore lorsque, dans leur aveugle sincérité, ils demandent à l'État le bien positif des hommes ou de leur nation, que lorsqu'ils y cherchent simplement la satisfaction de leur égoïsme.

Il importe peu qu'ils déclarent ouvertement la guerre à toute religion ou qu'ils poursuivent leurs fins essentiellement terrestres et mondaines sous des formes religieuses, avec l'assistance d'un clergé quelconque. Cela revient parfaitement au même et pour l'église véritable et pour l'État, pour la religion et pour la liberté. L'extrême droite et l'extrême gauche se confondent, lorsque le cercle est fermé.

Quant aux hommes vraiment religieux, ils se partagent en deux classes devant l'objet soumis à notre examen. Les uns s'efforcent sincèrement d'avancer le bien absolu, le règne de Dieu, par les moyens de la politique. Plus respectables que ceux pour qui la religion n'est qu'une institution sociale, moins dangereux aussi, parce qu'ils sont beaucoup moins nombreux, la liberté ne connaît pas d'adversaires plus acharnés.

Sous prétexte de se séparer du monde, le nombre infiniment petit de ceux qui ne confondent pas les deux domaines, ont plus ou moins généralement laissé s'affaiblir le sentiment de leurs devoirs envers leur peuple; ils se tiennent éloignés des emplois où ils pourraient se rendre utiles; ils négligent leurs obligations politiques, ou, s'ils s'en acquittent, ils le font mal, parce qu'ils ne leur ont pas voué toute l'attention qu'elles réclament. Dans l'ensemble ils ne comptent pas.

En résumé, les déchirements et la misère de notre temps proviennent avant tout de la confusion entre les biens positifs et les biens négatifs de l'ordre moral : les uns prenant pour but absolu la liberté, qui ne saurait être qu'un moyen, les autres voulant obtenir des voies légales, qui sont la contrainte, l'unité réelle, le bien positif. Qu'on nomme Église ou qu'on nomme État le mécanisme chargé de suppléer aux libres mouvements des individus en les obligeant à réaliser le bien; qu'on prête à la machine une base juridique ou surnaturelle, il n'importe, c'est toujours le même monstre. Identiques dans leur principe, le cléricalisme et le jacobinisme ne se disputent que la matière.

En haine de l'Église autoritaire, que seule il connaît, le libéralisme s'efforce aujourd'hui de détruire la religion, pour couper le mal par la racine. Il n'y parviendra pas et ne travaille qu'au profit des superstitions grossières; en détruisant la religion, il n'aboutirait qu'à mutiler cette âme de l'homme que l'Église veut étouffer. Sa haine est cent fois légitime, mais ce qu'il n'aperçoit pas, c'est que l'Église autoritaire est une autre manière d'anéantir la religion, puisqu'elle supprime la personne, la conscience qui en forme le sujet et le siége.

Et sans religion, sans l'amour des hommes en Dieu, sans l'amour de Dieu dans les hommes, sans la vraie église à bâtir, la liberté politique, privée de son juste emploi, ne possède point aux yeux du peuple une valeur proportionnée aux sacrifices qu'elle impose, et s'écroule incessamment sur elle-même en dépit des garanties les mieux combinées et des efforts les plus généreux.

Il y a là un malentendu qu'il faudrait dissiper sans trop attendre, car l'Europe en meurt.

FIN

TABLE

I. Le problème de la philosophie	1
II. La thèse de l'empirisme	25
III. Le darwinisme	57
IV. Le matérialisme	99
V. Le phénoménisme contemporain	137
VI. L'athéisme	177
VII. Le bonheur	229
VIII. La conscience	273
IX. Une condition de la liberté politique	323

FIN DE LA TABLE.

PARIS. — IMPRIMERIE DE E. MARTINET, RUE MIGNON, 2.

www.ingramcontent.com/pod-product-compliance
Lightning Source LLC
Chambersburg PA
CBHW070906170426
43202CB00012B/2214